中国禅宗美学智慧读本

禅艺题记

纯道 著

文汇出版社

序 言

  禅宗是结合了中国人自己的思想体系与行为习惯之后,所创立的佛教宗派。在汉传佛教的八大宗派中,禅宗最具中国本土特色。自梁武帝时期,达摩西来,在少林寺面壁九年之后,开启了禅宗在中国的序幕。经五世衣钵传承,到六祖慧能,终于形成了禅宗自己的经典之作:《坛经》,其成为佛经中唯一一本被世人认可的中国原创的佛教经典。从慧能禅师处得法的弟子很多,其中最为重要的是江西青原行思禅师和湖南南岳怀让禅师,这两支僧众队伍日益庞大,两位禅师的弟子也经常往来于江西和湖南学法问禅,于是便有了走"江湖"一说。

  南岳怀让禅师传法至马祖道一禅师,禅宗道场的人气更旺,仅马祖道一禅师就有弟子七十二位,其中包括江西洪州的百丈怀海禅师,师徒两位禅师对汉地的寺院建设和规则制定起了极其重要的作用。"马祖建丛林,百丈立清规"的影响,一直绵延至今。之后,禅师辈出,人才济济,最终在中国"一花开五叶",形成了禅宗之中的沩仰宗、临济宗、曹洞宗、法眼宗、云门宗,各宗派在各自祖师的引导下,不断丰富与创新自己的思想内容。

  在禅宗各代禅师形成的浩如烟海的文献中,有一个极其重要的思想内核正在被越来越多的专家学者认识到,那就是"禅宗美学"。以今天的考量标准看,"禅宗美学"并不是一个完全成熟与独立存在的学科,在过去的禅师心目中,其实并没有"禅宗美学"这四个字。但是,以美学的角度,重新审视中国古代禅师的思想,特别是其留下的丰富文献,却可以发现太多关于审美态度、方法、规则、程序、角度等方面的内容，例如由禅师们留下的"诗偈"，就包含了极其丰富的美学思想。从知识结构与专业水准看，古代的禅师几乎无所不能，他们在建筑、园林、绘画、书法、雕塑、家具、茶道、香道、花道、琴道、素食、服饰、手艺等众多方面都有不凡造诣。整合起来看，社会上任何一个其他的人群和阶层，似乎在文化艺术上的综合成就上都不及僧团来得大。政治家有创造力，却同样有着强大的破坏力；军事家对国家统一和社会安宁有贡献，但对文化艺术的破坏也有目共睹；文学家和艺术家虽然是文化艺术的主要创造者，但他们往往局限于一个很小的领域，也无法与僧团，如古代的禅师那样可以横跨多个领域，且留下无法计量的物质与非物质的文化遗产。

如何把如此众多的文化艺术门类统一在一个简单的名词之下，一直是许多人在思考的问题，因为化繁为简本身就符合禅的精神，而且这一个名词应该可以在相当程度上反映出其特有的美学倾向，于是，我想到了"禅艺"这两个字。我不知道之前有没有人这样用过，如果用过也不知道其包含的内涵与外延究竟是什么，我查了一下《辞海》和《佛教大词典》，以及其他一些字典，都没有发现收录过"禅艺"一词。但是，我觉得它基本可以反映我要研究的禅宗美学应用所涉及的内容，"禅艺"中的"禅"，可以表示禅学、修禅、禅宗、禅师、禅寺等多层含义；"禅艺"中的"艺"，则可以有文艺（及文化艺术）、艺术、艺人、手艺等多样意思，将两者合在一起的"禅艺"，还可以延伸出更多广泛的含义，其中最重要的方面，自然是希望包含了禅宗美学应用的含义。如同"群艺"代表了群众喜爱和从事的一切文化艺术活动；"禅艺"自然也可以代表一切与禅有关的文化艺术活动，包括美学思想与活动。

自 2011 年起，我投入对禅宗美学应用的研究，并开始准备《禅宗美学应用》的编撰工作，在学习与研究过程中逐渐形成一些阶段性成果，于是想与一部分热爱禅宗美学的人分享，并希望可以听到一些中肯的意见与真诚的建议。于是，我在2013年8月起建立了一个微信公众平台"禅艺会"，每天发布一篇学习心得或书稿摘要，在看到其他人撰写的有关禅宗内容的优秀文章时，也予以择优转载与择要点评。每天，我会对其中一篇文章作"题记"导读。

以"纯道题记"名义发布的题记内容，短小精悍，言简意赅，每段控制在120字之内,主要撰写的角度包括了五个方面：一是图文概括，用最精炼的文字概括全文主要观点和思想；二是经典展读，用较合适的经典文句和古诗名言作引语来提升图文内容的高度；三是启发提示，通过一个事件或一个故事所蕴含的哲理与智慧作进一步的提示；四是阐述观点，根据所发布内容，提出自己的思想观点与思考心得；五是善恶判断，借由一个个事例传播正能量与善知识，引导人们更多扬善止恶利他。一些典故、诗偈、古文，通过相对简洁的语句表达出其最核心的内容与思想，尽管时常仍有意犹未尽的感觉，但对于读者深入阅读或产生阅读兴趣，起到了一定的推动作用。

出乎意料的是，禅艺会发布的图文内容获得了积极的评价和良好的反响，原本以为只是一个小众的世界，却获得了来自大众的好评，许多平面媒体及时转载，更多网络采用相关内容，中国政府网、央视网、凤凰网、大公网等一批有影响力的网站相继引用或转载。每天，都有几十人至上千人新关注"禅艺会"，至今已经累计有十万订阅户。一些读者对每天发布的"纯道题记"饶有兴趣,更有读者每天收集相关内容，分类成册。每到年底，就有读者询问，是否有禅艺文化书籍出版，"纯道题记"出版了没有？

如果日记和随笔可以形成一种文体，那么题记也可以是一种不错的文体选择。在文化艺术的发展过程中，不同历史阶段都有不同的文化重点，中国古代的赋、诗、词在不同阶段都有发展，而偈则是在禅师中出现的一种流行文体。在日本，简短的俳句则深受文人的喜爱，包括日本的僧人也创作了众多短小精悍的优秀俳句。题记，过去一直依附于文章的正文而存在，很少有单独成文成篇出现的，因此，把题记作为一种独立的文体编辑成书，这是一个大胆的尝试，能否被更多读者接受，还需要接受更广泛的考验。好在，我在撰写每一则题记时，已经充分考虑到独立成文的必要性，尽可能做到句子完整、意思完全、观点完善，希望这样的初衷可以被读者体会到，并喜欢上这一新的独立文体形式。

正是由于读者的一再督促与期待，并在上海的文汇出版社支持下，我决定将两年多时间内形成的近千条"纯道题记"进行分类后，以《禅艺题记》为名正式出版，以方便读者阅读和查寻。《禅艺题记》共分四个大类、四十六个小类，由于对相近内容进行了归并，使得本来相对独立的题记内容，合在一起时也具有了可读性，在上下段之间形成一定的关联性，可以引导读者作更多的思考。

感谢龙虎山道士及著名画家郭关，同意将他的绘画作品作为本书的插图使用。郭关是中国人民大学宗教哲学硕士，曾闭关参禅一年，出关后研习中观与唯识学，从此画风大变。郭关作品涉及绘画、音乐、书法、装置等领域，著有《郭关诗文集》《郭关禅画》《郭关诗画集》《郭关古琴》等。《禅艺题记》共收录郭关禅画四十九幅，以这样的安排，可以极大提高读者的阅读体验和欣赏兴趣。作为一名道士，郭关对于佛教和禅宗的理解，完全不逊于一些时常浸淫于佛门之中的人们，他说："2013年我为了深入了解佛教，在印度、尼泊尔把释迦牟尼佛从出生到觉悟再到弘法、圆寂，他一生所走的路程我重走了一遍，我从释迦牟尼佛修苦行的山洞，走过尼莲河再到菩提迦耶菩提树的金刚座下，一步步中我深深体会到了佛陀当年修行参悟时遇到的困难，他坚强的信心让我震撼，在菩提树下我被他伟大的精神感动得流泪。"在感动之余，郭关为我们留下许多出色的绘画作品。《禅艺题记》封面中的达摩禅悟图，则取用画家杨兴雅先生赠予我的一幅画中的达摩形象，在此一并表示感谢！

感谢帮助出版本书的各位朋友与同仁，他们都为编辑和出版本书提出过许多宝贵的意见。在此，也要感谢"禅艺会"的读者，正是来自读者的肯定与期盼，才有了把"纯道题记"分类编辑成书的最初设想，并最终有了这本书。可以说，《禅艺题记》是《禅宗美学应用》的"副食"，如今"副食"先于"主食"上了台面，"主食"却还在烹饪之中，希望这道"副食"真正可以起到开胃的作用，等"主食"上台之后，不至于已经没有了胃口。《禅宗美学应用》这道"主食"必须选料考究、精雕细琢、用心烹制，才对得起翘首以盼的读者。

面对卷帙浩繁的佛教经典与汗牛充栋的禅宗文献，笔者深感自己永远只是一个初学的书童，一方面希望自己可以如饥似渴地尽快学习到更多，另一方面也希望有更多人来参与对禅宗文献这一精神宝藏的挖掘。人生苦短，只争朝夕，鉴于初学的缘故，书中难免会留下一些不足与遗憾，希冀有见识的师长能够不弃教诲，希望有见地的读者可以不吝教正！

朱良志教授在《南画十六观》一书中，借用禅宗中乞儿唱莲花落的故事，来比喻画家对于永恒的生命真性的追求，就像在心中盛开的莲花一样，永不凋落。在此，寄望于读者与我，在追求禅宗美学应用的领域里，也都能够像盛开在心中的莲花一样，永不凋落。

纯道
二零一六年元旦
于太湖禅艺舍

目录

序言 /I

一、佛教篇

01　历史　　　　　　　/3
02　教义　　　　　　　/17
03　道场　　　　　　　/23
04　寺院　　　　　　　/31
05　伽蓝　　　　　　　/39
06　高僧　　　　　　　/43
07　信众　　　　　　　/51
08　法会　　　　　　　/59
09　法物　　　　　　　/63
10　因果　　　　　　　/69
11　慈善　　　　　　　/73

二、禅宗篇

12　祖庭　　　　　　　/77
13　禅师　　　　　　　/81
14　禅堂　　　　　　　/89
15　公案　　　　　　　/91
16　修行　　　　　　　/97
17　美学　　　　　　　/103

18	禅境	/111
19	禅思	/119

三、艺术篇

20	艺术	/133
21	绘画	/139
22	技法	/147
23	画家	/153
24	雕塑	/167
25	书法	/173
26	手艺	/183
27	设计	/189
28	摄影	/195
29	邮票	/197
30	收藏	/201

四、生活篇

31	茶道	/205
32	香道	/213
33	花道	/217
34	琴道	/225

35	衣饰	/227
36	素食	/231
37	建筑	/235
38	空间	/241
39	庭院	/245
40	文物	/251
41	行为	/255
42	读书	/267
43	节会	/271
44	植物	/277
45	动物	/283
46	旅行	/289

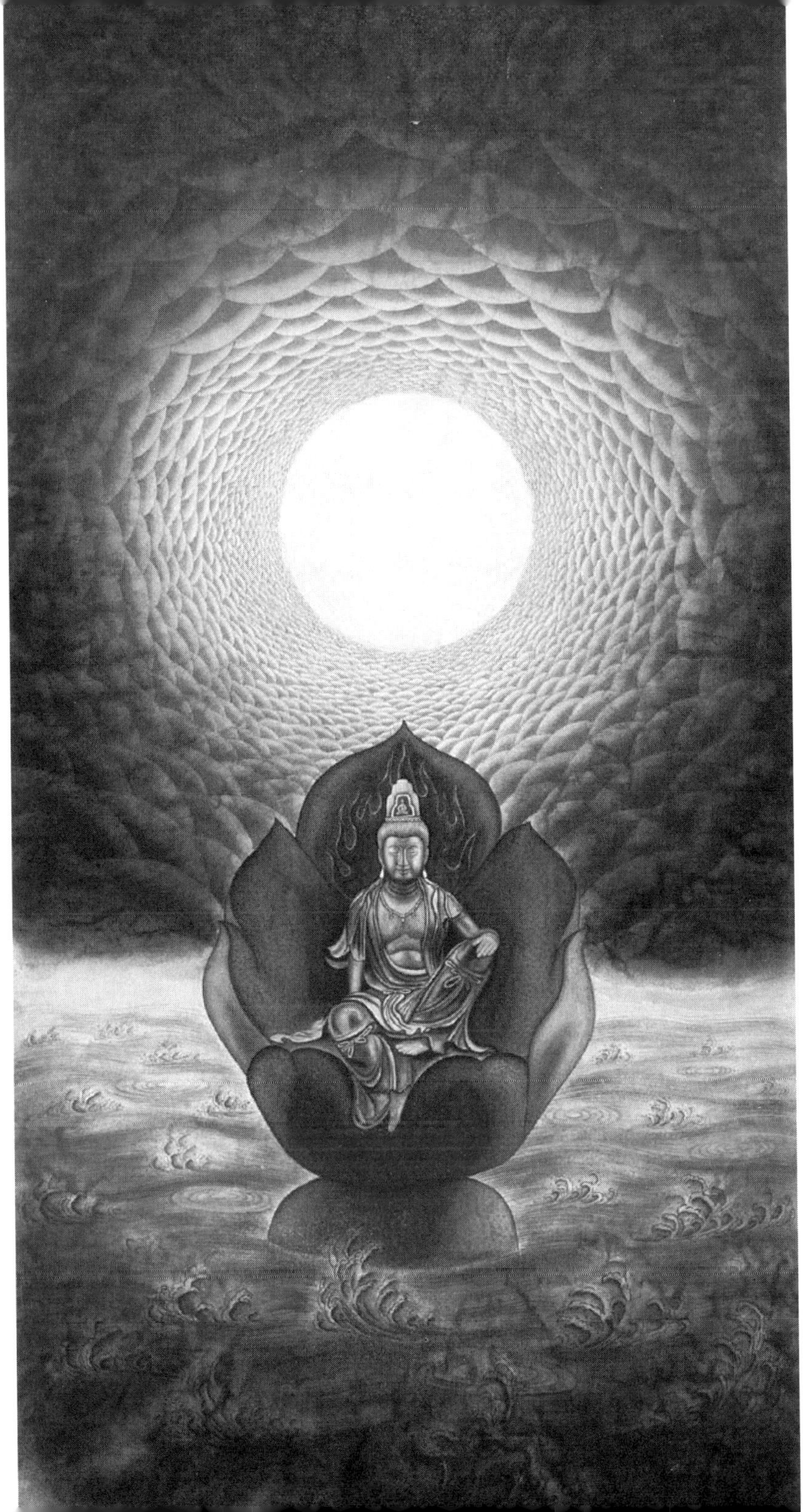

佛教篇

1. 历史

佛教源自印度，佛祖诞生于尼泊尔，佛教信众最多产于中国，佛教文物保护最好在日韩，佛教节日最多在东南亚国家，可见，佛教作为一个国际性的共同信仰，正在影响越来越多的人，保护好佛祖诞生地，是信徒的一致祈愿。

《佛祖诞生地蓝毗尼启动二期保护工作》题记

创造了世界三大宗教之一的印度，只能从那烂陀昔日的辉煌中断断续续看到几束般若之光，倒是跨越了喜马拉雅山脉的藏地和汉地信徒，承继了佛陀的星光，一千多年来一直在反射世界屋脊南部这块肥沃的土地。

《那烂陀，施无畏》题记

"精神生活才是获得永久安宁的最终途径"的宗教思想，在印度新一代领导人的推动之下，成为其"佛教外交"的重要组成部分，他们希冀如同来自佛陀开悟地的菩提树苗一样，可以在不同的国度里得到生根与生长，最终形成盘根错节的佛教关联。

《印度正在努力提升佛教影响力》题记

《阿努拉德普勒，在菩提"子树"前回望》题记	菩提树因佛陀在其树冠下静坐七个昼夜后得以大彻大悟，遂成佛教圣树。于是，菩提便有了觉悟、智慧的内涵，参拜菩提则是希望可以顿悟真理，达到超凡脱俗的境界。
《锡兰，佛陀三临宝岛，法显两度春秋》题记	到佛陀去过的国家，走佛陀走过的地方，沿着大彻大悟者的足迹，寻觅明心见性者的境界，让时空穿越，将天地融合，找回属于自己的灵魂。
《博达纳特大佛塔，佛眼识众生》题记	佛眼识众生，慧眼看天下。佛祖的那双慧眼始终留在诞生地，时刻注视着末法时代，谁在修行积德，谁又在疯狂愚痴，让善因结善果，恶因结恶果。
《普寿寺，全球最大尼众佛学》题记	佛陀姨母因誓守八敬法而被允许出家受戒，成为首个比丘尼。中国首位比丘尼产生于西晋，世代相传，直至今日。今有尼众聚于一寺，发誓依戒而行，度己度人。
《印度那烂陀大学，八百年后再开学》题记	世界上最早的大学创建于哪一年，在什么地方？尽管东西方的说法不一样，但却大多与宗教活动有关，印度的那烂陀寺不仅历史悠久，而且规模宏大，虽然中断了八百年，但其恢复招生的象征意义极大，说明佛教教义经过历史考验，已经重新焕发活力。

始建于公元五世纪的那烂陀大学是文献记载最早的印度佛教大学，中国唐代高僧玄奘曾到此学习与任教，极盛时有一万多名僧人在校学习。由民国时期太虚大师振兴起来的闽南佛学院，是中国最早建立的佛教大学，期望它可以像那烂陀大学一样，千古流芳。

《闽南佛学院九十年庆》题记

　　玄奘西行取经，鉴真东渡弘法，来往之间交流的不仅仅是佛教思想，更有建筑、文化、艺术、语言，以及生活方式的互学互融。在所有的社会群体与阶层中，几乎再也没有像僧团一样对于一个民族的文化与艺术产生过如此重要的作用。

《唐招提寺，中日佛教交流的象征》题记

　　历史上的中国是个佛教国家，经过世代相传，许多佛教思想已经深入人心，在文学作品中也多有表现。以佛教思想的角度切入话题，能够很快引起读者共鸣，感同身受地体味出作品主人公悲喜交集、苦乐不均的因缘与因果关系。

《莫言小说〈生死疲劳〉中的佛教思想》题记

　　用全球的眼光看中国，用全息的视角看佛教，才能看到更全面的中国佛教。佛教之所以能够在中国落地生根，这是中国人千古传承的传统价值观与自然伦理观所决定了的最佳选择。

《德国学者评中国佛教》题记

　　佛教在中国传播两千年的过程中，逐渐烙上民族印记，佛造像及所持器物的形象和意义也愈

《首都博物院的佛造像（4）》题记

发中国化，呈现出千姿百态，却又万变不离其宗的现象，其中尤以金铜佛像和唐卡的影响最甚，深受僧俗两众的钟爱。

《佛国上海》题记

从中国近两千年的市镇发展轨迹看，佛教寺院对于城市发展功不可没，许多地区都是因寺得名，依寺成街，由寺变镇，连最现代化的大上海也不例外。佛教对人们的影响，不是不存在，只是你未察觉。

《灵隐寺，拜前必读的史实》题记

有一些寺院，似乎就是两千年中华佛教史与国运史，你可以不去朝拜它，但作为中国人你不应该一点也不了解它。如果你已经去过或者准备再去，那么，关于它的史实你不能不再读一次。

《邮票上的白马寺（中国第一寺）》题记

万物溯源，万源归一。有着"释源"和"佛祖寺"之称的地方，即使你一时未有亲临、无法亲近，也应该在心里留有它的位置。这是一个标志，从此以后，佛陀的思想融入了中华文明的血液之中。

《美国大都会博物馆里的元代佛教艺术》题记

中国元朝统治者主奉藏传佛教上师为国师，蒙古本族也主要信奉藏传佛教，使得元及其之后的朝代中，在中原地区藏传佛教与汉传佛教的融合变得越来越正常化。元代的佛教艺术中不乏藏传佛教的体裁与内容，成为唐宋之后的佛教新气象。

一国之主，常作雨覆云翻之能，历史上灭佛兴佛也大多出自一帝所好，甚至在同一朝代都有多次变化无常之举。在经历了灭佛之后的道德沦丧、慈悲缺失、利他不再的惨痛恶果之后，我们身处的时代终于又回到了兴佛的历史片段，当格外珍惜。

《毛泽东去过的佛教寺院》题记

　　辛弃疾《破阵子》词中言："了却君王天下事，赢得生前身后名。"道出了君王成就的大业，不仅要看生前功名，更要看身后美名。评价一位政治人物，最终要看五十年，甚至五百年之后历史学家的评述。

《万里在十世班禅追悼会上的悼词内容》题记

　　古代中国，留给世界最强的是文化与思想；今日中国，留给世界最弱的恰恰也是文化与思想。作为大国，如果不能产生文化的影响力与思想的感召力，仅仅依靠经济活力与军事实力，最终都无法实现万朝归宗、万法归一的盛景。

《先睹为快：莫言在哥伦比亚的精彩演讲》题记

　　佛教在今日世界形成诸多宗派，与一国一地的历史与文化相融合，呈现百家争鸣的局面。中国佛教曾经站在辉煌顶峰，如今却影响有限，如何复兴与光大，是一代僧俗两众需要关切的大问题。

《觉醒大和尚：中国佛教应该走出去！》题记

《与二代班禅的情缘》题记	在藏传佛教格鲁派中,认为班禅是阿弥陀佛化身,达赖喇嘛为观音菩萨化身。班禅的影响主要在后藏,以日喀则扎什伦布寺为中心。格鲁派追认宗喀巴的门徒克珠杰为一世班禅,清朝康熙帝册封五世班禅时加封以前各世班禅,从此这一活佛系统得以完善。
《台湾农禅寺相看两不厌》题记	两岸分隔前,一批大陆法师移居台湾,把民国时期的佛教形态搬到宝岛,避开了"文化大革命"及其之前对佛教与僧侣的摧毁与摧残,因此较好地保留下了两千年传下来的法脉。如今,大陆佛教再兴,有必要去礼拜一下这些让根脉续存下来的佛寺与法师。
《参拜台湾寺院感受禅艺文化》题记	台湾海峡两岸的中国人都肩负着传承与发展中华文明的重任,在兄弟间的竞争,最终都将经受时间的考验,谁保护了中华文化,谁就有资格代表中国的未来;谁破坏了中华文明,谁就会被历史钉到耻辱柱上。
《大陆佛教应该向台湾佛教学什么?》题记	大厦或可倾覆,基石不可动摇。同根同源的历史与文化,是界定一个民族独立性与完整性的基石。任凭风吹雨打,属于中华文化基因之一的佛教根基,将永远根植于中华大地而不毁。

佛教传至各国，多有兴衰交替，最不幸在源头印度，佛教一去不再；最多舛为中途华夏，至今尚处边缘；最庆幸在东亚韩日，一脉相传至今，留下世上最多初始佛教遗产。看中国佛教兴盛往昔，在韩日可见一斑。

《韩国佛教如旭日东升，曙光遍照》题记

一个新罗人，不远千里来到九华，驻锡、布道、圆寂于此，九华山由此成为中国佛教名山和地藏菩萨应化道场，如法显、玄奘至天竺一样，金地藏在普度众生的一生中有着"舍我其谁"的大气概。

《肉身宝殿，登九华岂有不拜之理？》题记

日本佛教一路向西，追溯到印度；印度佛教一路向东，流传至日本，中国是双行道中都无法避开的一段，经过两度消化，日本佛教更似中国佛教，非而印度佛教。读日本学者评中国佛教的文字，有着细细咀嚼后的回甘。

《日本学者评中国佛教》题记

唐代高僧玄奘西行天竺，修得佛法译著无数；日本高僧空海西至长安，东归筑寺八十八所。唐构建筑在中国已所剩无几，日本寺庙却留下了中华建筑的精华。

《邮票上的日本寺庙》题记

日本历史上有过多次从中国大量输入文化的时期，从唐代建筑，到宋代艺术，再到明代之后的工艺技术与生活方式。千百年后，日本给予华夏文明最大的回报是，他们较好地保存、保护、保

《镰仓大佛呈宋风 日本国宝禅宗样》题记

全了这些文化内容，让我们有机会回望华夏祖先的创造力与审美观。

《日本庭院源于汉地禅院》题记

历史上，日本派出大量僧人到中国修习佛教经典和研习佛教文化，他们把中国最好的佛教思想，特别是禅宗体系回带日本，并发展到极致。如今的中国僧人和文化学者只能从日本感受禅宗文化的精髓所在，禅意庭院可谓是精髓中的精华。

《比睿山延历寺，日本佛教之母山》题记

当天台宗式微之时，日本佛教之母山却不依不饶尊天台山为宗源根本。二十世纪七十年代初，日本高僧欲朝拜天台山，不堪入目的国清寺不得不从故宫借来历代珍贵佛像法器等国宝级文物，以作应对。两国对佛教态度，由此可见一斑。

《邓小平在日本为何要三拜唐代高僧？》题记

日本奉行拿来主义，见到好东西，统统学来，慢慢就固化为和式风格，没有了探索成本和失败风险，这一模式未经动乱和革命的冲击，使历史得到妥善保存。去了日本，没有几个中国人不发出感叹，为何中国做不到？

《少林寺方丈释永信在牛津大学演讲，对话基督教》题记

印度是佛教的发源地，中国是佛教徒最多的国家，但在世界上影响最大的佛教国家却是斯里兰卡和日本，前者影响亚洲，后者影响欧美。要能够走出去，必须要有自己的佛教思想体系和文化特色，少林寺的角色在当下无可替代，中国人

应该乐见其成。

佛教是和平的宗教，历史上没有一起战争因佛教而引起，却有太多的战事因佛教的调停而结束。即使在泰国这样一个政治纷争和军事政变多发的国家，也极少听到暴力对抗与流血事件的发生，这给世人极好的示范：和平佛教，佛教安人。

《泰国兄妹两任总理在京同拜佛牙舍利》题记

日薄西山，站在山巅上浮想一个王朝的没落，谁人可挡？曾经辉煌一时的王朝尚且如此，那些平庸的时代还能给历史留下些什么呢？挡不住的没落，却可以引来千年后的敬拜，这不是任何一个王朝可以做到的。

《巴肯山的日落》题记

从二十世纪六十年代起，一股来自东方的禅风席卷美国，许多年轻人都带着想破解这一东方神秘信仰的态度开始接近它、接受它。不过，禅风并不是直接来自中国，而是来自日本，日本禅师把中国禅宗的精神推广到西方社会，并影响了一批西方人。

《美国人的禅生活：菲尔·杰克逊》题记

文明的冲突，并非因为美国学者萨缪尔·亨廷顿在1993年发表了《文明的冲突》一文才浮出水面。多少世纪以来，东西方文明其实在此起彼伏的不断冲突中，始终保持着总体上同步发展的频率。

《顾特卜塔，文明冲突的产物》题记

《随总理出访，中国作家开始闯世界》题记	国家间的"交流"，可以是军事上的对抗，也可以是经济上的合作，而最好的方式却是文化上的对话，通过交流让彼此获得智慧的提升和文明的融合。一国强盛，军事上优势可以保持十年，经济上霸主可以维持百年，唯有文化上的影响可以延续千年。
《肯定佛教价值！》题记	文明在冲突中吐故纳新、文化在融合中去芜存精，宗教信仰的力量从来就是其中的主力之一，当重新认识到其价值时，文明的延续与文化的创新才能获得新的推力。
《英国学者评中国佛教》题记	从不同的角度，听不同的声音，才会得到更全面、更客观的事实与真相。当越来越多的西方学者在研究东方信仰，越来越多的西方人皈依为佛教徒时，你应该知道一些其中的原因！
《念佛宗，日本佛教十三宗之一》题记	佛教发展的历史轨迹表明，一要与时俱进，二要因地制宜。有些宗派历史上出现过却未能延续，这其中总有些道理存在；有些宗派在一地创立并发展，却不能在另一地生存与扩展，这其中必有些因缘存在。一味继承，若不能创新，或将断送法脉，难以为继。
《中国学者评中国佛教》题记	学者的观点不一定都正确和完善，也不一定能够让每个人接受与认同。如果你发现了破绽而

又能合理解释，那么你不仅可以超越学者，而且可以帮助更多人解惑，包括纠正学者的观点。

人类的进化，不等于每一个人都在进化；历史的进步，不等于每一时代都在进步。没有人愿意承认自己的退化，只有通过比较，才能知道进化了，还是退化了。不作横向比较，只与我们自己的祖先比一比，你就可以知道自己是光宗耀祖了，还是做败家子了。

《退化的中国人》题记

许多宗教主张戒淫不戒性，顾及人类繁衍和信徒补充的需要，甚至出现了生殖崇拜现象，反对避孕和禁止堕胎，在以印度教为主的印度和以佛教为主的不丹，都有这样的历史传统。

《克久拉霍性庙的雕塑艺术》题记

生殖崇拜，通常被认为是原始社会普遍流行的一种习俗，到了不丹你会发现，现代佛教徒仍然把生殖崇拜视为追求幸福、希望发达的一种表示。对此，你要么赞美与向往，要么厌恶和逃避，就看你的心境有多纯洁了。

《齐米拉康寺，佛教国度的生殖崇拜》题记

走近斯里兰卡，不仅因为它是最美的岛屿，更因为它是佛陀留下过足迹的圣地。在这里，你都能触摸到远古与未来的脉动；在这里，你还能嗅闻到快乐与健康的气息，这是一个不能不去的国度。

《龚峻摄影作品集》题记

《中国人用光影还原巴米扬大佛》题记	佛教的大慈悲与非暴力思想,是全人类最宝贵的精神遗产。尽管面对野蛮与狭隘的多种袭击,佛教会在一段时期内消沉与失落,包括在其发源地被驱赶,但人类追求和平与向往文明的初心永远不改。当人们真正觉醒之时,佛教一定会得到应有的尊敬与礼遇。
《越南,属于汉传佛教的领地》题记	历史上,越南一直受华夏文明的影响,几度与华夏的王朝同属一个版图。大乘佛教传入越南地区的年代,可以追溯到公元二世纪,这要比传入朝鲜半岛和日本的年代还要早,那里还是禅宗重镇。今天,我们仍然有必要更多关注发生在那里的一切。
《老挝缅甸探幽行》题记	被世人遗忘之处,往往是文化遗产保存得最完整的地方。在南亚的广袤原野,隐藏着太多不为世人所知的历史遗迹。在城市待久了的人们一旦走进茂密的森林,瞬间就可以感受到大自然的庇荫,何况那里还有无数的千年古刹与佛像正等待着要加持你。
《佛塔之国:缅甸》题记	一个具有鲜明特色的民族,往往有着非同一般的民族标识。缅甸就是一个"穿着袈裟的民族",因为"做一个缅甸人就是做一个佛教徒",男子在十四五岁时,必须进入寺院作短期出家,其中有些人从此留在了寺院之中,一生为僧,绕着佛塔,轮回生死。

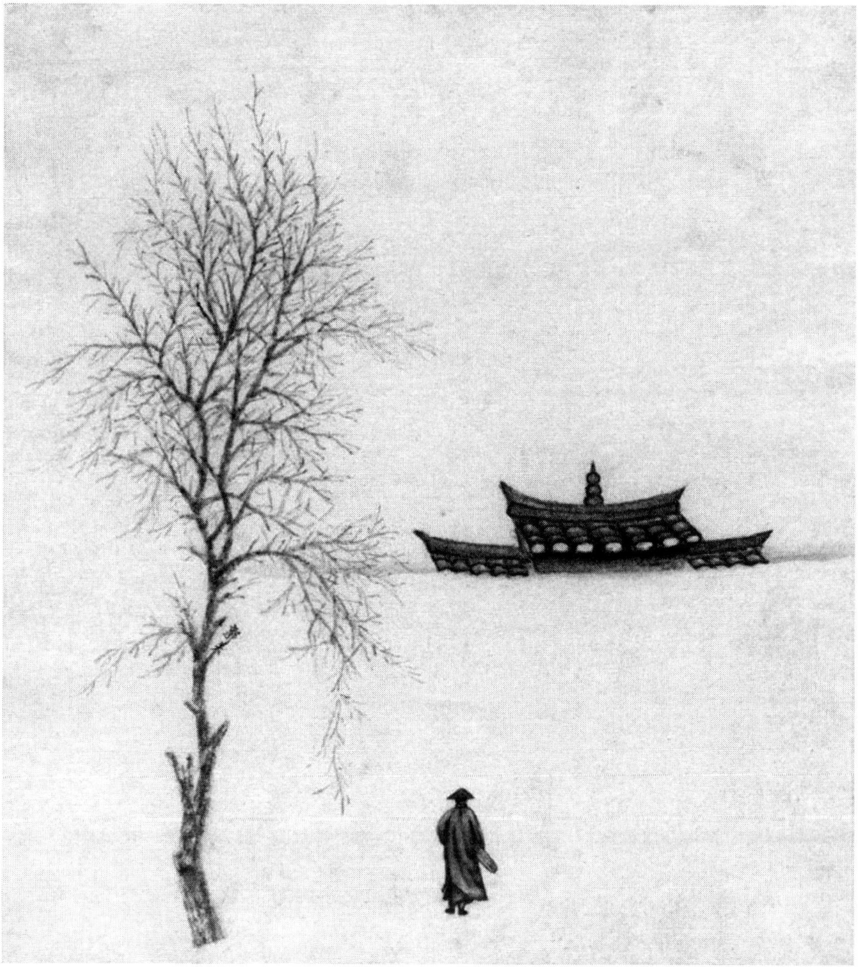

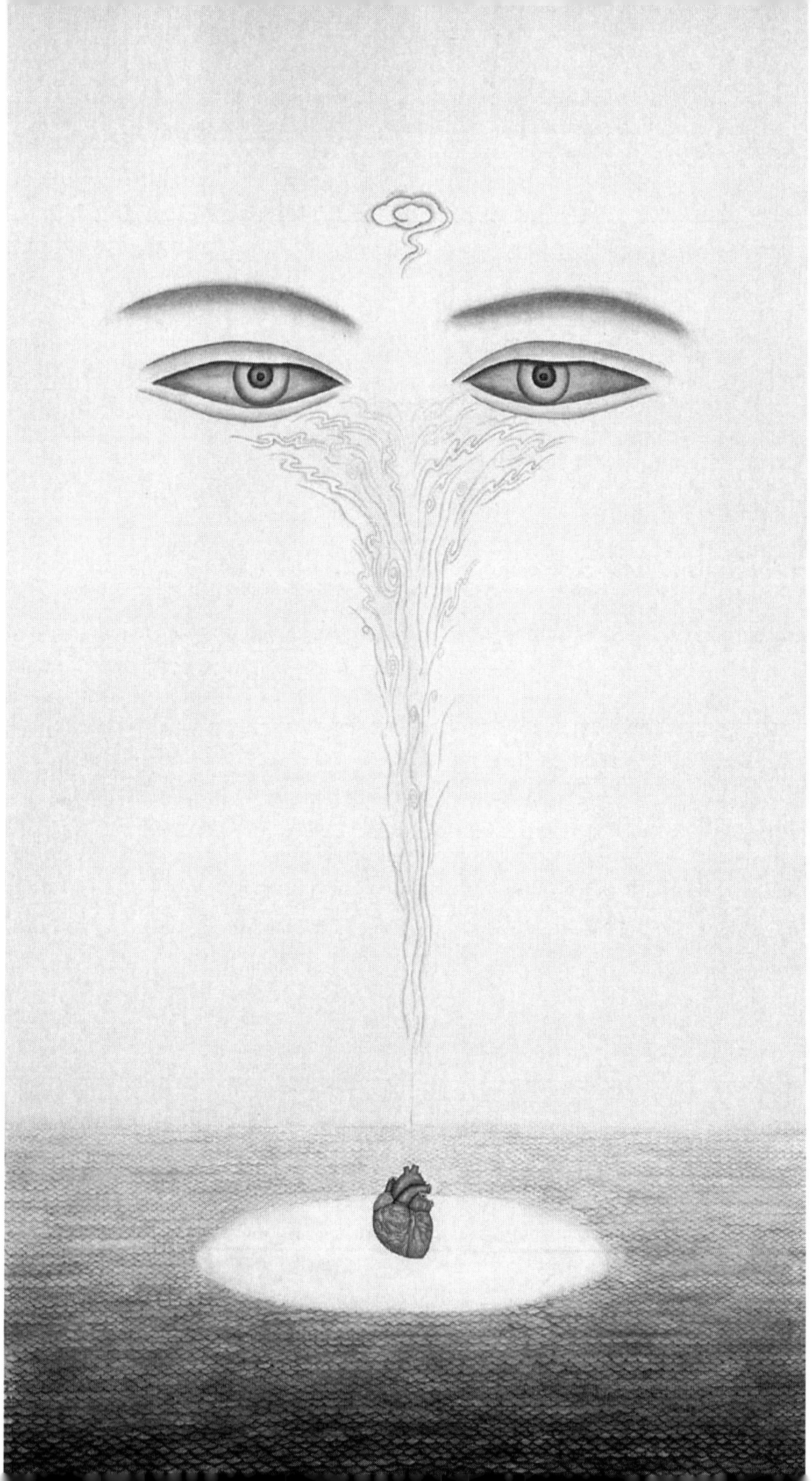

2. 教义

　　佛法很深奥？许多人正因为自设了障碍，才无法亲近佛法、接近般若。其实，佛法就是要解决生活中的问题才存在了两千多年，其不是学者的专利，也不是僧侣的特权，而是一切众生走向彼岸的明灯。

《中国美少女在美国演讲：佛法无边！》题记

　　译用二百六十个汉字，概括了佛教经典精髓；书写二百六十个汉字，体现出佛家弟子虔诚。历代佛弟子深信，书写《心经》具足无上功德，上至帝王，下至沙弥，无不为沐手书写《心经》而呕心沥血，乐此不疲。

《大书法家的〈心经〉，能不欣赏？》题记

　　禅宗六祖慧能听闻至"应无所住而生其心"，由此开悟。古往今来，又有多少高僧大德不是从金刚经中汲取般若智慧？品赏东坡居士书法，回味佛教根本经典，岂不美哉？

《东坡居士书金刚经，快分享！》题记

《中佛协新任正副会长全亮相》题记	耳可闻者曰名,眼可见者曰相。《金刚经》曰:"凡所有相,皆是虚妄。若见诸相非相,即见如来。"学诚法师提出的"爱国、爱教、正信、正行"八字方针应该成为推动中国佛教事业进一步健康和全面发展的核心力量。
《成语说禅:有眼无珠》题记	"物自有来去,见性无来去。"一刹那的瞬间,从没有开始,也并不会结束。《金刚经》问:如来有肉眼否?如来有天眼否?如来有慧眼否?如来有法眼否?如来有佛眼否?一切凡夫都有五眼,可惜眼睛迷住了,只能用肉眼看见色相,而不能见到本性。
《成语说禅:病魔缠身》题记	维摩诘说:"一切众生病,所以我病;一切众生不病时,我就病愈。"众生不病,其实是一种没有可能性的假设,犹如地藏菩萨说,"地狱未空,誓不成佛",地狱会空吗?痴爱是心病之源,谁又能脱离痴爱呢?如果不能,便会病魔缠身,就不会转凡入圣。
《南京栖霞寺缘起三论宗》题记	三论宗之一《十二门论》云:"众缘所生法,即是无自性,若无自性者,云何有是法。"不离性空而有缘生的诸法,虽有缘起的诸法,也不碍于毕竟空的中道实相。世间万物,皆由因缘和合而生,离开因缘没有独立不变的实体。众生能否成佛,关键在于迷悟。

"天地相合,以降甘露。"《法华经·药草喻品》称释迦"为大众说甘露净法",喻佛法于众生,如甘露一般,沁人心脾,珍如生命。

《甘露寺,为大众说甘露净法》题记

观音菩萨的"无缘大慈、同体大悲"的大乘精神,在学诚法师的诠释下,有着更大的现实意义,它不仅仅是追求个体的幸福与自由,更是把实现全人类的幸福与自由视为个体幸福与自由的前提,它是中国佛教最浓厚的精神财富。

《中佛协十大委员会全纪录》题记

慧能以"菩提本无树,明镜亦非台。本来无一物,何处惹尘埃"胜过了神秀的"身是菩提树,心为明镜台。时时勤拂拭,勿使惹尘埃"而赢得了禅宗衣钵。然而,尘世中的佛像一样处处惹尘埃,必须时时勤拂拭,才能让人更清楚地看到佛像的本来面目。

《东大寺大佛年年勤拂拭》题记

"不立文字,真指人心"的禅宗六祖慧能大师,其影响力不仅因《坛经》是唯一一部被纳入佛经范畴的汉地著作而闻名遐迩,而且其在中国的士大夫群体中树立了一种随遇而安、顺其自然的人生标杆,其作为思想家的价值还须得到进一步挖掘。

《高行健的水墨禅境之作》题记

你是谁?从哪里来?到哪里去?这不仅是一个古老的哲学课题,也是一个永恒的宗教命题,

《穿越自我的迷雾》题记

更是一个现实的求悟话题。《坛经》告诉我们："何期自性，本自清净；何期自性，本自具足。"当一个人参透了自我的本来面目，也就有了人生的圆满答案。

《佛教徒乔布斯对禅的领悟》题记

"不忘初心，方得始终。"多少人被岁月击败，只是在出发那一刻才知道自己要去的方向，一旦迷路，就一并迷失了自己。"不立文字，直指人心"，只有那些不忘初心的人才能真正领悟。

《菩提伽耶，大彻大悟大圣地》题记

苦、集、灭、道四谛系佛教基本教义，历来为各宗必修之法。佛陀在菩提树下的开悟之道，让众多佛弟子走上觉悟之路，更让无数佛教徒开启领悟之门。

《鹿野苑，法轮初转的圣地》题记

佛教借"轮"喻法，表明佛法无边，具有摧邪显正作用。佛陀在鹿野苑初转法轮，亲自实证，以佛宝、法宝和僧宝行化天下，利益众生。获得正法信徒，可摧破一切邪恶。

《曹德旺：我们曹家三代信佛！》题记

布施能使人远离贪心，得色身、寿命、安乐、力气、辩才五种果报。若有人杰事业有成、健康长寿、快乐自在，必系前世今生功德所积，他人妒忌不来，抢夺不得，唯有介入财布施、法布施、无畏布施之中，方能时来运转。

无常为常，常为无常；一切在变，变为一切。在苦难与灾难面前，人们更能体悟到平常的不平常，平凡的不平凡。珍惜当下，当下就会变得更美好，于"刹那无常"间顿悟，活着就是最好的当下。

《宽运法师：从佛教角度看灾难的启示》题记

佛有"三十二相"，在庄严的色身中，显而易见，一目了然；而细微难见，不易察觉，却能使人生起欣喜爱乐之心的，还有"八十随形好"。若拜世界现存最大最著名三十二佛像，如亲睹佛陀庄严德相，自有圆满相好的业报。

《三十二尊大佛，你拜过几尊？》题记

道家之"玄"，儒家之"和"，佛家之"空"，能够被中国人相继接纳，已是一大千古成就；老祖宗的厉害之处，更在于把"玄和空"三者有机融通，合为一体，这自然便成了华夏文明万年长青的基石了。

《悬空寺：儒释道三教合一，悬奇巧三足鼎立》题记

"诸行无常，是生灭法。生灭灭已，寂灭为乐。"人生无常，常常停顿于刹那之间；人生如戏，往往定格于意外之中。珍惜当下，是对给予自己生命者的最好回报；尊重亡者，是对已经失去生命者的最后回响。愿逝者早登净土莲邦，愿生者早日离苦得乐。

《佛教界为"东方之星"亡灵超度》题记

《诺贝尔奖得主论佛教》题记

　　科学与佛教的对话价值在于佛教是所有宗教中最具有科学性的，也是最含有理性的学说，它关于众生平等、尊重自然，以及有关世界与人生的观点，不是刚刚被科学证明是正确的，而是在人类全面认识自然与科学之前，它早已存在了两千多年。

《昂山素季先拜佛舍利，再见习近平》题记

　　诺贝尔和平奖获得者昂山素季对佛教苦谛含义的演绎直指心源，不仅打动了缅甸与亚洲人民的心，也充分彰显了佛教及亚洲价值观的现代意义。苦，不堪多言，但若能化苦为舟，渡向般若的彼岸，此时的觉醒一定是义无反顾的觉悟，并具足无上福慧的价值。

3. 道场

　　一个平凡的乡村，因为孕育了佛祖，从此成为信徒朝拜的圣地。其果，必源自其因。

《蓝毗尼，在佛陀诞生地回望历史》题记

　　太子祇园无言，流传千年；给孤独者不语，恩泽万年。在讲经台前聆听梵呗，沐浴身心，如是我闻。

《祇园给孤独者，如是我闻由此始》题记

　　佛塔处处有，但文殊菩萨到过的地方却不多，这里的莲花可以自体放光，或许正是文殊菩萨加持的结果。即便作为游客，冲着苏瓦扬布拿佛塔是世界文化遗产地之一，也应该去造访一下。

《苏瓦扬布拿佛塔，自体放光的莲花》题记

　　正如中国领导人到日本访问，会参拜古都奈良的古刹一样，印度领导人来到中国古都长安，也去礼拜佛教寺院，瞻仰大唐高僧创建的古道场，以追根溯源，望继往开来。佛教已经成为中国与周边国家发展友好关系永不褪色的纽带。

《印度总理莫迪两访中国寺院》题记

《钟敬文：碧云寺的秋色》题记	走近寺院，就有一种慢慢从凡尘中出离的感觉，那种庄严与清净，如同经历了一场漫长仪式之后的嘉奖。几乎每一座寺院都刻下过岁月的泪痕，但风雨过后，它却依旧停留在时光盘的中央，等待着渡尽劫波之后人们新的回望，更是心的回归！
《东大寺，日本华严宗大本山》题记	寺院不仅是宗教场所，更是教育机构。不过，要成为教育机构，还需要做诸多建设，如大陆寺院下立的佛学院和禅修中心，港台寺院下属的中小学校与诵经组织，日本寺院下设的美术馆和图书馆，都在实现教育人与感化人的职能，并应得到进一步的强化。
《永信大和尚：将宗教知识写进课本！》题记	信仰历史、宗教文化和寺庙场所，往往承载着一个民族和一个国家最重要的信息体，任何剥离这些重要载体的行为，都无法还原一个民族和一个国家的真实情感，也无助于匡扶正义、净化人心、和谐社会。
《台湾鉴禅艺礼佛赏名胜》题记	两岸文化，同文同种；两地佛教，万法归宗。台湾的佛教与僧众，较多地继续了清朝与民国的遗风，虽不如大陆根深叶茂，却一脉相承，并未中断。在近些年，台湾佛教给大陆以反哺与启示，保留了更多佛门的清净与澄明，很值得给予隆重的回礼！

不忘初心、不请之友、不念旧恶、不变随缘。佛经中的"四不",在星云大师的诠释下成为人间佛教的基本元素。典籍不枯涩,经书不深奥,大师之所以成为大师,就在于能够把复杂义理明白化,让人人都乐于接受、方便接受。

《星云大师亲传法 佛光道场大觉寺》题记

佛国本是庄严净土,历代开山祖师在丛林中卓锡建寺,希冀能够永保寺院的清净,也让信众可以在此虔心礼佛。但在旅游经济主导下,太多人开始了挟佛敛财的不光彩职业,从羞羞答答的功德箱,到明目张胆的圈山拦路及强行收费,都折射出今人的沉瀣之气。

《山西省开始重拳整治五台山乱象》题记

藏地佛教徒有转山转湖的信仰习俗,汉地佛教徒也有朝山朝台的礼佛方式,以表达对佛陀和诸菩萨的敬仰。同时,许多佛教徒相信:转山朝台还可以洗清罪孽,在轮回中免遭堕入无间地狱,甚至可以脱离六道轮回,修得正果。

《东西南北中,五台大朝山》题记

走遍五台山的十大世界遗产,也就见到了五台山最精华的部分。梦参长老在开示中一再强调:只要到了五台山,文殊菩萨一定会与你见一次面的。当你身处十大寺庙时,与文殊菩萨邂逅的机会将达到最大化。

《五台山十大世界遗产》题记

《黛螺顶,不朝大台朝小台》题记	朝山朝湖又朝台,敬僧敬法更敬佛。朝拜去,不仅可以感动自己,还可以感染他人,这是其可以生生不息、代代相传的内在力量。
《普济寺,南台锦绣峰的守望者》题记	到五台山朝台,一次完成大朝台不容易,连过去的皇帝都只能抱憾而归,由此有了黛螺顶,不朝大台朝小台。不过,五台中另立山系的南台,却十分平易近人,最容易去,也最值得去。
《镇海寺,曾经辉煌的页面》题记	五台山是佛教名山,也是中华民族大融合的圣地。蒙藏信众与汉地佛弟子一道,把中华历史中极其重要的片段以共同的信仰方式,书写出了最神圣的一页。
《塔院寺,五台山胜境的象征》题记	有些地方,注定会成为不朽圣地。始建早,值得追溯;传说多,广泛流传;名人来,锦上添花,每一项都在为今日的胜境镶上一层金边。
《普陀山六十亿打造观音法界》题记	"无缘大慈,同体大悲",是观音菩萨所发的大愿,即使对无缘人也要无条件地度化他们,更何况有缘人。对痛苦感同身受的观音菩萨,用大悲之心让人从痛苦中走出来,离开此岸的苦。这与地藏菩萨的十六字大愿可谓异曲同工,慈悲一体。

观音的大慈悲精神，被视为汉传佛教崇奉的大乘佛教之根本。在众多菩萨中，观音菩萨最为汉地民众所熟知和信仰，在一些省市古有"家家阿弥陀，户户观世音"的盛况，此般信仰在中断数十年后，又重新兴起。对此，相信国家领导人正乐观其成。

《观音出家日前夕，二度礼遇观音》题记

来过九华，看过九华，拜过九华，可以把九华山的寺院概括为两句话："宫殿园林堂台寺，大愿菩萨金地藏"，这十四个字便可高度展现九华山佛教的精髓。

《九华山的宫殿园林堂台寺》题记

地藏是早已具备成佛条件的菩萨，但他宁愿无尽奉献，仍然身居阎浮提世界，陪伴众生，教化众生，救度众生。他的愿心是无我无条件的："我不入地狱，谁入地狱？"他的奉献精神是彻底的、无私无畏的，堪与佛陀相提并论。

《九华山上追思地藏精神》题记

菩萨会通过化身（化为名山大川而滋润万物）、真身（化为千年不腐的肉身菩萨）和变身（变为平常凡人来救济众生）等方式示现于人世间，以教化和普度众生。九华山的"天然睡佛"即是化身，金地藏不腐肉身即是真身，周围的大慈大悲者即是菩萨变身。

《九华山的韩国话题》题记

远山近壑、朝霞夕晖，这是自然赐予的美好景观；金顶佛光、楞严宝塔，这是信仰赋予的佛

《金顶寺，一座心灵上的地标》题记

山圣位。当自然与信仰融合在一起时,一座山便可以成为八方的地标,不仅是地理上的,更是心灵上的。

《鸡足山,享誉东南亚的佛教圣地》题记

趺跏山巅,寂静觉悟;遍洒佛光,人间仙境。中国有"天下名山僧占多"之称,实有以讹传讹之虞,真正的历史事实恐怕是"天下名山僧创多"。一字之差,道出了从贪求到开拓、从独占到共享的内涵变化,僧人的贡献不可磨灭。

《大昭寺,不去等于没到拉萨》题记

圣地因它而起,圣像因它而传,圣城因它而来,一个如此辉煌的寺庙,关于它的种种传说与故事,或许你早已耳熟能详,当你来过之后,或许更会为它的骄傲而骄傲。

《大德寺,庭院深深禅意浓》题记

日本寺院,千寺千面,各有春秋。虽大唐之风扑面而来,却存于异乡,唯几多悲怆。感叹东瀛汲取中华精华,又精益求精,能不怆然而涕下?

《西本愿寺,日本净土真宗大本山》题记

宗教场所往往是一个国家某个历史阶段的文化、艺术、建筑和思想的总和,有时也会有政治和军事的影子。不管曾经如何辉煌,只有经历过蹉跎,才会懂得珍惜宁静。

o

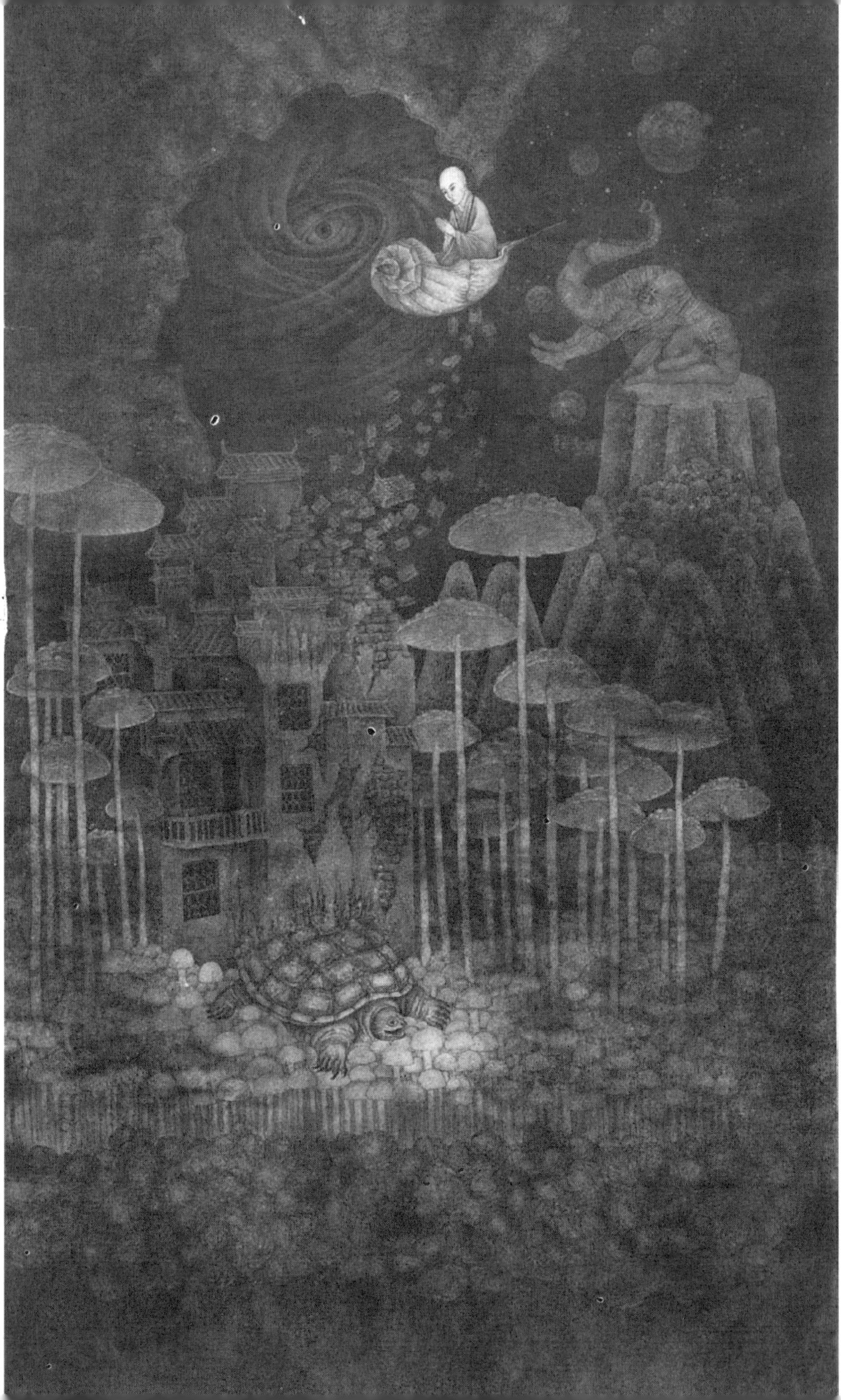

4. 寺院

　　在历史上，有几个朝代兴建了众多佛教寺院，成为佛教复兴象征，古刹中留下了那些个时代的影子。在我们所处的年代，也新建和恢复了许多寺宇，五百年之后看，这会是又一个佛教复兴的标志吗？

《邓小平：破坏教堂庙宇是反动罪恶行为》题记

　　中国众多著名寺庙，"文革"后并未回到真正的僧团手中，而由旅游、园林、文物保护等机构占用或管理，渐渐都变相成为这些机构牟利的私家资源，但因名称未改，结果既占了僧人的便宜，又损害了佛门的声誉，此等情形唯中国大陆所有。

《寺庙内建会所习大大很生气》题记

　　中外佛教名山附近，总是聚集着众多的寺院，修行人一方面偏爱独处的寂静，另一方面又看重共修的气氛，说明僧人在精进过程中需要有辩经的对手、仪规的督促、修行的互补，以及解惑的师长。进入古道场，自然的熏习，便是一种静修。

《高野山，日本真言宗总本山》题记

《五台山观音洞，仓央嘉措静修处》题记	佛教寺院多建筑于千仞峭壁之上，可以千年不倒，巍然屹立，以此表达超凡脱俗，没有世俗欲望的境界，这分明在告诉凡夫俗子，若是无欲无求，即使身处危崖，也能达到大义凛然的境界。
《祇园精舍，佛陀在世时最大道场》题记	佛教寺院源自祇园精舍，供养僧人始于供奉佛陀。传统自古流传，今人不断布施，此乃佛教之幸也。
《竹林精舍，佛教寺院的前身》题记	竹林风，总有一股宁馨之气，清心舒畅，让人有追随道骨仙风而去的冲动。佛教寺院若能呈现出竹林精舍的气氛，才算是承袭到了佛祖第一道场的幽邃之本。
《南禅寺，世界最古老木结构寺院》题记	"山中之木因无用而得以存活"，庄子的思想同样可以用来诠释一个佛教寺院历经千年不灭的道理："寺中之宇因无名而得以留驻"。其实，人往往也是如此。
《显通寺，中国第二古刹》题记	第一总是令人难忘，排在其后的只能屈居第二。其实在千年的历史长河中，相差十年八年的，又有什么分别？如果不是从个案上甄别，其实许多东西都可以作为第一代来珍视。

皇家的东西，总带有几分神秘与高贵的气息，只有最好的风水才会有这样的气场。你不想在这样的气息与气场中测试一下自己到底有怎样的气势吗？

《菩萨顶，五台山的皇家寺院》题记

　　古刹再现，高僧驻锡，这样的道场在中国大陆已经十分少见，如果还有中生代法师的不懈传承与无懈创新，当它重放光芒时，恰恰又被你遇上，这便是有缘人的福报。在中国佛教信众绕不开的五台山，朝拜路上将增加一座漏不掉的重要寺院：真容寺。

《真容寺大殿落成佛像开光法会》题记

　　一座位居北京旧城之内的皇家寺院，又是藏传佛教的喇嘛寺庙，在京城受到信众追捧就变得十分自然，如此贴近北京市民的生活，难怪许多北京人会选择信奉藏传佛教，尽管不懂藏文，但在喇嘛吟诵的梵呗声中一样得到心灵的慰藉。

《雍和宫，一座根植于京城的喇嘛寺》题记

　　站在高处，才能笑看风云，纵论天下。当自己成为了风云中心时，又何以能笑看世界，纵论古今呢？

《布达拉宫，世界屋脊的白宫与红宫》题记

　　布达拉宫已属于旅游者的去处，大昭寺属于喇嘛的身心安住处，而扎什伦布寺则是喇嘛、信众和旅游者的共同汇集处。在这座西藏活着的最大佛教城里，每个人都会找到自己的新发现。

《扎什伦布寺，西藏最大佛教城》题记

《普纳卡宗，不丹最美宗堡》题记	最漂亮之处，最浪漫之宗，最神圣之寺，若具其一，就足以让人神往，何况三者合一，到了这般神秘之国，无人不想一睹其真容。
《扎西却宗，不丹政教合一的圣地》题记	一个建筑体，既作为政府所在地，又是宗教活动场所，这在全世界范围内都已极其罕见。到了不丹，没有人会拒绝一睹政教合一圣地的真容。
《虎穴寺，悬崖峭壁上的世界名寺》题记	每一座寺庙都有它的故事，在海拔三千米之上的悬崖峭壁边建立起来的寺庙，又会有什么样的传说与神奇？去不丹，你一定就是为了奔它而去！
《天台山螺溪传教院：祖庭重建，期待供奉！》题记	古德有云：人天路上，种福为先；六波罗蜜，布施为最。梵刹复兴，祖庭重振，能令佛日增辉，正法久住，堪称世间第一福田。一座圣洁庄严的寺院，就是一方人间净土与心灵家园。建寺奉佛，聚沙成塔，利在当世，泽及后昆。深望有缘，共襄胜举，圆满功德。
《阿育王寺，圣地供奉佛舍利》题记	八万四千，这一数字在佛教中有着诸多内涵。佛舍利八万四千份中的十九份来到了中国，在宁波的阿育王寺中，你可以见到其中一份。就是这一份，迎来帝王竞折腰；靠着这一份，引去信众齐跪拜。

罗汉三大特点：一曰六根清净，烦恼断除；二曰了脱生死，证入涅槃；三曰人天供养，随缘教化。一座小小的古罗汉寺，可以让人想到很多，它的存在，或许就是让人记得：成佛太难，不如先学罗汉，经百年而不倒，历千年而不亡。

《西山古罗汉寺，有头无头十八尊》题记

　　以一座寺院奉祀亡者，进而结庵修行，不失为明智之举。和佛相伴，与禅安住，从入世的英雄气概，转化为出世的菩萨心肠，不为名利，却能千古。

《高台寺，由尼姑创建的日本名刹》题记

　　"普贤住处，万佛围绕"。普贤菩萨为法王之子，发大弘愿，以果立因，使众生在大愿中得到法益，又以因中施果，令大众从行菩萨道中证入圣果。礼拜普贤菩萨，不得不去万佛围绕的峨眉圣山。

《万年寺，在大愿中争取法益》题记

　　家庙、祠堂、村寺，集三者于一身，将中国古代规模不一、风格迥异的寺庙相安无事地共存数千年，可谓世界奇迹。经过十年浩劫，能够留下的家庙已经所剩无几，每一座都成了国宝，何况是最大规模的家庙。

《龙泉寺，从杨家将家庙演变而来》题记

　　以戒为师，戒如楷模；以戒为安，戒如城墙；以戒为规，戒如轨道；以戒为渡，戒如船筏。戒律，是学习做人根本要务；戒行，是培养健全人格必须。在家之人即使不能严守戒律，也要时时对照，莫

《宝华山隆昌寺律宗第一名山》题记

	让止恶之念稍有放逸，莫让向善之心稍有懈怠。
《化城寺，九华山开山祖寺》题记	《法华经》载，在取宝途中，由领队之师所化现出来的暂憩之所，即谓"化城"。这样的心灵驿站，何尝不是芸芸众生在疲惫之时最渴望得到的福利呢？
《九华山初印象》题记	印光法师在灵岩山寺时制定的严格规约中，要求僧人"不募缘，不做会，不传法，不收徒，不讲经，不传戒，不应酬经忏"。能够坚持做到这"七不"的寺院已经寥寥无几，而如今只需一条：不收门票，就已经功德无量了。
《镜头里的寺院》题记	走近寺院，或许可以聆听到自己最真实的心声。清而不贪，净而不染，你愿意接近这样的人，为什么不让自己也变成这样的人呢？
《静安寺，有你不知道的故事》题记	上海历史短促，静安寺年代久远。因寺兴镇在中国比比皆是，但因寺兴市的却极少，何况还是如今的国际大都市。到上海，别忘了去看看这座千年古刹，在那里，有许多故事等待着你的聆听。
《云翔寺，予上海佛地之兆》题记	上海乃白鹤栖息处，有仙禽佛地之兆。上海开埠不过区区一百七十多年，但上海续上佛缘却接近一千七百年，南翔的云翔寺即是明证，不得不记。

吃祖宗的饭，吃现成的饭，是中国商界的一大恶习，凡有名者皆窃为己用，疯狂透支，如大学，如古刹，如名人，弄得处处有假，无一幸免。有清醒者，当头棒喝，只待众生觉悟。

《印乐大和尚：佛教名寺不得注册为商标》题记

　　佛教机构的形态可以有许多，并非只有僧人担任住持的寺院一种，在海外的华裔佛教徒中，由居士创办的佛教机构不在少数，在那里虽然没有和尚的敲钟念经，却因正信正念，一样得到信徒认可，香火鼎盛而持久。

《新加坡观音堂，登堂参拜百年兴》题记

　　宗教信仰源自民间，民众的祈愿需求是其诞生与发展的原始基础。把多个宗教的先祖放在一起供奉，在信奉单一宗教的信徒看来有些异样，但想到还有许多民众无法获得信仰机会时，这样的安排或许也是保持宗教不灭、信仰不亡的合理选择。

《新加坡天福宫，儒释道一起供》题记

　　敦煌艺术，是谓千古绝唱，可惜没有留下艺术家的名字。如今一些寺院诚邀当代顶尖艺术家重新创作了一批佛教题材的大作，作为一种文化成就，不仅应该留下作品本身，还应该记录更多有关创作过程和艺术家的文献，因为这也是一项不可复制的非物质遗产。

《佛顶宫万佛廊壁画创作小记》题记

《二月盛会，多国僧王齐聚西双版纳》题记

《老挝泰国缅甸参拜行》题记

在南传佛教中，僧王如同天主教和东正教中的主教一样，是负责一个国家和地区宗教事务的最高领袖，其地位堪比教皇。在泰国，国王、僧王、政府首脑构成了权力的三大支柱，而僧王同时又是国王的国师而受到皇家敬重，更是国民的道德标杆与精神导师。

宗教是一种世界语言，即便你不是宗教信徒，但因为爱好周游世界而不得不与其亲密接触。如果把宗教建筑与艺术从世界文化遗产中抽离出去，那么你只能看到一些支离破碎的图像与文字；而当你主动去接近它们时，却可以穿越时空看到过去，祈愿明天。

5. 伽蓝

在中国的佛教建筑中，年代越老的越不容易倒塌，那些所谓运用了最新高科技的砖混结构、钢筋水泥、钢结构建筑，面对古老的木结构建筑，在地震中一个个相形见绌，这种通过大灾难获得的警示为何难以转化为一个民族的建筑基因呢？

《地震不倒的佛教寺院》题记

寺院名曰丛林，那是建在森林深处的寺宇，初期一定会移植大树林立于寺门殿前，或银杏、或松柏，历经风吹雨打，大凡都成长了参天大树。法难之后，寺宇不再，只要定位的千年古树犹在，古寺必将重新复兴。故，有千年古树，必兴千年古刹。

《唐太宗之秋，观音寺之色》题记

中国唐代木结构建筑，除了在山西五台山地区的佛光寺和南禅寺外，几乎再无存世。日本的佛教寺院较好保留了飞鸟时代的木建筑群，为我们了解中国唐代建筑艺术，以及雕塑和绘画历史提供了翔实的样本。佛教，在文化艺术的传承上功不可没。

《法隆寺，唐建筑存世样本》题记

《面朝洱海千寻塔，背枕苍山崇圣寺》题记	普天之下，莫非王土；千寻之下，莫非佛塔。天下熙熙，皆为利来；天下攘攘，皆为利往。三代之后，物是人非；百年之后，万般皆空。利欲熏心，不如念佛；强取豪夺，不如行善。
《中国机构为尼泊尔设计摩耶夫人寺》题记	中国人对释迦牟尼故乡怀有特别感情，当尼泊尔遭遇特大地震后，不论去过的人还是期望去朝拜的人，都对那里的世界文化遗产给予特别关注。在尼泊尔蓝毗尼建有中华寺后，中国还将在加德满都市新建一座摩耶夫人寺，以表达对佛祖及其母亲的最高礼遇。
《中台山的高度》题记	昏暗、潮湿、霉味，以及没有清风空调和干净厕所的尴尬，常常让人进入传统寺院后进退两难。现代寺院的环境应该改变"我有什么，你就必须接受什么"的旧观念，努力营造一些现代人乐于去的新道场，创造"你要什么，我就建造什么"的新理念。

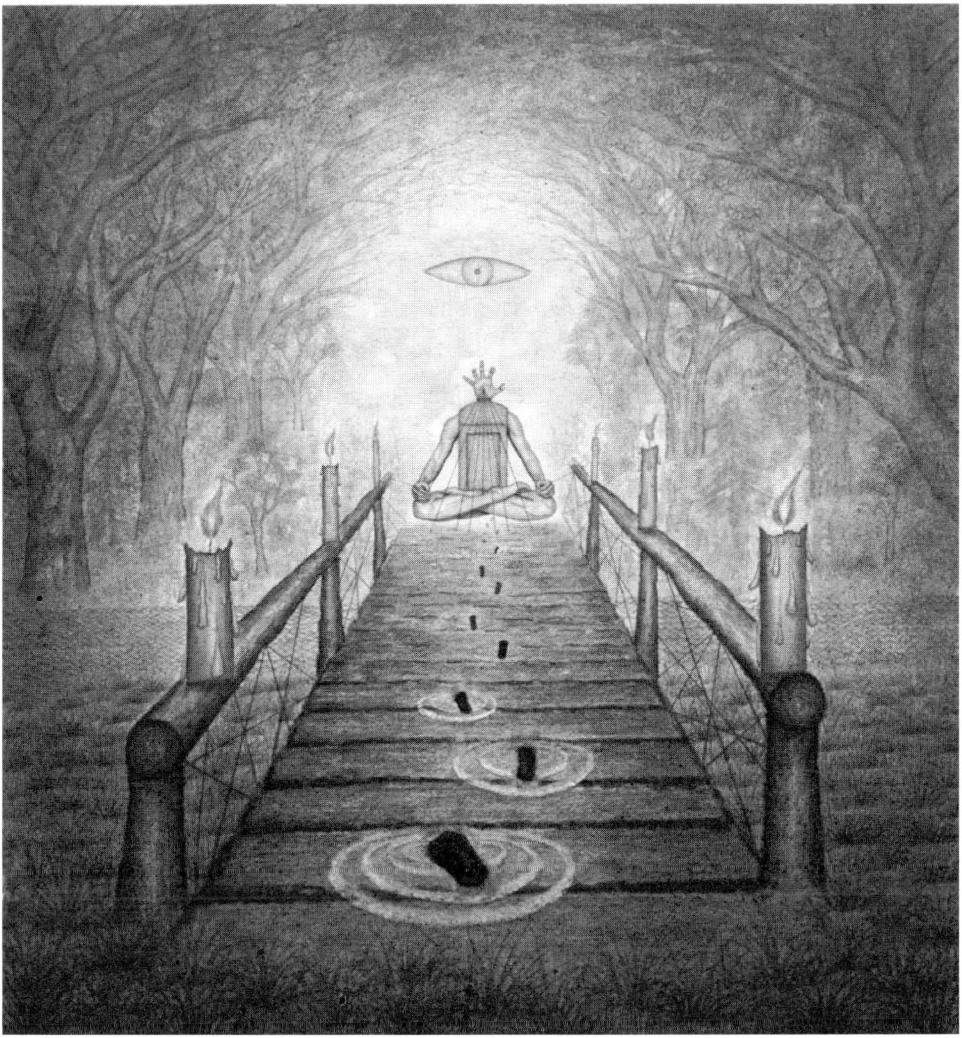

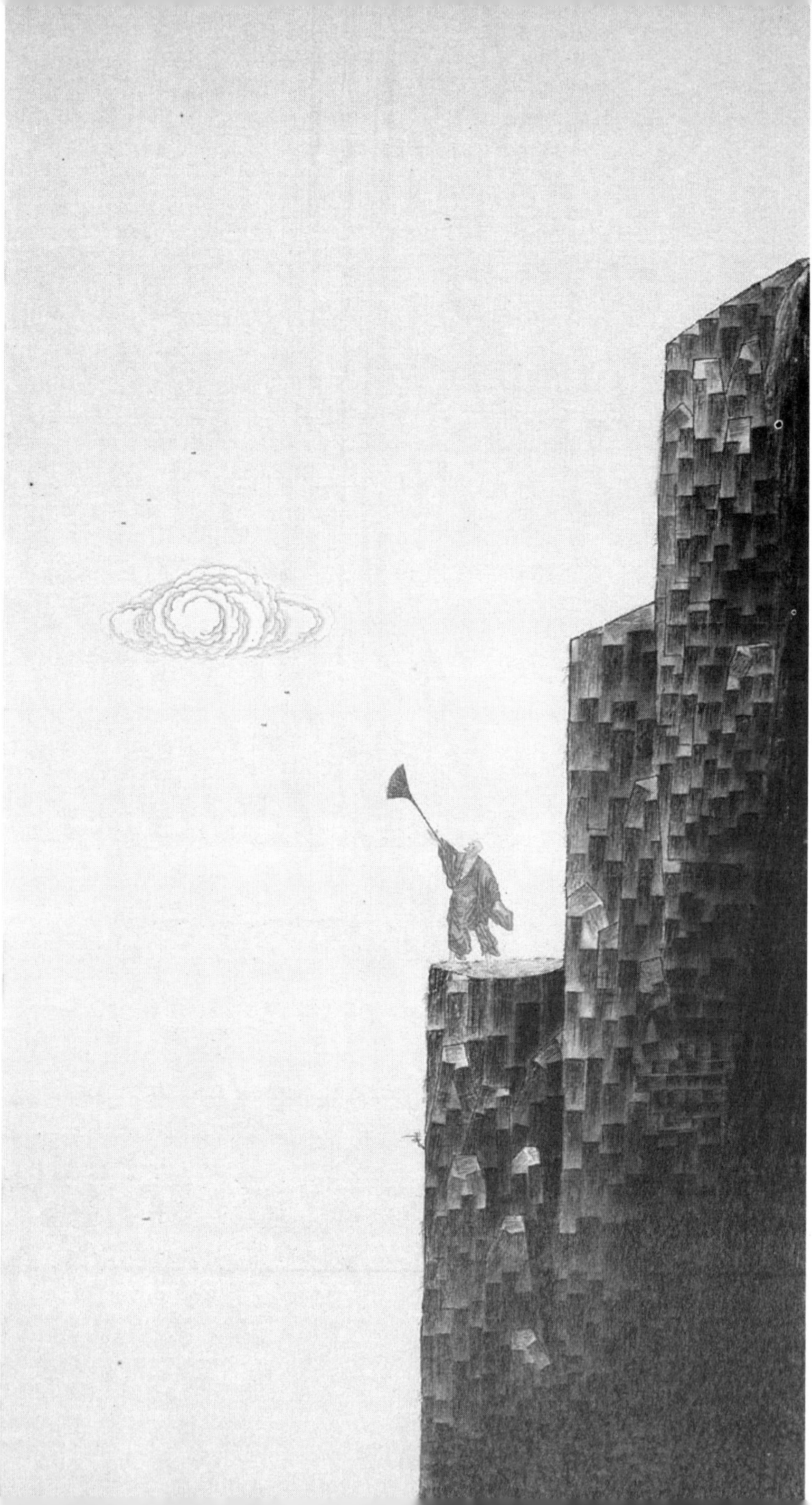

6. 高僧

古代高僧在创造华夏文明和弘扬中华传统过程中功不可没。流传下来的古代建筑、艺术、语言、文学、习俗、古迹等诸方面都留有明显的佛教印痕，而高僧无疑是华夏文明进程中不可忘却的功臣。铭记高僧伟绩，复兴佛教文化。

《讲话中提到的五位高僧》题记

佛教中的僧侣似乎都是风水天才，他们在哪里卓锡，哪里便会成为一方上好道场，连其他宗教的人也会跟从而来，从此信众纷至沓来，把荒山变成名山，甚至是圣山。因此，与其说"天下名山僧占多"，不如说"天下名山僧创多"。僧侣的功绩，不可磨灭！

《日光山，东亚多元宗教建筑汇合点》题记

一代高僧成就一方名寺，一座古刹造化一地信众。寺与僧相得益彰，僧与俗共修齐进，不知是大德的到来让一地的风水好转，还是山水的胜境让信众的福慧骈臻。好风水总有缘由，好道场错过遗憾。

《多宝讲寺，融汉藏风格，弘显密双宗》题记

《喜欢的僧》题记	唐僧玄奘舍身求法，是"民族的脊梁"。作为中国向世界推介的六位文化名人之一，以及世界三大游记之一的作者，玄奘的精神和贡献应该载入中国人的课本、进入中国人的生活、植入中国人的思想之中。
《黄晓明，先演玄奘，再当新郎》题记	玄奘是唐代僧侣中的杰出人物，也是汉地高僧中的杰出代表，以致说起唐僧与高僧这两个名词，人们都会自然而然地与玄奘大师联系在一起。除《西游记》外，应该有更多再现玄奘大师传奇、故事、评论与电影的出现，因为他最终是整个中华民族的精英代表。
《赞颂中外高僧，意味深长！》题记	高僧的博学多闻，禅师的多才多艺，方能担当起文化交流与文明对话使者的大任，他们从传承者做起，最终成为创新者。盖寺院，兴法事，莫不为了弘法布道，而非为了挟佛敛财。可以留下思想、文字、作品的出家人才能真正成为彪炳史册的高僧大德。
《高度赞颂三位大德高僧》题记	国家主席在一年之中三次提及三位不同的高僧大德，其中释放出来的信号不言而喻。佛教与僧人的历史价值和地位正在中国大陆得到重新定位，继往开来，期待今日之僧团尽快提升自身价值、多做利国功德。

古代扬州,因鉴真东渡弘法,名传千年;今日扬州,因星云回乡传道,声誉五洲。两位高僧,揭开的何止只是扬州的文化底蕴,更揭示出华夏僧侣对于中华文明的巨大贡献,一千两百年的传承,可谓生生不息,继往开来。

《扬州大明寺南朝古道场》题记

济公虽是佛门弟子,却不忘凡间苦乐,采取积极入世的态度,寓"济"于"颠",形成了个性独特的"济公精神":慈悲度人、惩恶扬善、和乐处世、无我利他。济公既受世间凡人的喜欢,也启迪着出家人莫忘"人间佛教"的初衷。

《游本昌再演舞台剧〈济公办学〉》题记

出家前精彩,出家后精进,难得轮回到人间,怎能雁过不留声?弘一法师在僧俗两序中都是杰出代表,他的悲欣交集,既是个人的命运表现,也是国家的时运写照,只有真正获得过成就之后的放下,才是最后之胜利。

《游本昌主演〈弘一大师:最后之胜利〉》题记

苦行长达百年,历坐十五道场,重兴六大祖庭,兼承禅门五宗,法嗣信众百万,唯有泰斗虚云。"坐阅五帝四朝,不觉沧桑几度;受尽九磨十难,了知世事无常。"虚云法师以此联自述其波澜壮阔的一生,可谓恰到好处。

《鸡足山虚云禅寺,观因缘所生》题记

一座山的半凡,因为一个人的不平凡,而可以成为一座不凡的圣山。佛法僧三宝,凭借慈悲与

《佛光山的气度》题记

宽容、大度与气势，足以让人们深切感受到一种伟大的力量：万物可以兼容，万事可以融合，万众可以归心。

《三见星云大师，透露出什么信号？》题记

　　领导人亲近佛教、亲近法师、亲近寺院，正是因为看到了佛教中的正能量，不论是构筑和谐社会，还是实现中国梦，佛教所倡导的诸多价值观正在渐渐融入现代中国的治理理念中。

《星云大师说了些什么？》题记

　　古人云：四十不惑、六十耳顺、八十耄耋、百岁人仙。一个九旬老人可以思路清晰地交流自如，本身就是一大福报，更何况还要忧国忧民、商议国是。在高僧中，百岁长老不足为奇，茹素一生的他们不仅是人瑞，更是人杰。

《金焰创作"诸山长老"之＜明学长老＞》题记

　　当利欲之心满天飞扬之时，只有虔诚的信仰可以帮助人们排忧解难；当虔诚之心滋养灵魂之时，通过不懈的愿力可以促进众生脱俗超凡。对大德高僧的敬仰，是一种见贤思齐般的崇敬；对诸山长老的赞颂，是一种洗心革面式的礼赞。

《灵岩山寺，净土宗著名道场》题记

　　"不募缘，不做会，不传法，不收徒，不讲经，不传戒，不应酬经忏。"印光法师开创的灵岩道风，闻名遐迩。作为古迹圣地和风景胜地，一元钱的门票，举国皆无，这是印光法师与明学长老两代高僧坚守后留下的一片净土。

凡夫过百岁，便成了人瑞，生命的长度已经足以震撼到众人；如果人瑞还是一位百口皆颂的高僧大德，生命的高度想必可以一而再再而三地震撼到众生。百岁大德用一个世纪凝结成的般若智慧，你怎能错过？

《梦参和尚百岁华诞，五台全山普佛三天》题记

　　聪明好，小聪明不好；智慧要，负智慧不要。唯有般若，才是完完全全的正能量。长老开示，就是要启迪与挖掘众生的般若波罗蜜多。

《梦参开示：心无挂碍，就没有怯弱》题记

　　百岁长老，修持一个世纪的戒定慧，提炼出对佛法的觉悟。能够听到、看到、读到百岁长老的开示，理解为人为善和累积功德的道理，就是你当下最好的福报。

《梦参开示：做了就放下》题记

　　百岁人瑞，自古稀罕，何况又是得了般若智慧，历经人间苦难后九死一生的大和尚，对这样的长老开示你仍然充耳不闻，或许你将错过一个世纪的觉悟时光。

《梦参开示：自己作的业自己受》题记

　　开启慧根，示展修行。高僧大德用一生的修行积累，向众生分享自己对佛法的理解与体悟，帮助更多人明了法意，依之修行，实乃功德无量之举。

《梦参开示：佛道就是你自己的心道》题记

　　皈依佛、皈依法、皈依僧，即谓皈依三宝。对于大多数信众来说，最可能亲近的就是僧人，僧

《梦参开示：忏悔能把你业障消失》题记

	人中的大德高僧，便是长老。听长老一席话，佑众生一生安。
《梦参开示：菩萨畏因，众生畏果》题记	世上没有所谓的冤假错案，只存在因果与因缘。如此振聋发聩的声音只有深谙佛法的长老才能发出，甚至连自己坐牢三十三年都没有觉得是冤假错案，此般境界非凡人所有。
《梦参开示：无我无人观自在》题记	一个连法师们都敬仰的高僧大德，你可以不知道他的人生故事，却不可以不知道他的人生感悟。一百年来，他坐看云卷云舒，笑谈花开花落。曾经的"伟人"一个个倒下了，曾经的"坏人"却始终在普度众生。
《梦参开示：看破、放下、自在》题记	迷时师度，悟时自度。大凡众生，时有迷惑，或蒙蔽耳目，或绊住双脚，亟待上师开启智慧，指引走出迷津，成为觉悟者。
《梦参开示：越亲的人给的烦恼越多》题记	拜佛的人多，念经的人少，而佛陀具足无上般若，却是通过佛法来证明的。听一席长老的开示，如同在黑暗中行走找到了指路的明灯。
《2014年梦参老和尚深圳答客问》题记	五台山普寿寺清凉阁、上海梦参精舍、深圳清凉精舍，百岁长老梦参老和尚每至一地，信众与弟子便纷至沓来，老和尚开示不辍，分享般若。期待下一个重要法会，在五台山万佛洞真容寺庄严揭幕。

诸山长老，各有开示，风格虽有差异，万法最终归一。八万四千法门，最后指归皆是自性、佛性，以及每个人都具有的妙真如性。

《德林开示：看你遇到什么缘》题记

听僧一席开示，似读十遍佛经。世纪长老之感悟，积百年而厚发，如五世重生，化智慧为般若，成佛方便法门绕其身而过，不可不亲近。

《德林开示：一切唯心造》题记

大德之大，在于大象无形；高僧之高，在于高山景行；长老之长，在于长生久视。当大德远去时，我们当愈加敬业乐群；当高僧往生时，我们当愈加敬事不暇；当长老示寂时，我们当愈加敬老尊贤。

《觉光长老的十大功德与十则开示》题记

高僧之高，在于持戒，具足清净无染的言行；大德之大，在于得定，秉持祥和寂静的心态；上乘之上，在于具慧，拥有超越生死的智慧。如果还有济世的悲心，平等的关爱，那么追随"高大上"法师的信众就会纷至沓来，络绎不绝。

《济群法师：佛法这么好，知道的人却那么少》题记

证严上人说："被磨才会发亮，钻石也是磨出来的。"经历一些磨难，是对成熟人生的馈赠，如果把心态落在"磨"上，磨砺之后发出光芒是迟早要发生的事情；如果把心态落在"难"上，落难之后的难堪便成了自己给自己的回报。

《白岩松分享与佛法的因缘》题记

《全国"两会"代表中的僧团》题记	佛教僧团在全国"两会"中的代表数量已经不是一个问题，问题是作为代表的僧侣们发出了怎样的声音，以及这些声音是否具有相应的影响力。
《永惺长老：永弘佛法为己任，惺悟利生有缘人》题记	永惺长老在开示中曾引用诗句"几度开窗看落月，一生倚槛送斜晖"之后说："这是说人的一生很短暂，过了这一生，下一生不知有没有机会念佛了，不晓得生到哪里？"长老告诫人们要珍惜当下，亲近佛法，诸恶莫作，众善奉行，失去人身就不容易再得回。
《小沙弥与老和尚》题记	小沙弥的灵动稚气，向来令人欢喜；老和尚的睿智禅机，一直让人敬仰。当他们转化为文学形象时，更是引人关注，人们希冀从阅读或观赏中获得智慧的启迪和佛性的觉悟，如同脍炙人口的《聪明的一休》一样，在欢喜中得到善知识和正能量。

7. 信众

爱因斯坦说:"人类精神愈是向前进化,就愈可以肯定地说,通向真正宗教感情的道路,不是对生和死的恐惧,也不是盲目的信仰,而是对理性知识的追求。"还原一种历史事实,分析一种现实因果,便是对理性知识的追求与对可证真理的尊重。

《耶稣在印度》题记

信念筑于幼年,力量源自信仰。重筑信念,要从娃娃抓起,但要从成人做起。不能改变别人,只能先从改变自己开始。相信自己,正义的力量一定是最终胜利的力量!

《信念筑于幼年》题记

有人不幸,因为只能顺从父母或环境中早已形成的宗教倾向;有人更不幸,因为从来没有机会接触到宗教的力量,就变成了莫名其妙的无信仰者。如果有人能够在自主比较中获得一种宗教信仰,则是幸运与智慧的。佛教从来不排斥其他宗教,因为它不怕比较。

《佛教是整个人类的宗教》题记

《球星巴乔皈依佛教的奇妙经历》题记	不管你是什么人,都需要一种信仰。找到最适合自己的宗教,遇到最符合现代人价值观的宗教,往往在看似偶然的奇遇中隐含着某种神奇力量的指引,跟着正能量,就会到达充满般若智慧的彼岸。
《错乱的中国人》题记	信仰的缺位,让中国人错失矫正行为的方式,乱套价值体系的坐标。从群体性失语到群体性失信,从结构性错位到结构性错乱,中国人的形象一次又一次经历着世人的拷问,不仅外国人看不懂,连中国人自己也看不明:祖宗不满,子孙不解。
《南怀瑾:学佛不能让自己变得佛里佛气》题记	学佛不是只为了懂点佛学知识,更不是为了用佛教概念去糊弄别人,以处处感觉高人一等,习惯于指手画脚地教导他人;而应该要用自己的修行让别人时时感到舒服,在平和的状态中自觉愿意更多地亲近你、学习你。
《周恩来的学佛日记》题记	在中国,接触到佛教思想、寺院建筑和佛教信徒都是自然而然的事,因为佛教文化早已融入华夏文化的血液和汉地民众的思维之中,除非有意回避,否则在开眼、开口、开听的一刹那间,我们就已经融化在佛教的语境与慈悲之中了。
《湛如大和尚:将儒释道纳入教育中!》题记	领导、公务员、员工、父母、教师都在往寺庙里去,不论信与不信,影响就在那里。这是一

种自发、自愿、自主的行为，也是一种向善的力量，将儒释道的精华纳入国民教育体系之中，是一种自然而然的选择。没有超前，只是补课！

观世音菩萨为了教化众生，因时因地因人而示现不同的形象。"千手千眼"便是用来观察尘世，救助众生的法门。正因为观世音有如此慈悲之心，难怪世间有"家家阿弥陀，户户观世音"的回响之音。

《普济禅寺，普陀山三大寺之一》题记

中国的寺院正门口大多印有"南无阿弥陀佛"的大字，中国佛教徒之间问候，也大多以"阿弥陀佛"开始或结束，说明阿弥陀佛早已深入人心。阿弥陀佛代表着"有无量功德的觉悟者"，无量觉即无所不知，无所不觉，而这正是人人学佛的方向与目标。

《不忘阿弥陀佛圣诞节！》题记

在佛教徒中，有一批人因为曾经的迷惘而寻求心灵的寄托，他们从多个宗教的认真比较中最后选择皈依佛教，说明佛教可以给人比智慧更重要的般若，因深得信心而倍加虔诚，因了脱生死而愈加安住。

《金庸皈依佛教的因缘》题记

成为大多数中的一个，你有一种被潮流推着走的感觉，不怕迷路，不怕丢失，因为总有一盏明灯指引着你走到彼岸，开启自己的般若。

《镜头里的信众》题记

《日本欠梁思成一座丰碑》题记	真正的精英，不是那种为了自己的名利可以变卖良知的所谓专家，也不是那些写了几本著作就得意忘形的所谓学者，而是那些真正可以拯救一个国家历史与文化遗产，引领大众走向觉悟之路的开拓者。
《心澄大和尚：取消高额门票，扶持寺院养老！》题记	佛教在中国大陆复兴之中存在许多现实问题，需要有人敢于提出，纠风纠错、正法正信。只有能够解决现实问题的宗教，才能形成真正有生命力的信仰基础。
《明贤法师：佛教信仰的十种正信抉择》题记	正信，是一种正确的信仰，也是一种正式的信仰，更是一种正气的信仰。正确，因为不迷信；正式，因为不随便；正气，因为不躲闪。把善知识传递给人，把大智慧分享给人，把真般若馈赠给人，这是佛陀的恩泽，也是佛陀的伟大。
《济群法师：要审视佛教中的陈规陋习》题记	佛教在普及的过程中，为了顺应普罗大众的品味，难免夹杂一些庸俗、丑陋、迷信的东西，正信的佛教徒应该具有甄别、遴选、提炼的能力，抑恶扬善，匡乱反正，促进信仰的健康生长。
《德林开示：虚空粉碎，大地平沉》题记	一心念佛，念佛是谁？万众皈依，皈依何者？佛法僧三宝引领众生驱迷开悟，只为了了生死，早早解脱。

人体基因，你看不到摸不着，却一直跟随你；佛教用语，你想不起觉不到，却一直使用它。对于中国人来说，不管你的信仰是什么，你的语言中一定充满佛教用语，因为它是中华文化的重要基因之一。

《不论信不信佛教，张开都得说佛语！》题记

出口成章，指说话有文采，擅广征博引。其实，许多人说话时并不知词源出处，就像使用了佛教用语，却不知它们都源自佛教经典，以为自己不信仰佛教，却已经能把佛语脱口而出了。

《源自佛教的常用词语》题记

成语是汉语词汇中定型的词组或短句，其中大部分是从古代相承沿用而来，往往蕴含着一个故事或者典故，来自佛教经典的成语也不在少数，有些则与佛教生活有关。了解源自佛教的成语，有助于了解佛教深入人心的思想内容。

《源自佛教的常用成语》题记

让众生体悟佛法的包容性、慈悲心和平等心，与其单一说法、开示、念经，不如于人们在饥饿时可以得到一餐，在病痛时可以得到一护，在迷惘时可以得到一解，唯有真正普度众生，才会有更多人亲近佛教。

《新加坡居士林，日设千人免费宴》题记

出门在外，总要走上回家的路。母亲在哪，家就在哪，那是安身的家；信仰在哪，路就在哪，那是安心的路。一个人可以找到让心回家的路，才

《李玉刚出家？下一个是谁？》题记

是真正幸福的回归，更是真正放下的解脱。

《罗伯特·巴乔参观灵隐寺和佛学院》题记

当佛教还被大多数中国人以为只是普通百姓的信仰时，越来越多的欧美精英分子却开始以皈依佛教为人生选择，从商界到政界，从政治明星到体育明星都开始了礼佛生涯，因为他们似乎也同时相信："佛教徒处在理性思维的高级阶段。"（恩格斯语）

《从犹太人转为佛教徒的歌王：莱昂纳德·科恩》题记

犹太人信奉犹太教，是天经地义的事，从降生后的洗礼开始，就已经进入了宗教的仪规中。在西方社会，犹太人极少有改变信仰的，在遇到佛教的禅宗后，却可以像开启天智一样，让浪子回头，使桀骜不再。

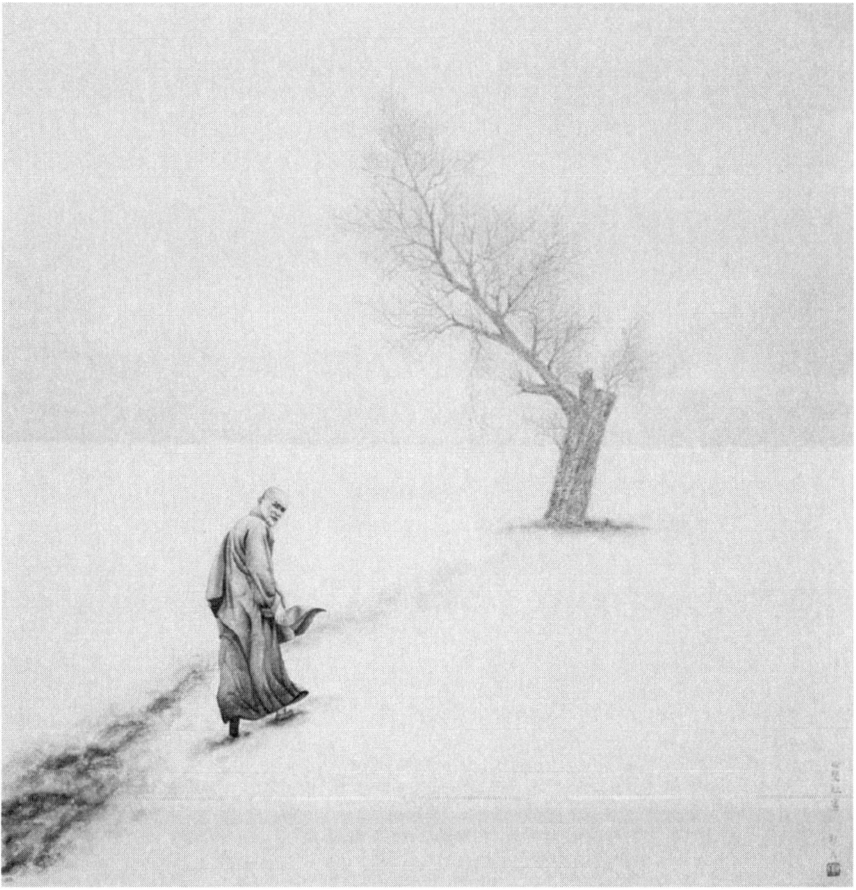

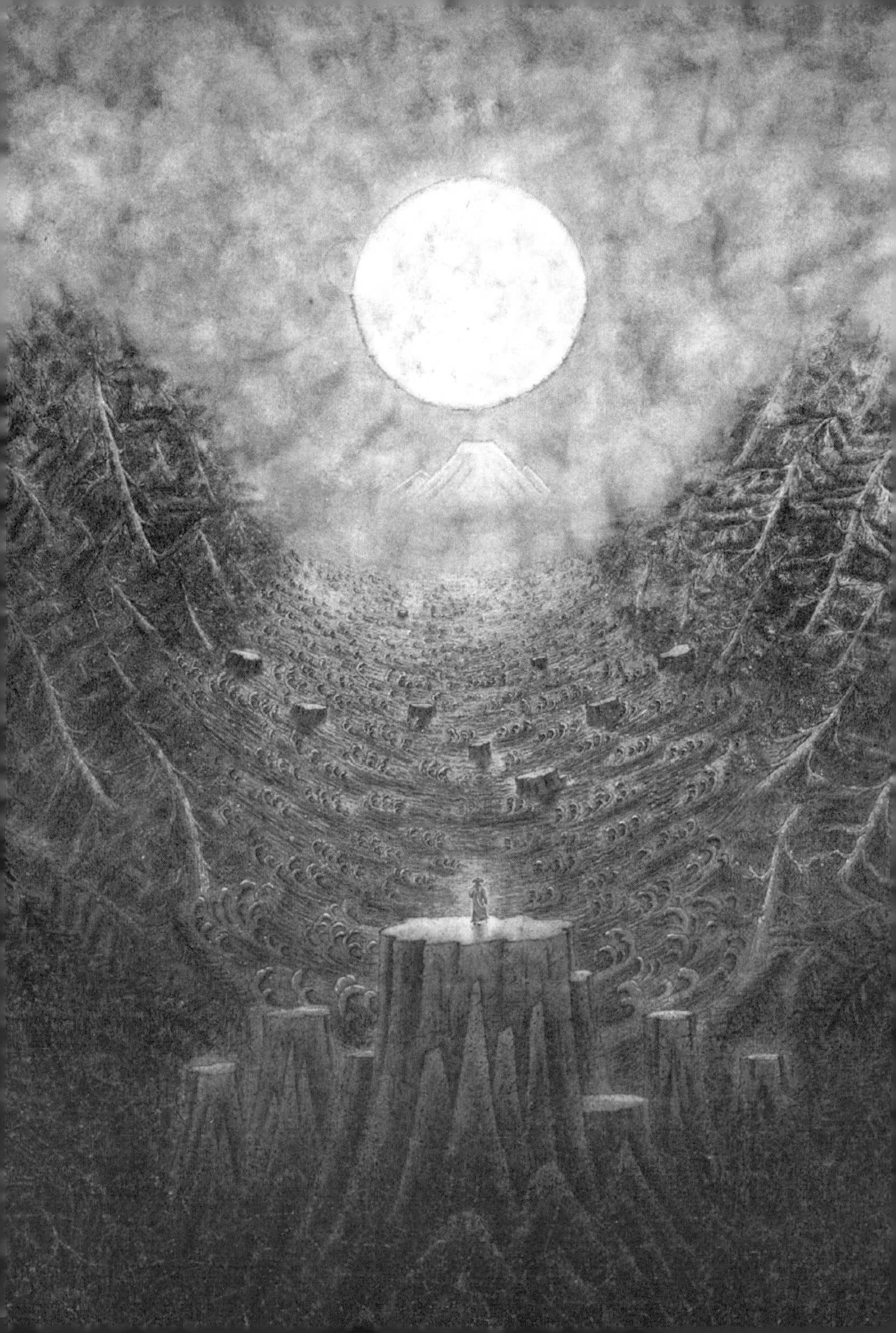

8. 法会

诞生日、开悟日、布道日、涅槃日是佛祖四个最重要的日子,也因此形成了佛教四圣地。卫塞节把其中三个重要的日子合并在一起纪念,足见这一节日的重要性。每个佛教徒都有自己的节日,当一心念佛时,便是节日。

《卫塞节,唯一国际性佛教节日》题记

将源自东方的佛诞节,与源自西方的母亲节合一庆祝,实乃一大创举。有其母方有其子,每个人的生日,也就是母亲的蒙难日。人人心中应该有两个母亲节,一个是世界统一母亲节,另一个就是自己生日的那一天。

《台湾欢庆佛诞节,千僧万众念母恩》题记

于农历二月十九恭逢观世音菩萨圣诞,诵念观世音菩萨名号,观世音菩萨就会"观其音声"而前来解救,使受难众生即时得以脱困。此日放生、念经、弘法,让更多人感受观世音菩萨的存在,功德无量,福报翻番。

《邮票上的观世音菩萨》题记

《灵鹫山，佛法佛泽佛弟子》题记	灵山胜会，聆听佛法妙义；拈花微笑，开启禅宗初门。攀上灵鹫山，去感受一下心中的般若之巅。
《重大法会：三坛大戒》题记	走进寺门，偶遇重大法会正在庄严进行之中，你了解多少？走进佛门，需要接受怎样严格的训练和戒律，你了解多少？走近它，就要了解它！
《敲头钟、烧头香、叩头首》题记	敲头钟、烧头香、叩头首，为众生祈福，则福慧骈臻，功德无量；为利己获利，则修行归零，福德有限。祝新年第一声钟声、春节第一炷高香、初一第一次跪拜，皆能助你去染成净，觉悟人生。
《十大和尚为你新年祈愿！》题记	新年贺岁，百姓最喜莫过于来自高僧大德的祈愿，没有功利欲求、没有政治倾向、没有矫揉造作，法师们以平和的态度祈求世界和平，民众和睦，家庭和谐。
《免费赠香，呈现出寺院的先进走向！》题记	点一炷香，许二三愿，是许多信众走入寺院的初衷。曾几何时，传统得到过分诠释，以为香大价贵，回报愈大，而这恰恰背离了佛法本意，伤害了佛教形象。免费赠送，三炷为宜，心诚则灵！
《龙华寺，申城八景听晚钟》题记	姑苏城外寒山寺有"夜半钟声"，上海市内龙华寺有"龙华晚钟"，同为佛门钟声，一样迎春心情。其实，凡中国人在骨子里早就都烙下了佛性，

结下了佛缘：闻声喜乐，敲钟吉祥。

婚礼的宗教化倾向，在于寻求一种庄严的氛围、可证的承诺与向善的愿望。在世界各地，即使不信教的新人，其婚纱照场景与新婚仪式地都乐于选择教堂，亚伯拉罕诸教在此方面做得很成功。佛教国家的人们可以首选寺院为婚礼场所，办一场佛化婚礼。

《星云大师：佛化婚礼祈愿文》题记

不同的种族、不同的地区、不同的语言，却拥有同一种信仰，追随同一位导师，唱诵同一曲梵呗，佛陀的般若力量在世界佛教徒齐聚一处时必然释放出无上的能量与光芒，让无明变光明，化不悟为觉悟，将信仰添敬仰。

《世界佛教徒联谊会首次在华举行大会》题记

中国有诸多传统节日与佛教有关，只是经历了多次变革之后，节日留下了，内涵却被淡忘了。生活在中国的人，自小就受到了佛教文化的影响，即便说自己是无神论者，或者信奉其他宗教，但节日还是这样一次次地欢庆，这本应该就是国人有的生活内容。

《腊八节，纪念释迦牟尼佛成道日》题记

寺院收票门票，仅仅发生在极少国家里，这是因为有太多的利益集团裹胁着佛教，或者佛门中某些力量也在从中受益，因此空门不空，有利可图。如今有人提出，收取门票的佛门等同于伪

《佛教徒如何过清明？》题记

寺院，不知坐在山头上的人作何感想，是一伪到底，还是拨乱反正呢？

《法华经》中说："若人散乱心，乃至以一华，供养于画像，渐见无数佛。"散乱心供花尚且如此，以虔诚心供花，更添无量功德。佛前供花能净除我们所有负面的业力与习气，帮助人们克服情绪化的想法，怜悯慈悲，解脱自由，安住美好，成就空性。

《佛诞节快乐！》题记

9.法物

  大藏经是承载佛陀思想的重要载体，作为镇寺法宝，寺院通常会在最高处或最深处筑建藏经楼。能够以大藏经列入世界文化遗产名录的，全世界只有韩国海印寺，而且经文全部采用欧阳询书体焚香精雕细刻而成，作为中国人，没有理由不去送上一个迟到的敬礼。

《韩国海印寺及其八万大藏经》题记

  "望尽人间多少事，身在大千几沧桑。"塔的身世，就是中国的身世。千年之塔，寥若晨星，阅尽人间辛酸事；百年之塔，屈指可数，感叹世间折腾事；十年之塔，俯拾即是，奈何身后是非事。看古塔，忆今昔，倏地已隔世。

《德国人百年前拍下的中国佛塔》题记

  寺宇重建，楼阁再造，只是复兴可见的道场，如果离开佛法的传承，终究会步入"南朝四百八十寺，多少楼台烟雨中"的轮回中。在佛法僧三宝中，法代表着佛的般若，又隐现于僧的觉行，因此佛经才是寺院的根本，更是弘法的源泉。抄录佛经，

《螺溪传教院举行〈释教十三经〉开抄典礼》题记

功德无量。

感念佛陀慈悲，引领众生解脱。佛弟子对佛造像礼佛、拜佛是对佛陀深深的感恩；佛弟子对佛舍利崇信、供养是对老师的深深怀念。佛舍利塔的造立，可以让信众和僧众有表达敬佛、礼僧、听法、皈依三宝的去处，意义深远，效果突出。

《中国究竟供奉有多少佛舍利？》题记

佛牙舍利留有四枚，相传两枚被帝释天和海龙宫收藏，留有两枚在人间。一枚在斯里兰卡，称"锡兰佛牙"，一枚在中国，称"北京佛牙"。瞻仰佛牙，礼拜舍利，谓之亲近佛恩，亲沐佛泽。

《佛牙舍利，一枚在北京，一枚在锡兰》题记

在皈依三宝中，法居其中，亲近佛法依赖闻经、读经、诵经、抄经、刻经、印经而得。只要佛经不灭，佛法就可延续。中国古籍的形态，通过保护下来的各种佛经版本而得以留存，成为文化与宗教双重历史遗产。

《佛经之美 般若之源》题记

琉璃，乃佛教七宝之一，消病避邪灵物。琉璃佛像，取琉璃之光明透彻，以喻国土清静无染。《药师琉璃光如来本愿功德经》曰："愿我来世得菩提时，身如琉璃，内外明彻，净无瑕秽。"摆放或佩戴琉璃佛像可得三种福缘：祛病、坚韧与灵感。

《琉璃佛 如来像》题记

佛珠，本称"念珠"，是弘法方便法器，用以消除烦恼障和报障。使用佛珠，不必过分在乎其构造、颗数和质料，只需做到"静虑离妄念，持珠当心上"，就可早证菩提、成就涅槃。现代人佩戴念珠，切忌只求佛里佛气，不知佛法佛规。

《李连杰收藏的佛珠》题记

　　木珠本是散乱的，凭一双巧手，用一根络绳，便可以实现从个体到整体，变散珠为佛珠的过程。这一回，用心、专注、精巧，物我合一；那一刻，入神、禅定、融通，禅心不二。如此修行，实乃方便法门。

《串佛珠，是一种修行法门》题记

　　"拂拂拂，拂尽心头无一物。"一把拂尘在手，万般烦恼扫去。在汉传佛教中，拂尘是一种法器，禅宗更是以拂子作为庄严具，禅师上堂说法开示，即谓"秉拂"。因此，拂尘是说法的表征，更是扫尽烦恼的象征。佛子应"时时勤拂拭，莫使惹尘埃"。

《成语说禅：望尘莫及》题记

　　朱熹有言："半日静坐，半日读书。"半日达摩，半日汉儒，身心并修，万物于心。这般的精进与修持，只为达到庄子所云"堕肢体，黜聪明，离形去知，同于大通，此谓坐忘"的境界。历朝大家，都于一椅之上，结缘儒释道，气贯天地人。

《米丈堂木作之缘圆椅·定：坐忘修心》题记

《中国出版11语种〈六祖坛经〉》题记

"无念为宗,无相为体,无住为本"。《六祖坛经》是大乘佛教中一部非常重要的经典,也是佛教中国化后所产生的禅宗的里程碑著作,更是中国佛教著作中唯一被尊称为"经"者,记载着慧能一生的弘法事迹及开示公案,是研究禅宗思想渊源的重要依据。

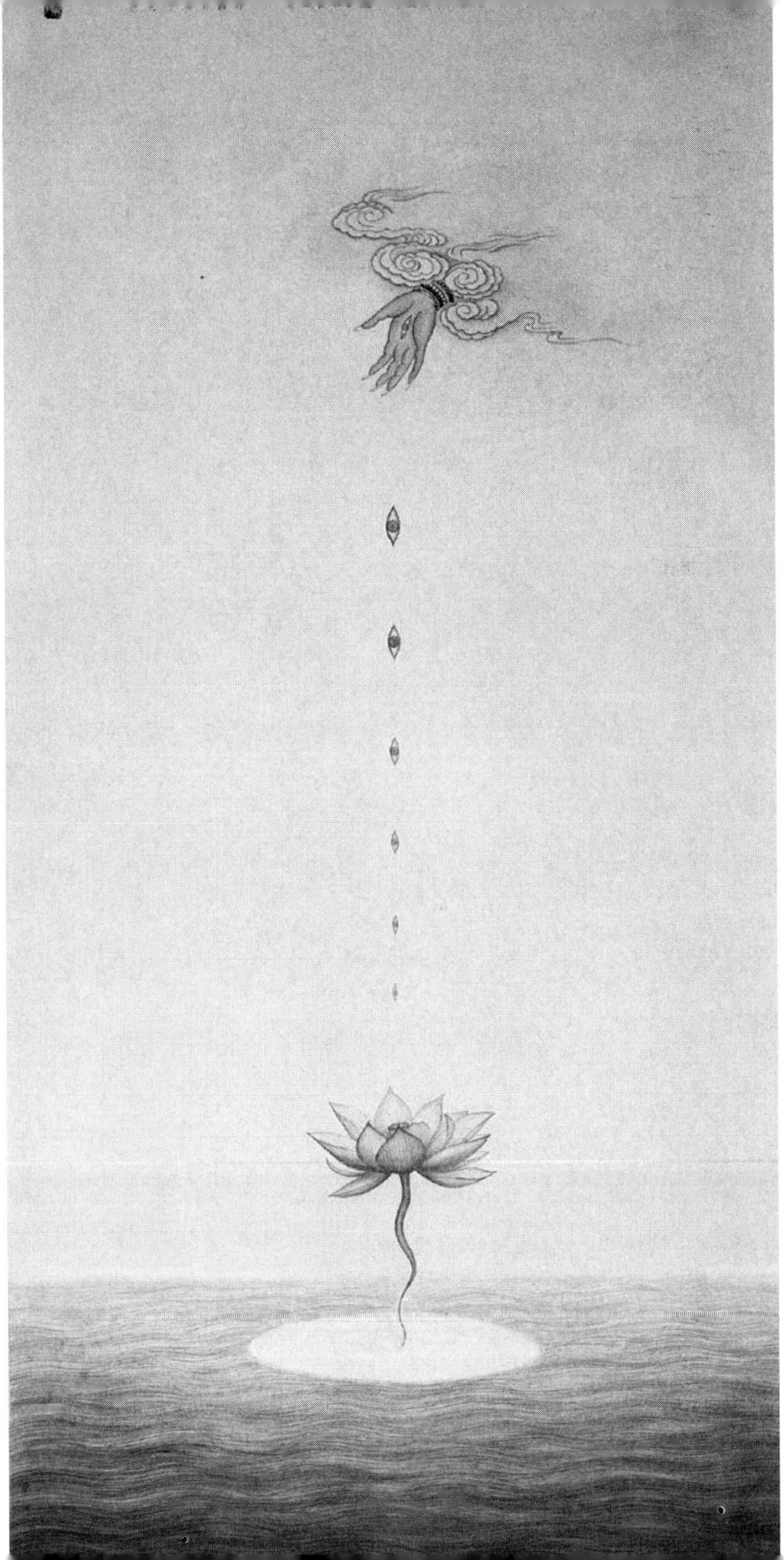

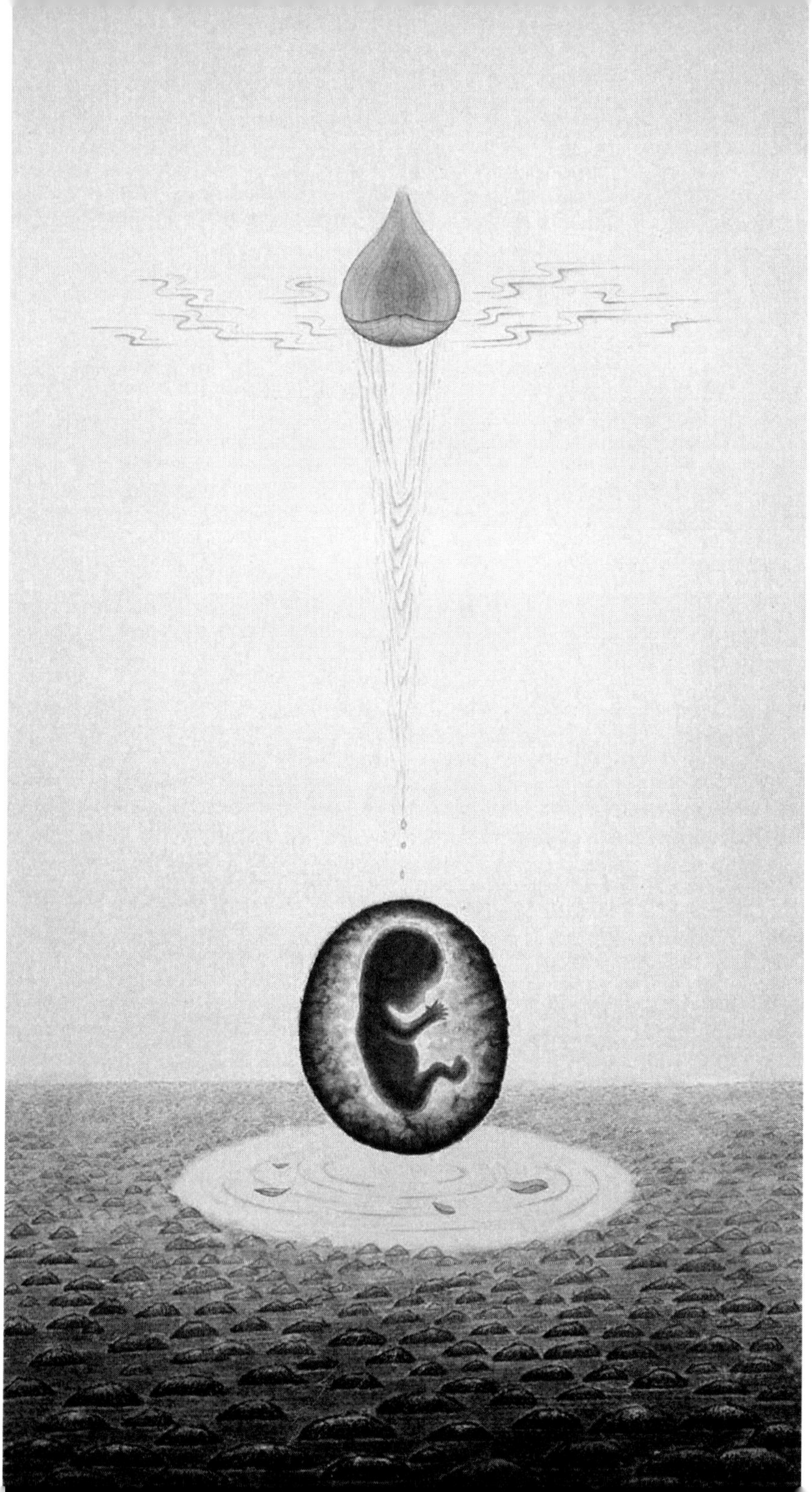

10. 因果

  有时,你会觉得佛离你很近,其实你本就一直绕佛而行。万事都有因缘,因果只是在适当的时候显现出来的果报而已。一切都是最好的安排!

《喜欢的山》题记

  现实,是一种现在时,也是过去时和将来时的因果。现在的一切,都是过去因的果,也是未来果的因。过于现实,就会落下时间流中的善恶因果。善始方得善终,恶始自有恶报,只有愚昧与邪恶的人,才不怕因果,终得报应。

《现实的中国人》题记

  佛教的正面、积极、向善的功能正在不断被发现、发扬和发掘之中。一个有信仰的民族才会自我约束,一个有信仰的公民才会自设底线。止恶行善,不仅是每个人的期许,更应该成为每个人的本能。

《佛教接触全纪录》题记

《保慧能真身，积无上功德！》题记	万事皆有因果，报应或在今世。当年，破坏慧能真身的红卫兵想必变得一生潦倒，如今，保护真身舍利的习仲勋已经育得一国之君。业报福报，就在转眼之间，你信与不信，都会发生！
《绕佛一生游本昌，究竟角色有几多？》题记	心中有佛，即与佛有缘，愿以此功德，惠及众生，共赴佛道。缘佛谓因，成佛是果，一心向佛，自成善果。
《朱新昌：我这样画不好聊斋》题记	天地轮回间，人鬼情未了。绝大多数的人对人鬼穿越故事一直饶有兴趣，这便是《聊斋志异》得以流传至今的重要原因。不论阳间阴界，真善美最终能够战胜假恶丑的结果却是一致的。所以，做人必须为善，否则真的会死无葬身之地。
《忽悠的中国人》题记	忽悠，马虎处世待人；忽悠，造假欺上瞒下；忽悠，诈骗声东击西。一切的忽悠都是为了蒙混过关，为己着想。这样的人生，何以获得精彩与喝彩？如此的行为，何以赢得尊严与尊重？终有一天，善恶有报！
《姜昆撰文：拥有"法喜"的李娜》题记	从滚滚红尘到佛门净土，或许只在一念之间，却含佛缘因果；从名利场到选佛场，或许只是一墙之隔，却显境界差别。每一种选择，都有合理的理由；每一种结果，都是最好的安排。前生觉，今生悟；今生悟，今生乐；来生乐，今生修。

一个人做了坏事，见再多的住持方丈，往功德箱里塞再多的钱，也蒙蔽不了佛陀的法眼。人若不相信因果，即便天天拜佛、念经、烧香、撞钟，也不过是在欺骗自己的方式上不断"升级"而已，却不会减轻原有的罪孽，报应迟早会到来。

《送贪官鞋拔警示，读佛门政商边界》题记

当证明自己是一个好人，比起做一个坏人难上一百倍时，这个社会的运转机制一定出了大毛病。中国社会中"假冒伪劣"现象的泛滥，正是因为做好人成本难以承受，做坏人收益立竿见影的结果。这样一个社会的伦理导向说明法律是失效的，道德是沦丧的。

《求证的中国人》题记

随缘是一种态度，随缘也是一种智慧；随缘是一种因果，随缘更是一种选择。随缘自适，烦恼即去；万事皆缘，随遇而安。有缘即住无缘去，一任清风送白云。

《随缘的中国人》题记

佛教中的庄严国土，既指人间国土，又指自心国土，通过"诸恶莫作，众善奉行，自净其意"，努力将人间国土建设成为人间净土。创造人间净土、回归自心净土是佛教根本目的。任何恶行，自有恶果，必有恶报。

《鸡足山事件表明：杀鸡取卵，因小失大》题记

《寺院被迫关门的背后原因》题记	"挟佛敛财"是依附寺院周身的一大毒瘤,"提档升格"是说服佛门僧众的一大借口,佛教有自身发展的规律和戒律,"抓钱"的手离开佛门越远,功德越大,业绩最好。让僧侣可以自由回归佛门,让信众可以自由进出寺门,才是如法之道!
《北岳恒山:岂能福自祖宗,祸及子孙?》题记	"仁者爱山",如今只能"望山兴叹",因为比他们更"爱"山的大有人在,官商结合,导演出一幕幕"国在山河破"的巨片。名山下,圈地设卡,拦路收钱,占山为王;还把好端端的大山名岳"开膛破肚","破相事件"接二连三。

11. 慈善

第一夫人从事公益慈善事业，往往是角色定位后的例行公事，其慈悲心是职业化的表现。只有在角色定位之前的行为，才是本体发自内心的善举，因此显得弥足珍贵。

《佛教情缘与公益善举》题记

针对中国最富有人群的调查显示，信教者的比例高达 50%。胡润百富榜也显示，中国有三分之一顶级富豪是佛教徒。信仰正成为富豪追求心灵安宁、释放心理压力的主要方式之一。通过慈善救济与捐建寺院，他们希望树立良好形象，实现济世助人的理想。

《富豪进入独立建寺院模式》题记

父爱如山，泰安比山；母爱似水，柔情胜水。有山有水，随遇而安；离山别水，心神不安。感恩父亲，恩同靠山，巍巍不移，日月同在；感念母亲，念如泉水，潺潺不息，昼夜共生。

《父子联手创作〈感恩父亲〉邮票》题记

《马英九的佛缘》题记	人生难免起起伏伏,征途难免曲曲折折,身心疲惫时,回到家庭可以让身躯得到温暖与休息,回到寺院可以让心灵得到抚慰与力量。亲近高僧大德,让人获取无穷的正能量,经常去寺院的马英九说:"世上有两件事,我们绝不能等,一是行孝,一是行善。"
《新加坡居士林和它的林长》题记	佛教中有"两序四众"的说法,《法华经》中指:比丘、比丘尼、优婆塞、优婆夷,即僧团中男女两众,居士中男女两众。因此,弘法利生应该发挥四众共同的作用,在居士中尤其要树立慈悲济人、慈善助人、慈祥待人的好风尚。

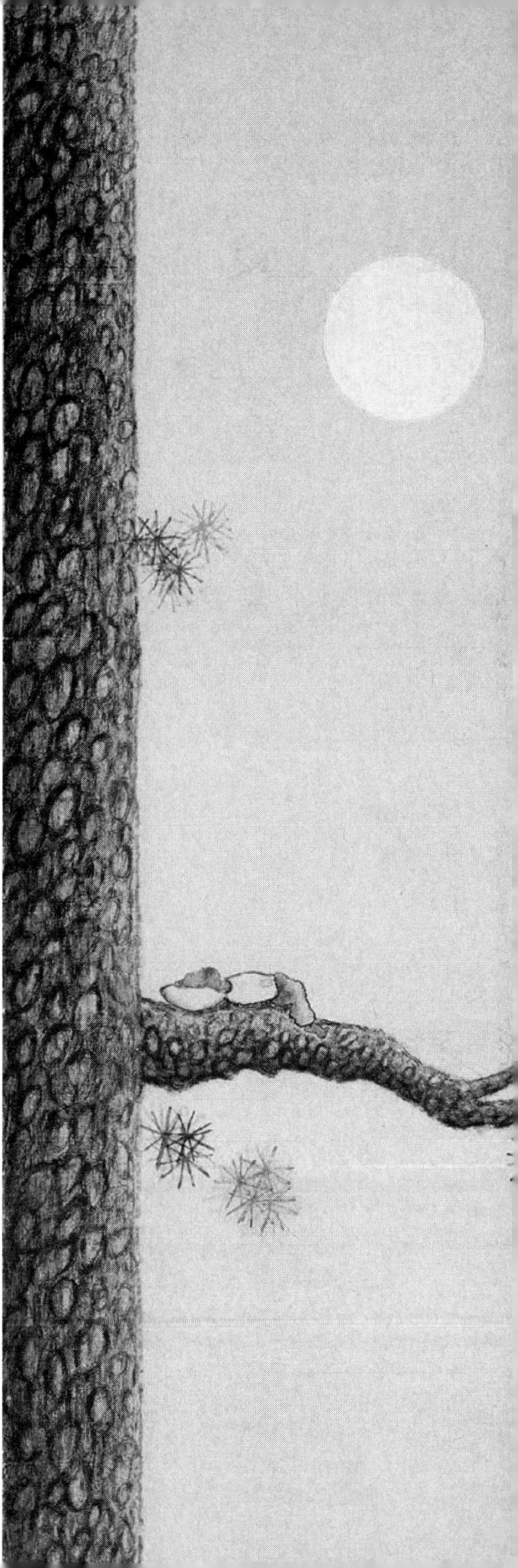

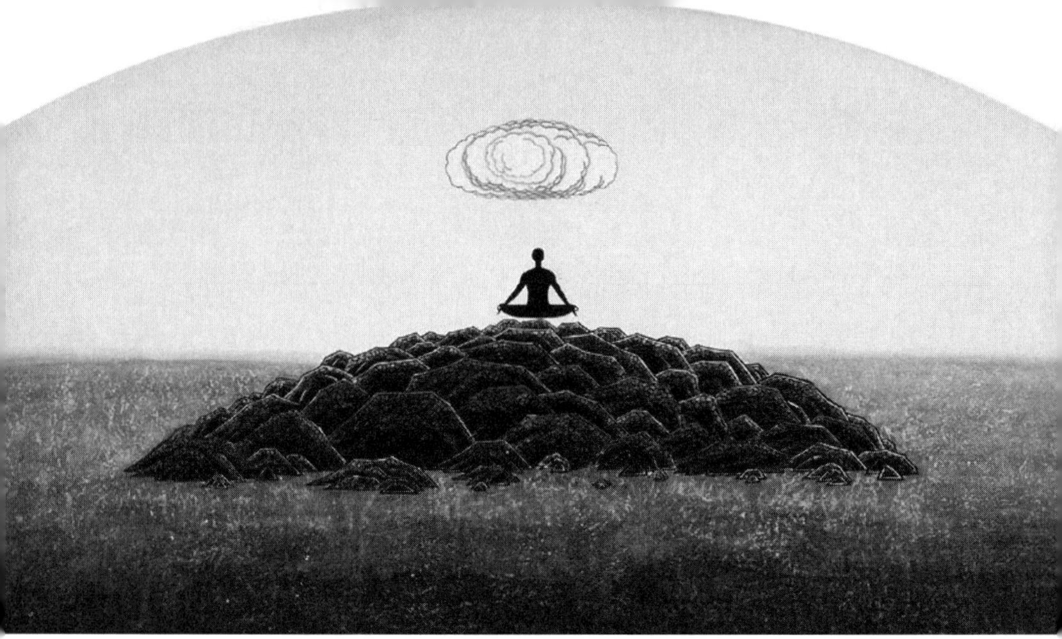

禅宗篇

12. 祖庭

佛启西天禅意,达摩二十八祖,东土禅宗始祖,寓止嵩山少林。面壁九年图变,终成大彻大悟,传法震旦慧可,始有禅法传承。今有嫡传法师,励精图治变革,弘扬汉地禅道,光大少林武术。可喜可贺可敬,何不乐见其成?

《禅宗祖庭少林寺,海外扩张到澳洲》题记

"南朝四百八十寺,多少楼台烟雨中。"千百年来,当年的寺宇建筑所剩无几,菩萨雕像玉身难保,法器宝物荡然无存,法事盛典声息全无,唯有一代宗师留下的般若智慧还在传颂,这给当今世道重寺院再建,轻思想创建,不啻是一个重要警示。

《禅宗圣地里的东方禅文化园》题记

中国大陆的寺院以禅宗寺院为最广、最多、最古,说明融合了道家思想的禅宗,是完全本土化的中国佛教,已经融入汉民族的信仰血脉之中,并流传到朝鲜半岛和日本全线,它如同中国人的

《常州天宁寺,东南第一丛林》题记

主食是米饭一样,离开它你会不习惯,没有它你会想念它。

《仰山栖隐禅寺,沩仰宗发源圣地》题记

仰宗风,举缘即用;祖师禅法,忘机得体。尔欲捧饭,我便与羹;尔欲渡江,我便撑船。隔山见烟,便知是火;隔墙见角,便知是牛。一问一答,意气相合;一来一去,机锋互换。体用双全,理事不二;谈笑风生,方圆默契。

《洞山的苏醒》题记

每一座佛教名山的苏醒,每一座禅宗古刹的重整,其实并不仅仅是一座山的再生和一座寺的再造,而是意味着藏在人们心头的信仰又重新苏醒与重整了。当人们纷纷走向佛教道场之时,正说明佛教信仰又重新进入了人们的生活之中。

《洞山普利禅寺,禅宗曹洞宗祖庭》题记

佛在心中,自性圆满;佛在性中,法性圆满。修至圆满,心性一如;大道至佛,心性无别。曹洞祖师,入心开示;良价禅师,出性启悟。法脉东传,子嗣绵绵;吉日重兴,万众拜谒。

《黄檗禅寺,临济宗第一祖庭》题记

历经千余年的洗劫,临济宗成了中国禅宗五家七派中子嗣最丰的一脉,自有内在存在的合理因素。一个佛教宗派能否长久流传,根本在于是否传达从前祖师的智慧,能否解决当下信徒的疑惑,可否落实未来民众的期待。

翻阅中国佛教史，"马祖建丛林，百丈立清规"作为两大重要事件而被一再提及，有机会更多认识马祖道一和百丈怀海，以及他们当初建立的弘法道场，相信对理解汉传佛教和热爱中华文化有感同身受的现场感和复兴文化的责任感。

《百丈禅寺，禅林清规发祥地》题记

大德建丛林，古刹出高僧。印象中，一座像样的古道场，应该至少具有三个历史痕迹：一是大德创始，高僧辈出；二是古木参天，庇荫众生；三是千年寺宇，百般不倒。如今，许多道场得以恢复，但能具三者，寥寥无几。

《宝峰禅寺，马祖道一古道场》题记

一个寺院，如果是比丘尼当家，又有小沙弥出没，更有西方人参拜，一定会引起人们的好奇。何以获得如此魅力，当须从古看今，由近及远，才能了解到其浓厚的底蕴。末山九峰禅寺，就是这样一座独一无二的禅寺。

《末山九峰禅寺，唯一女众禅宗祖庭》题记

名山古刹，因高僧辈出而得以享誉天下。斗转星移，世代相传，接法嗣衣钵者及僧众，并无多少"啃老"资本与资格，唯有继往开来，广种福田，弘法利生，方不负众望，不辱使命，不失本性。

《云居山真如禅寺，曹洞宗发祥地之一》题记

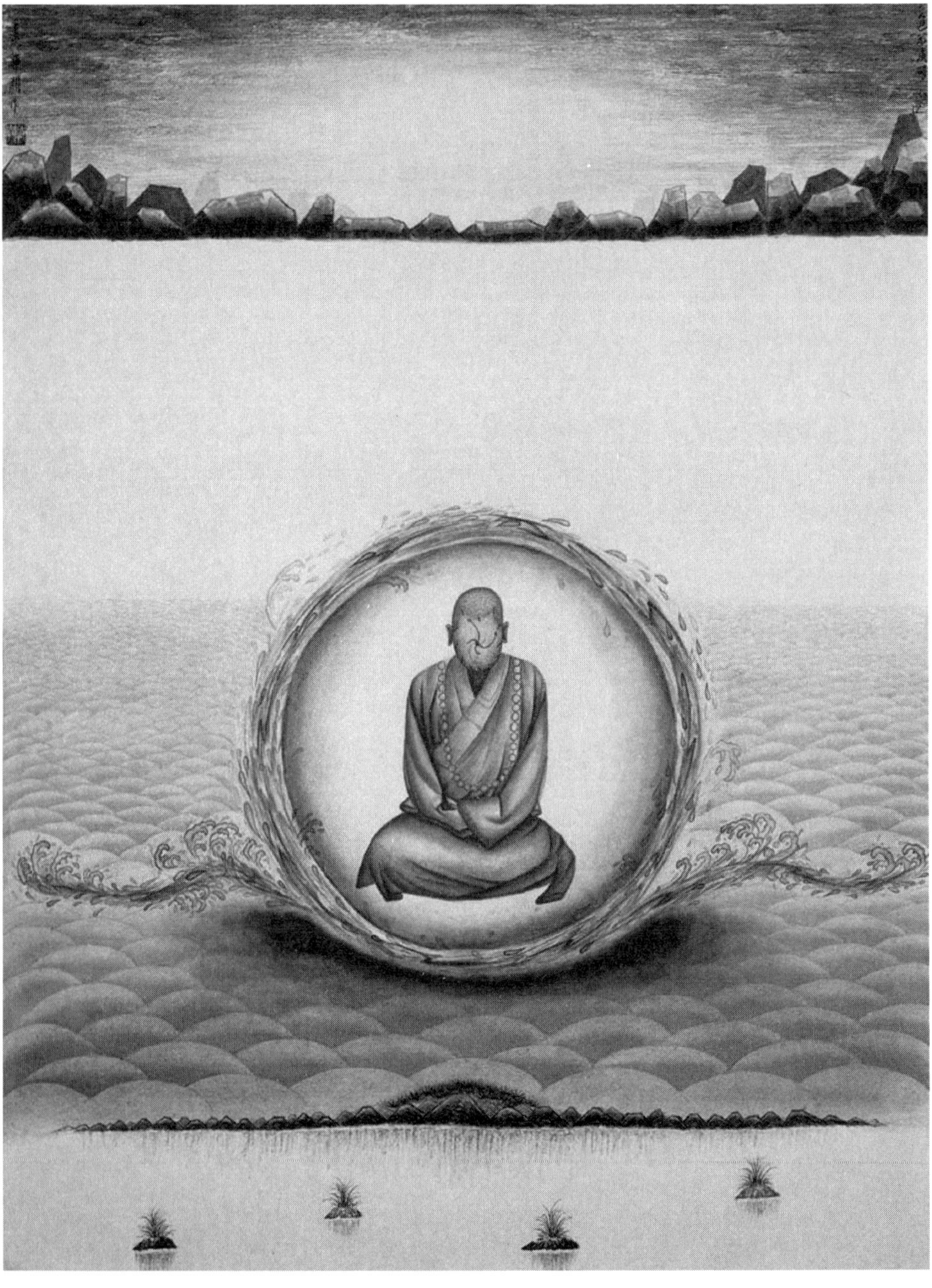

13. 禅师

佛陀拈花，迦叶会意，被认为是禅宗的开始。达摩在中国始传禅宗，经二祖慧可、三祖僧璨、四祖道信、五祖弘忍、六祖慧能等大力弘扬，终于一花五叶，盛开秘苑，成为中国佛教最大宗门，从此"直指人心，见性成佛，不立文字，教外别传"。

《从电影〈达摩祖师传〉说起》题记

从禅宗祖庭少林寺发轫而来的《易筋经》强调"易筋以坚其体，壮内以助其补"，最终达到"正气存内，邪不可干"的目的。如今，传承了1500年的古本易筋经重新获得世人的热捧，说明禅师们所倡导的"大道至简"的思想真正是"历久弥坚"。

《达摩易筋经十二式图解》题记

"二入四行"是达摩禅法的核心，二入即"理入和行入"，四行即"报怨行、随缘行、无所求行和称法行"，其要旨在于以清净本性了悟佛法以至觉悟之境。禅宗特别注重行入，参禅更重于行，而不仕于枯坐。若枯坐可以成佛，户外的石狮子也早就成佛了。

《二祖慧可大师的求法之道》题记

《成语说禅：洗心革面》题记	商朝开国君主成汤，在澡盆上刻有箴言："苟日新，日日新，又日新。"因被收录进《礼记·大学》而闻名遐迩。云门宗禅创始人文偃禅师的一句"日日是好日"，则是禅宗机缘之语，给予人们电光石火般的思想和生命智慧。日新月异，其实不易做到。
《法鼓山的厚度》题记	一座寺院的建筑，或可以留存几百年，但一位禅师的思想，或可以流传几千年。这不啻是一个警示：最终能够留下的只是思想，而不是道场。圣严法师用一座山去承载思想，让所有的建筑只为教育与文化服务，这便是这个时代所需要的追求与方向。
《天童寺举行禅宗文化研究交流大会》题记	修禅可破除迷妄，彻悟本性。在"迷时师度"阶段，禅师具有引领的明灯效应；在"悟时自度"的阶段，禅师具有切磋的平台效应。禅师采用不同法门指点后学破妄显真、趋向自由，彰显了禅法超然洒脱、生动活泼的无上妙义。
《两位禅师与一座北京城》题记	古时禅师，既是智慧象征，又是审美大师，经过不断创新与立论，在诸多方面引领着社会进步与美学方向，可以说是人文领域与自然学科的集大成者。如今的出家人不敢再称自己是禅师，或许有着自叹不如的窘境，而自称为法师，其中不少也勉为其难。

古代文人喜欢与禅师交往，一来禅师智慧高超，用语诙谐，深藏禅机；二来禅师品性高雅，深居简出，道法自然，这些都是文人喜爱并追求的境界。另一方面，文人也洁身自好，不愿与权贵纠缠，宁愿向山居禅师悟道闻学，于是传下一些让人津津乐道的轶事。

《佛印禅师和东坡居士的故事》题记

谤我忍他，欺我让他，辱我由他，笑我避他，轻我敬他，贱我恶我不要理他，人若能做到这二十八个字，必定化凡入圣，由人成佛。寒山与拾得两位禅师留下的问答名句，如同唐诗《枫桥夜泊》一样，与共寒山寺，永存姑苏城。

《寒山寺，中国十大名寺之一》题记

古人心智单纯，面壁就能悟出禅机，这是无言的佛理。后来，禅师棒喝弟子，使他们悟道，同是无言，却有了行为。再往后，禅师用偈子来隐晦表达，使弟子开悟。如今，杂念纷呈，隐晦的表达也已经不再适合，直白的表达才符合历史进程的需要。

《用心打坐》题记

一次，洞山良价禅师乘筏过江，在溪水里看到自己的倒影，豁然开朗：倒影自然不是自己，真正的自己是正在看倒影的这个自己；尘世生活中这个自己也不是真我，真正的我是正在重新认识自己的这个自己。你认识过自己吗？那个明心见性的自己在哪里呢？

《成语说禅：坐井观天》题记

《成语说禅:一贫如洗》题记	在黄檗希运禅师看来，孝顺有三：一为小孝，甘脂奉养；二为中孝，光宗耀祖；三为大孝，度其灵识超升。"必须放弃恩情，达到无为时，方才是真实的报恩"，因此希运禅师过了三十年禅者的生活，却不曾回过俗家，其度母方式却被认为是大孝中之大孝也。
《周末禅会：丰富、精彩、如意》题记	言 + 寺 = 诗，师 + 诗 = 禅。在禅寺里跟着禅师一起读禅诗，还有什么更让人期待的呢？在这里，一切都可以很快放下，至少念头不再横飞。"枯藤老树昏鸦，小桥流水人家，古道西风瘦马。"如此禅境，一派禅意，一幅禅画，正等来人体悟。
《到径山参禅去》题记	在与禅师的一问一答中,常常蕴含着禅意。"听话要听音"，这种转弯抹角的表达方式，在禅师看来都是多余的废话，不如直指人心的回答，直接点到"穴位"。只可惜，太多人在禅师的简短回答之后并不能直接领会，多一层的解释便失去了禅意。
《德林开示：学佛的人必须解行并进》题记	一代宗风，百年宗师。寺院的兴衰，依仗高僧的修行。如今寺宇广建，恢弘有加，独缺道场核心：高僧住持。长老在，则道场不衰。
《德林开示：不怕念起，但怕觉迟》题记	于五浊恶世中，能够坚守旧时禅风，"上求佛道，下化众生"之长老必功德无上，清净自在。追随这样的长老，自然可求得福报，众善奉行。

百岁长老，事事躬行践履；一代宗师，时时打坐念佛。三块香板，警策清规巡香，承袭禅宗古道场；一把藤椅，指挥监督验收，创建高旻新寺院。

《德林开示：佛日增辉，法轮常转》题记

当有人对德林长老说："师父，我们想皈依您！"百岁长老却严肃道："是皈依三宝，不是皈依我一个人，我是靠不住的！"一位高僧尽管已经万众仰望，却能清醒认识自己，这一定是开悟之人的般若所在。真正的仰望，不靠权势，不用强迫，而用虔诚之心。

《德林长老圆寂 十万弟子哀恸》题记

9世纪时，洞山良价和他的弟子曹山本寂创立曹洞宗。13世纪，道元禅师把曹洞宗从中国带回到日本。1959年，铃木俊隆将曹洞宗传到了美国。这一弘法历程，竟然跨越了整整12个世纪。不过，禅法不灭，正表明了它非凡的生命力。

《铃木俊隆，他把禅修方式传到美国》题记

"不顾万事，纯一辩道。"日本曹洞宗祖师道元不近王臣、不交权贵，坚持在僻静山林中一心坐禅，宣扬"默照禅"而深得信众敬重。道元禅师提出"杓底一残水，汲流千亿人"，每次只使用杓中一半水，另一半倒回山谷，让余水流回河川，以继续惠及后人。

《永平寺禅源 汲流千亿人》题记

《铃木大拙，他把禅宗思想传到西方》题记	铃木大拙西渡传禅之后，真正将禅宗在西方落地生根的，则是铃木俊隆。美国人常把两位铃木搞混，每当这时，铃木俊隆就幽默地纠正别人："你误会了，他是大铃木，我是小铃木。"大铃木以弘扬临济禅的思想为重，小铃木则以传教曹洞宗的修行为主。
《莲池大师与元稹诗》题记	古代禅师擅长通过吟诗作偈来表达自己对世界的认识，因此在一般的风花雪月之外，更蕴含着丰富的佛教思想与禅宗观点，透过阅读与品鉴这些或浅显易懂、或堂奥义理的句子，有时可以获得一种豁然开朗、茅塞顿开的感觉，对默契禅师设下的禅机大有裨益。
《如红炉一点雪与雪中送炭》题记	红炉一点雪，说有却无用。在人的一生中，往往愿力没有妄念强，福报没有贪欲多，而妄念与贪欲如同红炉中的一点雪，众人偏偏只看到白白的雪，却无视红红的火。禅师开示我们：自己所贪恋、厌倦、爱憎的对象，如红炉一点雪，不是事实，何必执着？

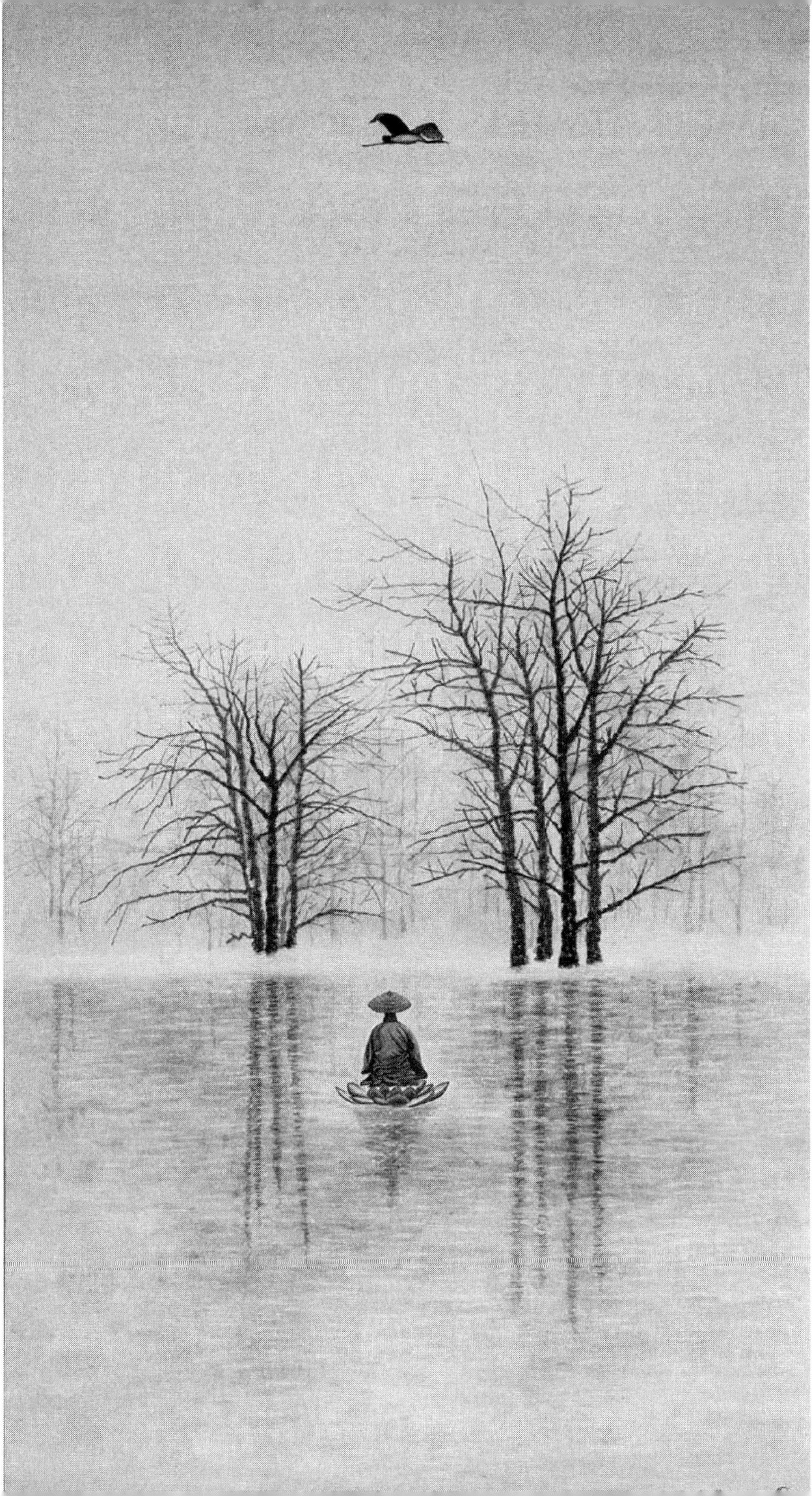

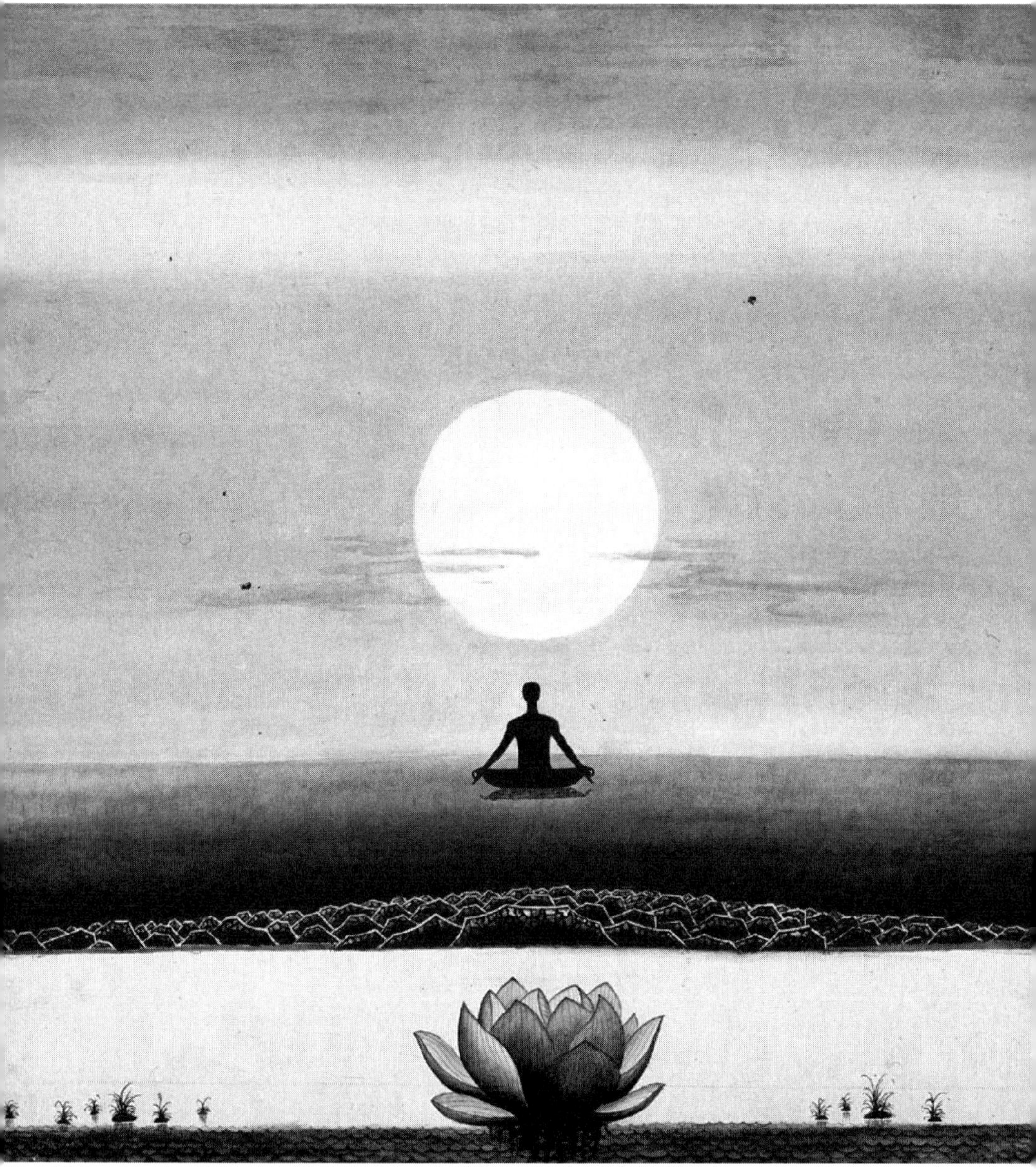

14. 禅堂

不仅在佛教禅宗寺院中设有禅堂，其他宗派的寺院中大都也有禅堂，可谓"曲径通幽处，禅房花木深"。如果说五观堂是佛弟子身必去之处，那么禅堂则是修行人心必去之地。

《禅房花木深之寺院篇》题记

出过多位高僧的古道场，宗风通常值得敬仰。如果寺院还能续上龙脉，就更加令人神往。若还有百岁高德长老的常年驻锡护持，类似道场恐怕就别无二座了。

《高旻寺，禅宗古道场》题记

名利场里充满攀比与欲望，选佛场里布满清净与平和。要在这两者之间找到平衡，光靠自生的定力往往无济于事，皈依二宝，在大德的指引下，才能真正听到发自内心的呼唤。怀有平常心，才能走得更远。

《杨紫琼：佛教是发自内心的呼唤》题记

《上禅堂，九华山上的三宗"最"》题记	不显山露水，却有青山绿水。在如此幽静秀丽之处，修筑一个无上禅堂，正切合了上禅堂初建者从"看山是山"，到"看山不是山"，再到"看山还是山"的禅心。
《去那边客栈读禅诗》题记	曲径通幽处，禅房花木深。这样的景致是中国人最为熟悉的，却也是最向往的。禅房已从我们生活中抽离，却不能从我们心底里抽空。只要曲径在，就希望禅房的再现。
《德林开示：禅堂是最高学府》题记	人人心中都有自己认同的最高机构，或曰高等院校，或是高级法院，或为高官政坛，或系高管商界，然，觉悟者视禅堂为最高学府，因为这是选佛场。

15. 公案

　　禅宗公案，为史载祖庭祖师、禅宗大德在接引参禅者时所作问答，或是具有特殊启迪作用的动作，以资判定迷悟的准绳。中国古籍中载有禅宗公案一千七百则左右，常用四五百则左右。常读公案，有助启迪心智，脱迷顿悟。

《禅宗公案与故事90则之一》题记

　　顿悟与渐悟都是禅宗的重要法门。六祖惠能提倡"明心见性"的顿悟法门，重视通过刹那间的顿悟，领悟佛法，开启般若。每一个禅宗公案的背后都有悟与迷的故事发生，它虽然发生于过去，却对当下和未来都有启发意义。

《禅宗公案与故事90则之二》题记

　　古时禅师往往透过证悟，灵活运用佛家各宗结论作为出发点，用或直指或影射的方法，来表象这不可言说与不可思议的证悟境界。众多禅理，对许多人来说，好似银山铁壁，无从了解其真正含义。只有在渐进的学法过程中才能遇到顿悟的那一刻。

《禅宗公案与故事90则之三》题记

《禅宗公案与故事90则之四》题记

钱钟书在《谈艺录》中说："唯禅宗公案偈语，句不停意，用不停机，口角灵活，远迈道士之金丹诗诀。"而今人读公案却一知半解，无法了意契机，全因大环境没了佛教气氛与禅宗气象，若要重新方圆默契，至少需二三代人的补习。

《禅宗公案与故事90则之五》题记

铃木大拙说："公案乃'一种建立判断标准的众所周知的文献。'凭借它可以测验禅悟的正确性，它常是禅师说的话或对问题所作的回答。"研读公案，可破除执迷；揭示妙趣，以幡然醒悟；刹那顿悟，得般若妙心。

《禅宗公案与故事90则之六》题记

南怀瑾言："公案者，亦如儒家所称学案。非徒为讲述典故记事之学，实为前贤力学心得之叙述，使后世学者，得以观摩奋发，印证心得也。"自古禅师百万，留名高师无几；代代故事无数，朝朝公案可计，如若不读不学，愧对前贤高师。

《禅宗公案与故事90则之七》题记

日种让山先生认为："坐禅与公案，是禅门修行的根本两轮，缺其一，就不能见性成佛。"在日本人看来，发生于中国古代禅师间的诸多公案，是学习禅宗体系的根本大典，不论其哲学思想，还是美学思想，都在其中得到充分滋养与充足孕育。

铃木大拙说："一个老练的禅师往往知道如何把学生带到紧要关头并使他能够跨越它。"弟子的问，往往是带着疑问的惑；禅师的答，常常是含着应答的解。一问一答间，是般若智慧的传递，更是由迷到悟的跨越。

《禅宗公案与故事90则之八》题记

　　理智是健全人格所必需的，但理智并不能帮助人达到大彻大悟的境界。铃木大拙甚至认为："禅悟的最大敌人是理智，至少在开始是如此。"如何才能达到禅悟的境界？禅宗公案会告诉你许多方法。

《禅宗公案与故事90则之九》题记

　　"忍他、让他、由他、避他、耐他、敬他、不要理他，再待几年，你且看他。"这充满禅机的话语，是一种睿智，也是一种因果。面对人生，孰是孰非，自有结果；笑对人性，谁真谁假，自有因果。

《品赏寒山拾得图　领悟和合二圣语》题记

　　曹洞宗追求"枯椿花烂漫"的境界，达到这般境界后感觉便会呈现出"子规啼断后，花落布阶前"的春光明媚气象。禅师们常常赏花开悟，表明四季花卉可以让人随缘任运、自然适意、宁静淡远，它既是禅宗所追求的人生境界，也是禅宗讴歌的审美境界。

《随缘任运　自然适意》题记

　　每一位禅宗祖师都有自己的根本思想，往往通过一两句话就能概括其精要，也是与其他禅师的

《中国禅宗"家谱"》题记

区别所在。禅宗主张"不立文字",主要在于文字并不能完全达意,一落文字便会产生第二义,但禅宗思想的传承又不离文字,否则后人就无法体察祖师的般若智慧。

《五灯会元》"牛头山慧忠禅师"云:"威于具戒院,见凌霄藤遇夏萎悴,人欲伐之,因谓之曰:'勿剪,慧忠还时,此藤更生。'及师回,果如其言。"慧忠禅师掌握了藤树的生长习性,看似凋零枯萎,实质气息犹在,经历寒冬后,它依然会更生出芽。

《花枝寂寂 禅风徐徐》题记

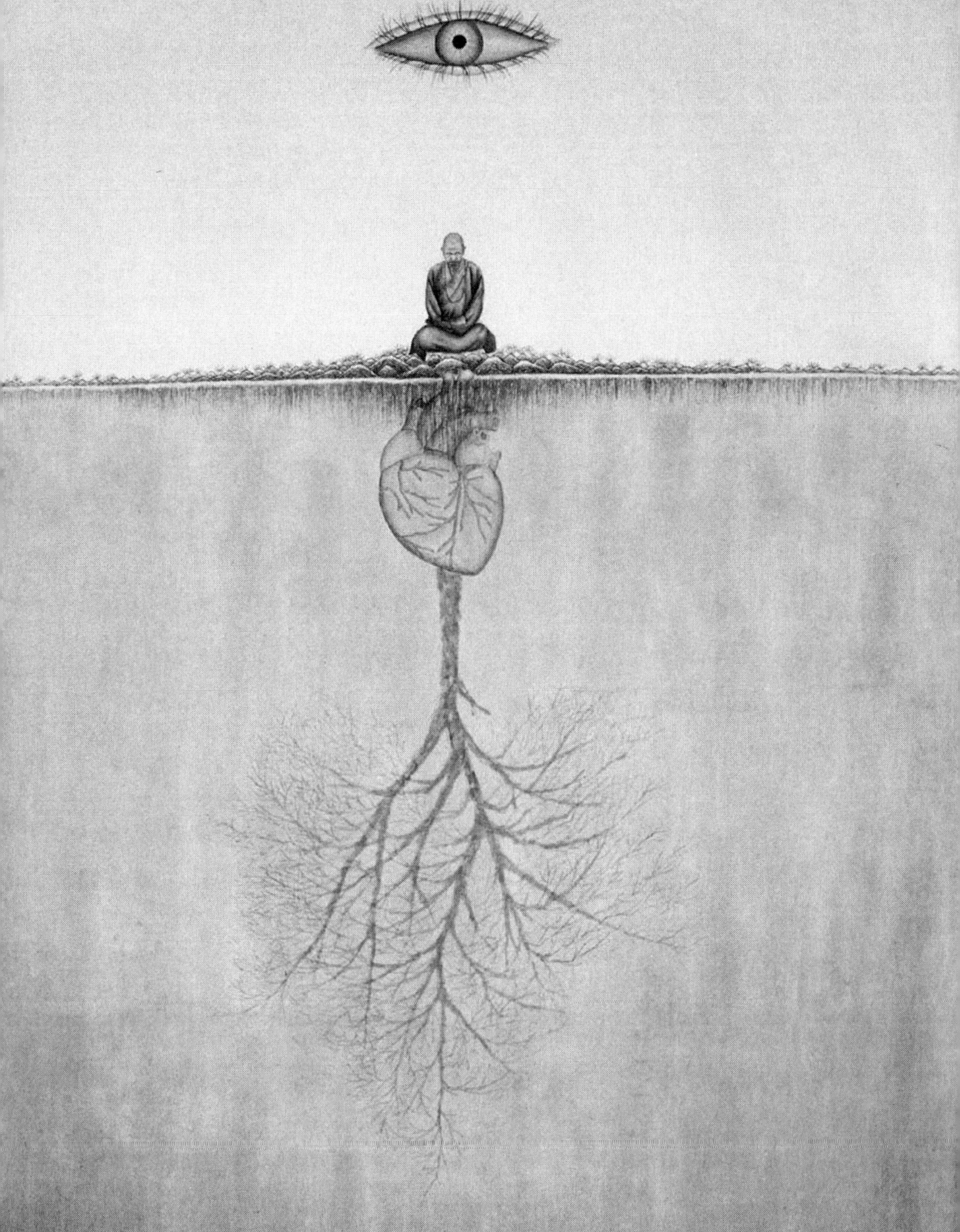

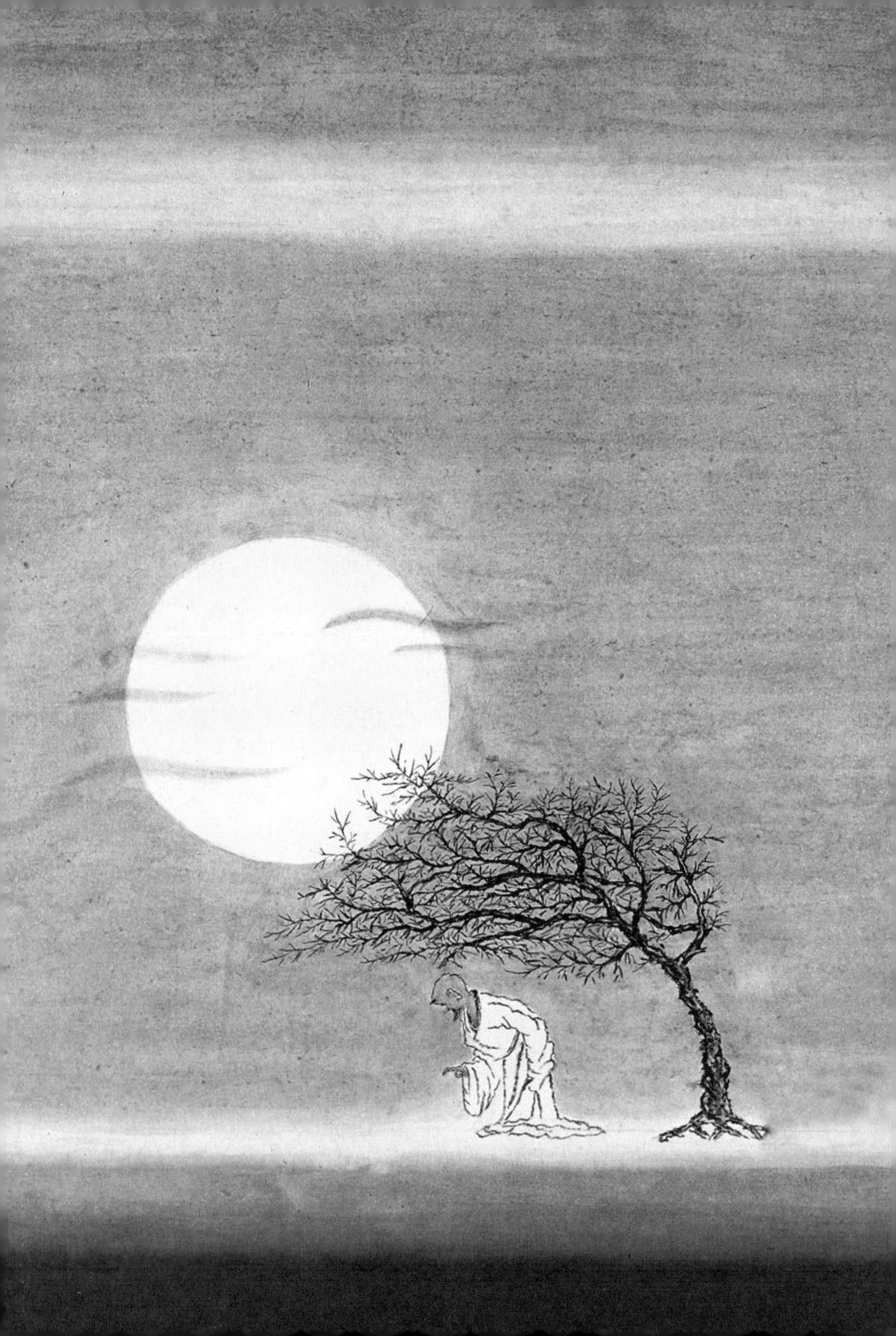

16. 修行

君子谦谦，克己复礼，温润而泽；佛徒翾翾，律己守戒，如法而栖。君子与佛徒在诸多方面有着共性，成人之美，美出一片更广的天地；缘起性空，空出一个更大的世界。当君子与佛徒合二为一时，在他们的四周一定会出现真正的祥和与安宁。

《余秋雨：大君子一定亲近佛教》题记

修行者具两大法宝，一为愿力，一为智慧。作为万物之灵，人本身具有强大的能量场，愿力就是能量场发出的能量对周围环境和自身行为产生的影响。高僧大德独具的能量场，可以化十方愿力为现实；佛弟子的能量场，可以变发心为可能。

《金焰献画梦参长老 诸方弟子随喜行礼》题记

断绝一切烦恼妄念，看破一切名相事理，方能往生清净佛国，普度众生。大彻大悟者"修行得道，功德圆满"，乃"觉性圆满、修成正果"菩萨，是修行道上每个精进者的榜样。

《美轮美奂的十二圆觉菩萨像》题记

《印度瑜伽+中国太极=东方禅修？》题记	瑜伽与太极，同生于东方，共传于世界，是东方文明对世界的贡献。瑜伽与禅修，同根同源，发轫于古印度，于一呼一吸间寻求身心平衡与宁静。源自中国的太极，同样重视吐纳术，以柔克刚，内外兼修。三者合一，天下无敌。
《美国人的禅生活：萨拉·拉扎尔》题记	锻炼身体可以通过测试肌肉数据看到效果，修身养性也可以通过测试方式获得变化值吗？美国哈佛大学的研究人员做出了回答：禅修可以促进平和感，让身体放松，坚持禅修对认知和精神状态有益处，研究证实了这些身心上的改善源于大脑结构的变化。
《美国人的禅生活：杰克·科恩菲尔德》题记	美国人对佛教的兴趣主要源于找到摆脱人生痛苦新方法的愿望，参加禅修的人是因为感到修禅对自己身心放松大有裨益，一些医院也在试图把修禅的方法用在减轻病人的痛苦方面。因此，寺院不会成为美国佛教的重心，而居士社区和禅修中心才是重心所在。
《美国人的禅生活：美国禅诗》题记	美国垮掉派诗人实际上给美国民众做了一次深入浅出的禅宗启蒙，让佛教的思想得以影响到他们。参禅是一种思维修练，帮助心绪宁静，深入思虑义理，这种单刀直入的体悟、自然适意的情调、追寻永恒自由的禅思，也正是诗人最喜欢的特质。

参禅的过程是积累身心般若能量的过程,它的爆发点在于顿悟;作诗的过程是寻找思虑表达方式的过程,它的突破点在于灵感。顿悟与灵感,这两个抽象的、突发的、偶然的个人感觉,却让禅者与诗人很容易地走到一起。既是禅者,又是诗人,岂不乐哉?

《美国人的禅生活:禅诗诗人》题记

身处都市的人,渴望在静寂的时空中把全部的烦恼格式化;心感疲惫的人,期望在古刹的气场里把所有的劳碌蒸发掉。当心有所想时,佛就会来佑你;当心有所念时,禅就会来定你。从现在开始,参加周末禅,努力呈现出自己真正的本性。

《洞山周末禅幽谷身心修》题记

在群山环绕的佛学院,在佛光萦绕的灵隐寺,在晨曦雾绕的龙井山,给心灵一次彻底的沐浴,借助禅的智慧去感悟人生的意义,会让每个参与者收获到从未有过的回报。有佛缘的人终会走到一起。

《正向禅学院开始招生》题记

众生既然无法超然于物外,不如在与物的对话中,完善自身的修行与认识。自然的纯粹本质,总是默默诉说着天然之美,对物质本原的珍惜,便是对天地的感恩。

《鸡鸣寺举办"净木修竹——藉物的修行"展》题记

群山、大地、沙漠拥有的定力,正是人类所缺乏的,理性的人们渴望吟唱"土地的歌",放

《总理夫人程虹撰文:荒野情结》题记

	弃以人类为中心的欲念，强调人与自然的和谐相处，关注人与自然的平等地位，在自然中寻求精神价值。
《华首门，中华第一佛门》题记	遁入空门，并非放弃希望与追求，而是放下贪念与执着，步入空门是为了找到自己的清净法身。面对巨大的佛门，就是面对无边的法门，在法门内，你可以得到加持、保佑和觉悟。
《数字排毒是一种禅宗态度》题记	数字化时代让我们在任何一个角落都可以"放眼"世界，却忽视了这样的世界只是虚拟与虚幻的假象，它无法让我们得到更多的体验，反而枯萎了我们的活力。适时戒除"数字毒瘾"，可以帮助人们回到本来的世界中。
《去洞山精英禅会 度过最难忘周末》题记	禅修正在走进中国人的生活中，从陌生，到体验，再到精进，一些走在时代前列的人开始回望自己的心灵，希望身体与心灵可以同步进入下一个更高层面的世界里。在这方面，以古为师、以禅为师，以戒为师，将帮助人们更快进入想要的境界之中。
《坐禅，风行日本》题记	禅宗自中华传入日本，尤以临济宗与曹洞宗法脉最为完整与最有影响。坐禅已经进入日本的寻常百姓家，上至国家政要，下至公司职员，都以坐禅作为调整身心的重要方式。"外不着相曰禅，

内不动心曰定"，六祖《坛经》的教诲让日本人受益匪浅。

忏云老和尚告诉我们：离生喜乐地是初禅，定生喜乐地是二禅，离喜妙乐地是三禅，舍念清净地是四禅，过了四禅，方可证罗汉果。"空无边处天"之后有"识无边处天""无所有处天"，直至"非想非非想天"。

《忏云老和尚：禅定的过程》题记

在山沟沟里享受奢华的生活，也只属于懂得如何去品味的客人。没有电视，只有音乐；没有喧哗，只有宁静；没有棋牌，只有笔墨；没有KTV，只有图书馆。你去，就必须接受这里的一切！

《虹夕诺雅，岚山深处的世外净土》题记

当人们往一线城市挤兑时，出生在大都市里的人却在往郊区跑，这种"围城"现象正从非典型性转化为典型性行为。为了离城不离尘，出城不出市，就必须修得"大隐隐于市"的心境。

《非典型上海人：大隐隐于市》题记

禅宗的悟道法门有许多，中国人倾向于闭关自修，以获得顿悟契机。在一些寺院中都设有闭关的场所，而在终南山、鸡足山等地更出现了众多自筑茅庐的僧人和隐士。在日本，僧侣们似乎更相信共修的力量，在规整的仪式下以求获得心灵的净化与气场的感染。

《禅的世界：悟道的境界》题记

《布袋和尚与纳兰性德的诗》题记	"心地清净方为道,退步原来是向前。"布袋和尚的这两句诗,道出了一位修身养性之人应该具有的品性,遇事退一步,境界进一步。如果万事都要争个高低,辩个明白,其实已经陷入到了贪多求全的欲望之中,争前争后都落入妄念泥潭,便离清净越来越远。
《好雪片片,不落别处》题记	好雪片片,不落别处,就是当下即悟。参悟真有工夫,禅悟就在眼前,好比好雪不会飘到别处,只会飘到你这里。现实生活中的人,常常对眼前的好雪片片视而不见,喜欢纠缠在利益中、欲望中、计较中,生活的美意因此而从眼前滑落。
《南怀瑾:不俗即仙骨,多情乃佛心》题记	《礼记·中庸》曰:"致中和,天地位焉,万物育焉。"白云山能仁寺则有对联:"不俗是仙骨,多情乃佛心",南怀瑾则认为:"多欲没关系,只要你转得过来,用在利益天下苍生的事业,大家做得到吗?做得到方够资格学佛。"学佛要学文殊普贤。

17. 美学

　　禅宗美学是中国古代僧侣留给世界的重要文化遗产，不仅中国人自然而然地接受了这种简约、直接、自然的表现方式，其他东方民族也竞相模仿学习，当西方人有机会真正接触到禅的内核时，一样为之倾倒，努力用西方艺术的手段来表现东方禅宗的意境。

《加拿大画家的禅意油画》题记

　　中国古代高僧，用禅法承接佛法，开启佛教中国化的先河。旧时的禅师，融禅理于生活之中，农禅并重，融入自然，追求精致高雅的生活方式，茶、香、花、琴、庭院、用品无一不注入禅艺禅意。再现禅宗的至善之美，是当下许多设计师苦苦追求的目标。

《江湖禅语 至善禅境》题记

　　禅宗美学无疑是中国古代佛教徒创造的最大精神财富之一，它在文化艺术与生活方式方面给后人以深刻影响。日本藉以禅宗美学思想，建立自己的文化思想体系，并进而影响到世界，我们

《皮朝纲：禅宗美学的拓荒人》题记

不应该再忽视它的存在与价值了。

《瑞典建筑师再现禅宗美学意境》题记

　　禅宗美学是一种静默美学，不张扬，不露水，一切在于静悟之中的自我品味。人的内心自在平静并不容易达到，通过营造禅宗美学情境，有助于心性的修持。在宁静中发现超越妄念的意义，寻找心灵的原本状态。

《Axel Vervoordte的禅宗美学之作》题记

　　"青青翠竹，尽是法身；郁郁黄花，无非般若"。禅宗美学，既是一种静默美学，也是一种体验美学，特别重视对人的生命意义的体验，对人生最高自由境界的体验。清心寡欲，使物质的、精神的生命充满活力。

《朽木的美学》题记

　　老子"大巧若拙"的论点代表着自然无为思想的精髓，与禅宗美学思想相为倚伏。在两者看来，最高的巧为"天巧"，自然而然，不劳人为；技术之巧，才是真正的笨拙。人有了弄巧之心，就不再真实。人要向大自然的"天巧"学习，而不能以弄巧自耀。

《意大利摄影师的极简主义作品》题记

　　简，在艺术创作中，就是要破除繁杂，色少而纯，材少而简，线少而显，以直指人心的方式，在刹那间捕住观赏者的注意力，并停在作品前，产生深远的联想与玄妙的遐想。能够达到简约而深邃之意的，既需要融入无限的想象力，又必须具备独立的鉴赏力。

禅宗美学的特征之一是窥伺，带有某些含蓄的意思，而含蓄本身就是东方美的一种表现。对艺术作品而言，欲说还羞更耐人品味，更优美隽永。含蓄，是一种妙和艺术的表达，通过一件屏风的分隔，让这种含蓄变得更加委婉。

《米丈堂木作：淡烟流水画屏幽》题记

当中国人开始把小洋房与西式装饰风格引入生活时，西方人却把更多的目光投向始于中国的禅宗美学，借以低调的奢华，融入自然与古朴之中。禅宗美学，是人类共同的非物质遗产，西方人如此认真对待它。作为中国人，能对此无动于衷吗？

《比利时设计师演绎禅宗美学生活》题记

禅，因进入生活而愈发精妙；艺，因渗入生命而愈发精彩。禅艺的结合，便是天人的融合与虚实的汇合，如果可以将如此美妙的感受传送给更多的人，或许将会使一个人的生存状态达到生命能量的最高点，你也可以做到！

《"禅艺会"开放了！》题记

若问禅宗发源地在何处？人们会说在中国，甚至知道禅都在宜春。若问禅宗高地在哪里？恐怕少有人知道。禅宗高地在京都！若带着禅的视角看京都，你会发现那里的一切似乎都刚刚好，与禅的精神高度契合。难怪有人会说，不去京都，无法体会到禅的精彩。

《袁鹰：古树的风韵》题记

《"禅艺会"组团赴日本交流》题记	印度靠中国古代高僧而留下了自己的历史；中国则靠日本古代高僧留下了大量的建筑、绘画、雕塑历史与实证案例，更推动了禅宗美学在茶道、香道、花道、琴道等领域的广泛应用。僧人在历史文化的传承上有着举足轻重的作用，当引起更多的关注与赞颂。
《日本禅艺游邀你一起行》题记	日本文化的创新源头，古在中国，今在欧美。世界禅者铃木大拙认为：日本文化的制高点在禅宗，"日本人的贡献则在于谨慎地将禅宗的真正精神活生生地留传下来"。要直接体验中国古贤开创的禅宗美学精致与精华之处，去日本考察一番无疑是最好的选择。
《京都胜林寺的感染力》题记	日本临济宗寺院所创造出来的美学倾向与殊胜意境，因超绝稀有而令人满心欢喜，这是中国禅师在如来般若的荫翳之下对美好生活的赞美方式。中国当代寺院应该有不作平庸之寺的理想，努力成为引领世人生活品位与陶冶众生身心品性的正信道场。
《禅意大宅获美国设计大奖》题记	古代中国圣贤与禅师在大自然的启发下创造出禅宗美学，主张"天地与我同根，万物与我一本"，"万象森罗尽我家"，大自然成为仁者和智者最好的归宿。当今西方的精英与富商正沿着中国圣贤与禅师指引的方向，一路走去。

建筑师必须在设计中揉入当地的历史、文化与习俗，不了解一国所形成的美学倾向的人，是没有资格称为建筑师的，充其量只能算一个会画图纸的建筑工而已。看到外国人对中国禅宗美学如此钟爱，那么在中国翻造了欧洲建筑的人，应该感到无地自容。

《竹屋，隈研吾诠释的禅境》题记

在中国古代建筑与传统家具中，于一榫一卯之间展现木匠的智慧，于一转一折之际表现木艺的美学。榫卯结构凝结着中华文化的精粹，沉淀着经典木艺的传承，将技艺融入平日生活，用美学激活日常生机。这是中华民族的骄傲，切不可断送于今日之中国。

《榫卯的智慧 木艺的美学》题记

高行健自称是一个无神论者，却受到禅宗思想影响最甚，他关注当下的状态，歌颂当下的境界。正如他所说："美无限生动活泼，而且出现在当下此刻，美和审美的主体是分不开的。""此刻当下瞬息千变万化的美可以重复，可以再造。"

《高行健：艺术家的美学》题记

招贤大师游山后归至山首，首座问："和尚甚处去来？"师曰："游山来。"座曰："到甚山处？"师曰："始从芳草去，又逐落花回。"这便是禅宗的审美极境，一切处稳，一切处闲。真常境界的达到，须经过长期的"游践"工夫，也是心的修养必经历程。

《一周一花：明媚春色　风光无限》题记

《极简宋瓷的美学》题记

　　禅宗祖师汲取道家思想精华，倡导返朴归真的理念，对于大自然的造化尤其推崇，即便是残缺的不完整，侘寂的不完美，色彩的不完善，都被懂得生活美学的古代禅师视为至宝，这一思想不仅影响到中国的士大夫阶层和文人墨客，还渗透为日本文化的基因。

《弗兰西尔维斯特与他的极简设计》题记

　　如果说雕琢成复杂物件需要一种技能的话，那么构思成简洁形体就需要一种技法，技能重在娴熟，技法重于思考。技法高于技能，如同设计高于涂鸦，创作高于模仿。禅宗美学一贯崇尚的简单、减法和素色，恰好成为二十一世纪的风尚。

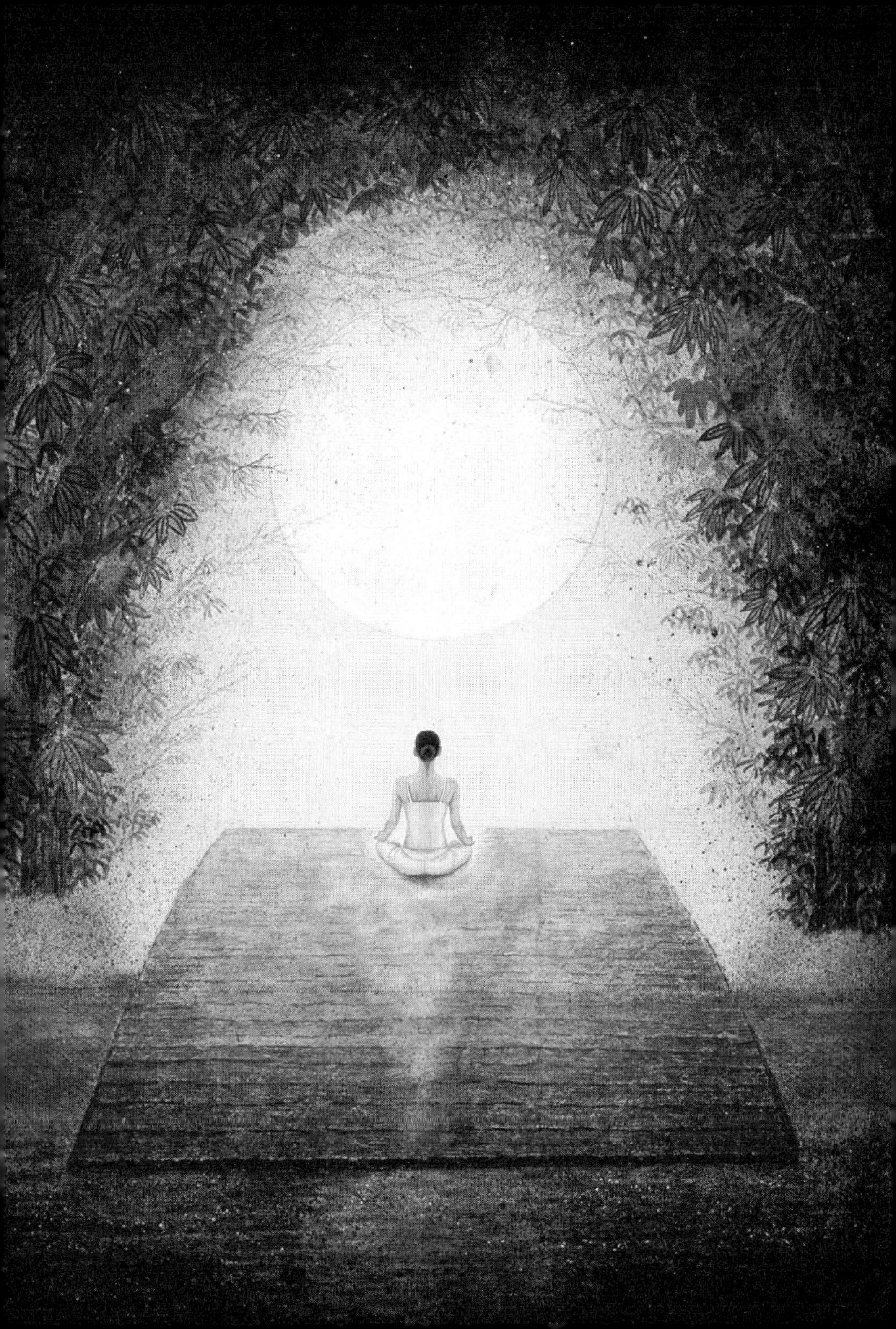

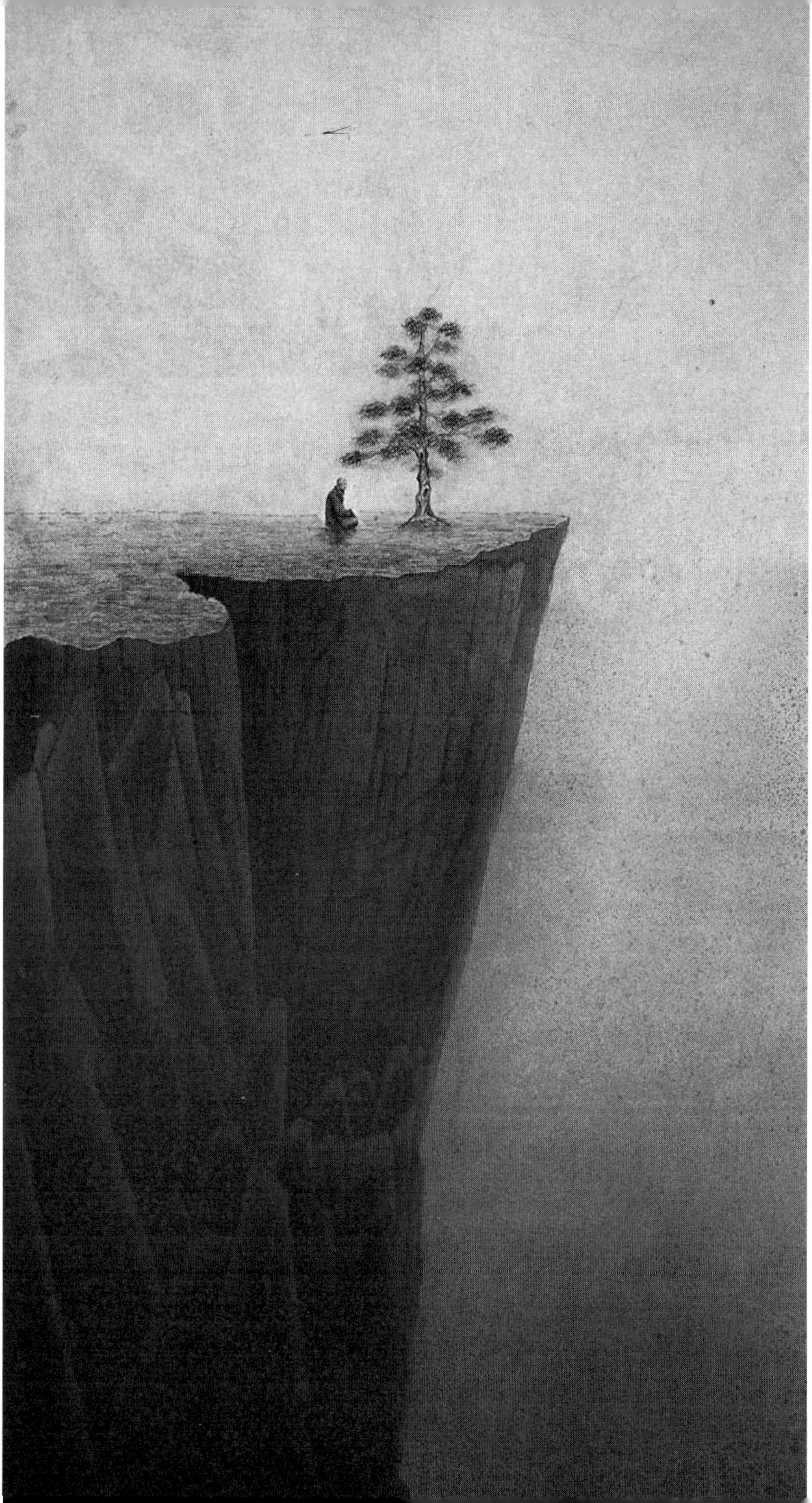

18. 禅境

　　《楞伽师资记》载弘忍山居问答："栖神幽谷，远避嚣尘，养性山中，长辞俗事。目前无物，心自安宁。从此道树花开，禅林果出也。"如今的建筑大师于循序渐进中学习中国古代禅师的思想，"不向城邑聚落，要在山居"，以迎合更多人回归自然的本性。

《走进隈研吾的禅意空间》题记

　　刘禹锡《陋室铭》云："山不在高，有仙则名。水不在深，有龙则灵。"若山高水深，则必有仙风灵气，缭绕不去。山苍傍水，水秀依山，更有佛沐山川，恩泽社稷，则善者自来，慈者自在。

《苍山洱海，群山间的无瑕美玉》题记

　　"山僧独在山中老，唯有寒松见少年。"唐代刘长卿《寻盛禅师兰若》诗句，描绘了山居禅僧的不凡图景。在常人看来，独坐孤峰的山僧是在退守，却不知这是一种永恒的引领。当尘世被欲望与繁华笼罩时，山僧所在之处却是人们回归清净与澄明的家园。

《禅宗纪录片：山僧》题记

《蒯惠中：我为奥巴马画华山》题记

　　宋人郭熙《林泉高致》云："山有三远：自山下而仰山巅谓之高远，自山前而窥山后谓之深远，自近山而望远山谓之平远。"华山兼具三远，是登高望远的最佳胜景，也是高瞻远瞩的最佳去处，古代帝王喜登华山，今日元首依旧偏爱，想必又多一层意味。

《孤峰独坐绘华山》题记

　　孤峰独坐，特立独行。当一个人想与一座大山直面对话时，需要的不仅仅是志气与勇气，更需要有一种灵气与霸气。山是有灵气的，没有灵气的人在它面前只能踯躅不安；山矗立在那里就是一种霸气，没有霸气的人在它面前只能彳亍而行。隐于山，方识山魂。

《诗意山居 孤峰独坐》题记

　　每当酷暑时节，不妨往山里走，到山里居，找到你要的清净与清风。与尘嚣作一段地理上的远隔，更与尘世作一段心理上的分隔，给自己一个孤峰独坐的体验，更给自己一个清心寡欲的沐浴。

《洞山国际夏令营开营在即》题记

　　幽幽禅林，古木参天；静静山涧，飞瀑鸣泉。一座古刹，用千年的修炼，破除迷途者的执着；一位禅师，以百般的觉悟，开启精进者的般若。天时已至，地利在前，现在，就等你的参与！

山的高大，无人可以企及，只能仰止。切莫以为登上山巅，就征服了自然，以这种心态看世界，连自己都无法征服内心的阴暗，何以征服可以包容黑暗的大山。山越高，留下阴面就越大，却也有着更大的阳面。

《山的力量：如如不动之心》题记

有志有趣者近，无缘无话者远。石室、茅茨、蓬庐、草堂、楼阁、禅庵、精舍、会所，中国人创造了许多不同的名词，却指向着一个共同点：凡人居住聚合之处。居住聚合处可以精心打造，但所有一切，都不能以侵犯他人利益和侵占公共资源为提前。

《西湖会所今不在 留取美景予游人》题记

禅，源自域外天竺，兴在华夏中原，存于隔海东瀛。汉僧将禅意留在心境中，日僧把禅境植于寺院里，一虚一实，一内一外，孰能感化众生，自有评说。

《建仁寺，日本最古老的禅宗本山寺院》题记

最自然的就是最清净的，最原味的就是最禅意的。当山民、村民开始往城市里挤的时候，他们腾空的家园却被打造成了最精致的禅舍天地。有时，轮回不需要隔世，转眼就可完成一切，回味一下你曾经拥有的，或许就是世上最好的。

《七星禅舍之法云阿缦》题记

道法自然。中国古人崇尚自然、尊重自然、回归自然的理念，正被现代人重新认识与接受。人

《回归自然，APEC用美景款待贵宾》题记

类的一切活动必须在顺其自然的前提下展开，一味"人定胜天"和"改造自然"的结果，只能是被自然报复，而不可能改变多少自然属性。

《程虹：宁静无价》题记

英美自然文学作家的诉求，与中国古贤道法自然、师法自然、回归自然的追求，具异曲同工之妙。当技术改变了外部世界，当物欲占领了内心世界之后，人们重新渴望回到正本清源的自然世界，人们才能领悟宁静无价的真谛。

《程虹：自然文学领路人》题记

崇尚自然，是人类亘古未改的追求，不论东方，还是西方，尽管视角与高度有所不同，但对于大自然的敬畏之心与敬仰之情却是所有文学家的共同倾向。即便在利欲熏心之下，重归自然，也会让人自然而然产生释然的本性。

《程虹：梭罗的精神遗产》题记

人是自然界生物大家庭中的一员，唯有顺其自然，方能享受自然。人未生，自然已在；人将亡，自然犹在。敬仰自然，自有宁静。

《清水寺，日本第一泉上礼拜观音》题记

古人言"天下名山僧占多"，其实，山之所以成为名山，更因"众生礼佛山借光"。如果一座山还有清泉相伴、花团锦簇、古城围绕，不出名才是天下第一怪。

清风明月，当一派浪漫气息扑面而来时，有几人有抵御的免疫力？静寂悠然，当一股禅意感觉不期而遇时，有几人有回避的自制力？不用免疫，拥抱即可；不必回避，投入便好！

《淡路岛梦舞台，安藤忠雄的大手笔》题记

简而不繁、精而不腻、舒而不奢，这样的门饰效果自然会透出些许禅的意境、茶的淡雅和酒的清澈。多少人身未移，心已动，朝着那个氛围而去。

《京都花见小路，荟萃和式门饰》题记

在尘嚣都市，人们挤在地铁里电梯中，足无立锥之地，心却隔若两界，人们渴望找到一片宁静之地，相遇一段千年结下的奇缘。当距离不再是距离，人们相遇，结成水、凝成冰，用来静心止念。

《如易阁，禅意只为有心人》题记

并不是所有的空间都能释放禅的气息，并不是所有的设计都能诠释禅的意境，只有心若止水、人淡如菊的巧手，才能在简约中营造出东方之美，在朴拙中透彻出素雅之气。禅，在于心入定，心入定则禅常在。

《灵山精舍，一个心若止水的地方》题记

进入深山，幽静与玄妙之感油然而生，其实这便是人与自然的亲近感，一种深植于人类基因之中的非物质。禅空间里的一切，把非物质用物质的方式再现出来，让亲近感通过脑电波瞬间传

《台湾食养山房，深山禅味餐馆》题记

达给身心的每一个细胞，似乎在说：我终于回到了最熟悉的环境之中。

《你具有独处的能力吗?》题记

独处是人类的出发地，也是归宿地。不会独处的人，往往也是不会群居的人，因为他们压根儿不知道思考如何与人沟通的重要性。每一次独处，都是一次格式化的过程，只有清空多余的，才能载入更新的。

《在风吕中独处》题记

享受温泉时，一定要找一个少人的时段，半夜里或者凌晨时，在风吕中舒展身姿地泡着，一人独处，仰望星空，与古贤对话，与时光对流，让生命的这一时刻为自己而存在。

《小屋的宁静，不属于怕孤独的人》题记

拥有一间林中小屋，或者一所山间茅庐，是许多人的梦想。但是，这种与天地相融，触手可及的自然，并非属于每一个擅长做梦的人。孤独是与生俱来的，也是直至临头的伙伴，如果你执意要回避它，那么就会错过世间最美丽的风光与最美好的时光。

《雪地里的小屋》题记

荒野中有人烟的地方，就会有几间小屋，这是远道而来的人的希望。生活在其间的人因为太热爱大自然而像与情人一样宁愿厮守在一起。小屋与它的主人，承载着过去与今天的故事，传递着人与自然的讯息，同样成为通向未来的路标。

清空，比存贮困难得多，总有一些成见不肯让位于最新的事物与现象；重启，比等待容易得多，那些纠结会不经意间停于瞬间的断电与关机。心也一样，与其被执着蒙住，不如放空一切，勇敢地去接受一次生命中最透彻的回响，找到让自己感动的那一束光。

《寻找禅心》题记

　　东山魁夷说："那充满沉郁而美妙的意境，让人心安神宁，大自然与我，则终日亲切地对话。"与大自然对话，是人类永恒的状态；让人心安神宁，是生命永久的追求。禅的存在，是为入定而来；修的结果，是为安宁而去。

《东山魁夷与他的画》题记

　　赏心悦目的设计，简洁自然的材质，可以促进心灵的澄明与自在，可以超越世俗的纷扰。酷爱与推崇东方禅意的空间设计师，努力满足人们对于静悟和禅修的向往，用简洁的线面与天成的纹路相融合，营造可以让浮躁的心很快平静下来的空间。

《禅意的设计与设计的禅意》题记

　　现代人离不开电脑与手机，但是键盘、鼠标、光驱、U盘并不是我们要的东西，是乔布斯让信息技术可以"直指人心"，让人们摆脱了外在的东西。苹果产品的优异功能与设计，正是因为乔布斯有一颗"禅心"，可以直达事物的本来面目而"明心见性"。

《美国人的禅生活：史蒂夫·乔布斯》题记

《甪里古村禹王庙，太湖深处洞庭西》题记	起屋盖房，聚落成村；插秧耕作，采桑养蚕；围网捕捞，饲养家畜；舟楫出行，工匠手艺；祭祀仪拜，婚丧嫁娶；一派安宁，六时吉祥；日出而作，日落而息——这是我们祖先有过的生活方式，如今只能在山里田间、湖中岛上依稀可见。有空，去体验一下吧。
《吉冈德仁的透明茶室》题记	回归自然，才能获得天地人三位一体的特殊体验，人们渴望有更多接触大自然的机会，却往往担心被风雨困扰、被阳光煎熬而不得不远离自然，躲进室内。如果能够在一个静谧的道场中，可以与大自然同呼吸、共命运一段时光，这想必是一次美妙的体验。
《一日晴雪 一日古今》题记	山涧之行，空无一人；山巅之望，空无一色。然而，这空中之有，非凡夫所能见、所能悟、所能言。若说前沿，或在尘世；若言时尚，或在都城，然有灾有难有战有杀时，必城廓先毁，唯空山之人传下根脉，唯独坐之士留下传奇，不为身躯，只为精神。

19. 禅思

　　铃木大拙在美国弘扬禅宗时公开宣扬："禅是日本的,是日本的文化最高点。"当全世界都把禅与日本联系在一起时,作为禅的"宗主国"中国,必须再三反思:我们何以把最重要的文化抛弃了?何以把最高处的精神丢弃了?何以把最高雅的品位遗弃了?

《铃木大拙,现代禅宗代言人》题记

　　当铃木大拙认定禅是日本文化的至高点时,多数中国人却不知禅为何物,甚至文化界人士对此也不敢多言,本以为其无趣,实质却是自己无知。中国人已经把禅从生活中抽离出去,日本人却早已将禅融入生活之中,这一来一去,便形成了一种明显的差距。

《日本禅艺团为禅宗美学而感动》题记

　　"心为法本,心尊心使",意味着心是万法根本。禅宗以"直指人心、见性成佛"为支点,强调修行须"自识本心,自见本性"。"以心为本"由此构成了"稻盛哲学"的立足点。

《解读稻盛和夫的禅心》题记

《平常心是禅》题记	禅师的智慧贯穿于人生的每一个细节中，最高境界的禅定不只是打坐，而是可以让自己完全融入生活当中，动中取静，没有来自外界的压迫感。中国禅的精神，就是要达到一种最高的禅境界，能够在平常生活中找到安静之身、平静之心、宁静之念。
《亲近稻盛和夫对话禅意经营》题记	处处有禅机，时时现禅意。禅，源自佛教，但并不为寺院独有和僧众独享。生活中，可以有"生活禅"；工作中，可以有"工作禅"。用禅的方式思考问题，用禅的理念经营企业，一则可以"一览众山小"，二则可以"蓝海无穷多"。大师到来，怎能缺席！
《锔活，绝处逢生之美》题记	人们憧憬完美，但人生却充满着不完美。《礼记·大学》曰："致知在格物，物格而后知至。"通过对事物的了解，可以帮助人们知道人生百态。"宁为玉碎，不为瓦全"，只要保持气节，即使不完美也可以有自己美丽的一面。
《明月院，日本临济宗著名禅寺》题记	唐朝白居易诗《大林寺桃花》："人间四月芳菲尽，山寺桃花始盛开。"这样的景象在中国的寺院中已经十分难得，无奈"长恨春归无觅处，不知转入此中来"。当重又向往花开禅现的净土时，难道非要东渡不可吗？

西汉刘安《淮南子·主术训》言:"非澹泊无以明德,非宁静无以致远。"南怀瑾讲:"生命的能量来自宁静。"程虹教授说:"宁静无价。"这一切的指归,都在于告诫浮躁的国人,少些热闹,多些独处;少些起哄,多些慎思。

《南怀瑾:生命的能量来自宁静》题记

一个人的生活质量来自内心的宁静、精神的富足与审美的妙趣,外在的财物只是帮助提升生活品位的调料而已。如果只有调料,而无主材,人生的盛宴注定以惨淡告终;相反,多主材而少调料,或许还能延年益寿。

《一个花艺师的奢华生活》题记

原生态,是生命的原点,也是生命的终点。我们没有理由在生命最美好的时段,放过对原生态的享受,放弃对原生态的追求。城市化是一个梦幻泡影,是一场生存闹剧,它终究没有原生态美好,没有大自然美丽!

《回到原生态》题记

每一座古村,都有自己的传奇;每一座深山,都有自己的传说。当传奇与传说相遇时,故事就如同山涧的溪水源源不断,对于山里人家的孩子来说,这些故事便是永远不变的教科书。人们很想了解这些从来没有读过,又永远不会过时的兰若故事。

《南惹,曾经难惹的兰若》题记

《荷兰乡村，美得让人窒息》题记	所谓城市文明，就是你我都一样；只有乡村文化，才能做到十里不同风，百里不同俗。保护乡村文化与美丽风光，一靠社会精英的呼吁，二靠政府官员的英明，三靠乡村农民的坚守。受文化启蒙运动影响的欧洲人，明白了这一点，三方合力，终于美梦成真。
《德国乡村保护的"游戏规则"》题记	中国正在实现"美丽中国"的理想，如果乡村的环境不能保护好，还是动物粪便满地，生活污水横流，工业污染渗透，走进乡村就是一股浓浓的臭味，乡村房屋没有个性且外墙不洁，那么，美丽乡村建设之路将无法到达要去的目的地。
《诱惑人心的法国最美乡村》题记	对于乡村来说，美丽并不意味着更宽敞的道路、更豪华的酒店和更商业的古镇；而是要阡陌有序、古朴整洁与和蔼可亲，一棵老树，一口老井、一夜甜美就足以打动人心。他国乡村的宁静、美丽、规则和浪漫可以给"美丽中国"的建设以最美好启示。
《乡下不需要电梯》题记	当更多人回乡后，都市就不必再那么拥挤，高楼就不必再那么疯长，电梯就不必再那么必需。回到乡下的人们，居住在低层的民居中，日出而作，日入而息，必然会引导更多人解甲归田，叶落归根，在自己的香格里拉过上世外桃源的生活。

从文字里见思想，从思想中看修行。凡尘中的人们大多把时间花费在了生存和生财之上，自然少有时间去思考与思辨，沙门里的法师代替了人们的这部分功能，何不静心聆听一下他们的声音，找回一点失落的自我呢？

《法师开示 智慧禅语》题记

摒弃语言的藩篱，一窥而入，直探本来面目。面对色界，调动感官，去看、去听、去闻、去触摸、去体会，无须表达，让自我和外物融为一体，感受自己便是外物的延伸。这种物我两忘的境界不正是我们似曾相识并孜孜以求的禅境体验吗？

《一窥入禅 入禅忘我》题记

古人一无电脑，二无书店，却能博览群书，更能著书立说，这实在让今人自觉汗颜。但是，古人有的清净之心，淡泊之志，却是今人少有的。从这一角度看，当物质丰沛之时，或是精神滑坡之日。若能两全其美，则可长治久安，天下昌盛。

《茶圣陆羽：初生入佛门，临终随僧去》题记

身处城市，人口密度趋高，心灵距离趋远，连最"親愛"的人都"无心相见"，科技延长我们的手脚，却弱化人们的心智。手机中的朋友圈大了却让你变得更寂寞，通讯录长了却让你更孤独，迈步自然，回到人间，去见见可以让自己敞开心扉的朋友吧！

《学诚法师：化解群体性孤独》题记

《郭关佛教作品欣赏》题记	宗教的神秘让人激起探究的愿望、佛教的般若让人产生修行的愿力、禅宗的深邃让人发誓参透的愿心。每一步的深入，都是信仰者内心的一次洗礼，唯有洗心革面，不忘初心，方得始终，克期取证。
《林青霞：大宝法王一句话，让其泪如雨下》题记	迷，实有一步之遥，跨过门槛，便豁然开朗；悟，确在一念之间，掀起门帘，便悠然自得。迷时师度，悟时自度，迷悟之间，天地之别。以悟度迷，悟迷不混；以迷度悟，迷悟不清。即便众人皆迷，亦求唯我独悟。
《喜欢的话》题记	话中有话，听话听音。当一个人重复说一句话时，往往不仅仅表达自己欣赏这样的说法，更在意期望别人朝着这个方向而去。如果对出典了解得更多，则可以更深刻了解讲话者的用意。
《祝圣寺，虚云和尚恢复的迦叶道场》题记	"退后一步想，能有几回来？"风景名胜如此，古刹道场如此，人生何尝不是如此呢？珍惜当下，享受当下，又何必要盼着下回呢？没有下回，便只有这回。这回好，便是回回好，这回不好，或是回回不好！
《残缺之憾，化为金缮之美》题记	残缺是对完整的打破，在遗憾之余，唯有建立起新的平衡，才能再现本有的完美与价值。用世上贵重之物面对缺陷，与其欲盖弥彰，不如精

心修缮，坦然接受生命中的不完美，以在无常的世界中恪守心中那份对美的向往。

数字的属性是中性的，但通过人的思想和感觉的不断折射，一个个具体的数字意义会变得时好时坏、或优或劣，左右摇摆，理性认识每一个数字对我们的具体作用与影响，就可以撕破其神秘古怪的外衣，还原其朴实无华的面目。

《数痴的中国人》题记

想睡就睡，想吃就吃，本来是禅宗所追求的一种自然境界，许多人因为工作与生活的压力所迫，并不能做到这一点。但嗜睡的人，并不属于按自然规律行事的一族，他们因为无明与愚痴，使自己的常态保持在睡眠之中，无法清醒处世、明白度日。

《嗜睡的中国人》题记

中国人的智慧，是隐含在文字中的大智慧，让你看到就想到，问题是现在的人很着急，懒得去看。"盲"，是"目""亡"，眼睛瞎了，你只能成为盲人；"忙"，是"心""亡"，心都死了，活着还有什么意义。别那么着急，悠着点儿，快乐就回来了。

《着急的中国人》题记

"不识庐山真面目，只缘身在此山中。"万物因缘生，万物因缘灭。世间万物因缘和合而成，人生本身也是一人因缘，具有相同或相近价值观的人，会自然而然地聚合到一起，无须强求，无须刻意，

《求缘的中国人》题记

	缘来石难挡，缘去如抽水。
《续缘的中国人》题记	不论是求缘、随缘、续缘组合而成的"三缘观念"，还是由亲缘、地缘、神缘、业缘和物缘系统组成的"五缘文化"，都从不同方面证明了中国人的"缘分"思想确实自古就有，而且不断推陈出新，成为中华文化区别于其他文化的明显"胎记"之一。
《禅艺会组织企业家宜春问禅》题记	一方土地的遗产不是高楼大厦，一座城市的形象不是车水马龙，而在于是否产生过有影响力的思想，以及是否生活过有感召力的智者。大地总会复始，大智定会流传；大厦总会倒下，大师定会屹立。
《宜春四季 四季宜人》题记	一个地方的真正资源在于大好河山，一座城市的真正宝藏在于人文历史。回看五百年前，那些还被人们记得的人与物，便是这方土地的宝贵遗产；前瞻五百年后，那些可以依然存在的事与理，才是如今努力的价值所在。太多的浮云，生前已经飘散，又何必一再执着？
《〈伤月〉（外七首）》题记	诗人写诗，无外乎"三有"：有闲、有情、有景。所谓闲情雅致，就是因为有了闲情，才产生了雅致。如今的大多数中国人已经有了不少闲情，不必再为了温饱而奔波，一旦遇到好的风景，自然就有

了写诗的念头。或许下一个十年，正是中国出大诗人的年代。

苏州石湖余庄有一楹联："水清鱼读月，山静鸟谈天。"抒发了山水之间的一种清静之美，连鱼鸟都十分陶醉，更何况人呢？在匆匆而行的日子里，不妨给自己的心情放一次假，带着疲惫的身躯一起沐浴在大自然中，如读书一般，去读懂大自然的恩赐。

《读月》题记

当时风搅得大家心烦意乱，直想飞蛾扑火之时，一些在CBD上班了许久的人开始梳理起自己的头绪：这是我要的生活吗？这就是人生的巅峰吗？先知先觉的人在看明白事态的真相后，果断告别了CBD。

《逃离CBD》题记

人的忧伤多半来自过度焦虑：为未发生的事情忧虑，为其他人的事情操心，为无节制的欲望犯愁。所以，佛陀教导大众要放下，禅宗倡导大家要专一，僧团要求信众要节欲，这一切，都只是为了回到清净本性中来，不增不减，不生不灭，找回自己。

《那些忧伤的城市人》题记

无常，不是一曲悲歌，没有逝去，便没有了新生；无常，不是一首欢曲，无法永恒，便不必再痴心。无常，恰似一种常态，适应了它，常有惊奇之心；无常，更是一种变态，空性的它，变出不空之性。

《无常之美》题记

《在田野里种上庄稼》题记	如果自己没有主动地耕耘、播种、施肥与收割,很容易让杂草蔓延到自己的心灵。因此,一个不想成为坏人的人,应该管理好自己的心灵田野,如果你不种下庄稼,杂草一定会不请自来。
《放下重负 登上渡口》题记	感恩生命中遇到的每一个人,他们的出现让你变成更加成熟。那些负你的人,其实也就是渡你的人。负,有时是辜负与欺负,让你十分生气;有时却是背负与担负,让你异常轻松。换一种语境,就是换一种思路,所谓逆境成才,正是看到了负中也有正能量。
《禅心与禅行》题记	用嘴来说,不如用耳来听;用耳来听,不如用眼来看。我们需要一种理性的判断力,学会为我所用,美好的事物是人类共同的文化与精神财富,何况那些本来就是我们祖先创造的美好生活方式。如今的我们必须反思:为什么我们的雅道很少,粗俗却很多?
《法王何其多 处处仁波切》题记	有人过去恨自己不是洋人,但还是取了个洋名;现在恨自己不是藏民,结果还是取了个藏名;却偏偏不喜欢自己原本就是的汉族华人的本名,这算是中国一大奇观。其实,只有婴儿才需要不断地通过大声啼哭,换得周围人的注意。

怀旧，是一场无法治愈的慢性病，不是人们有意要留下伤感与思念，而是人们根本无法割断自己的过去与血脉。人们有理由相信，我们的祖先其实比我们过得更好；人们也有理由想弄明白，为什么我们现在过得如此平庸与无聊。

《唐顿庄园》题记

　　从前，时间很多。如果能够回到从前，我愿用我的全部，换回慢走的时间，行脚走过眼前的每一寸土地，看东山朝霞，望西山夕阳，高山仰止，景行行止。

《从前，时间很多》题记

　　苏东坡《临江仙·夜饮东坡醒复醉》写道："长恨此身非我有，何时忘却营营。"人们常抱怨躯体最终都不属于自己，那又何必要为功名利禄而苦心钻营呢！苦不自来，有求必苦。当人们往寺院里祈愿"有求必应"时，其实求不得之苦已经不期而至。

《得失》题记

　　面对互联网潮流，中国人自然不能置身度外，而必须顺势而为，谁明白得早，谁就能分享互联网成果；谁清醒得晚，谁就有可能被潮流抛弃。数千名各国政要与商贾巨头齐聚世界互联网大会，他们是最清醒的人，或者他们想成为最清醒的人。

《迎接"互联网+"的新时代》题记

　　四季轮回，周而复始；万象更新，一元复始。当人们准备迎接新的一年、新的一月、新的一天

《2015年禅艺会总目录》题记

到来之际，你准备站在山的哪个位置等待旭日东升？只有站对位置的人们，才能最早接受到温暖阳光的沐浴。每个人的昨天都决定了今天可以到达的位置。

《壶山相望》题记

　　禅者，自古行脚天下，或走幽径，或渡独舟，或坐孤峰。然今人学禅，喜在屋舍内一味打坐，却不知先有行而后坐，一钵千家饭，孤僧万里行。永嘉禅师说：行亦禅，坐亦禅，语默动静体安然。故唯在自然中，独处日月下，一心望山峰，胜过坐七日。

《回乡后的话题》题记

　　车轮滚滚，不能永远在路上，到达目的地才是奔波的最好结局；希望满满，不能永远在梦中，建设理想国才是拼搏的最终结果。工业化的建设不会带给乡村美丽的风景线，只会留下无法挽回生态的生产线。回乡建设新农村，是这一代乡亲们的最后机会。

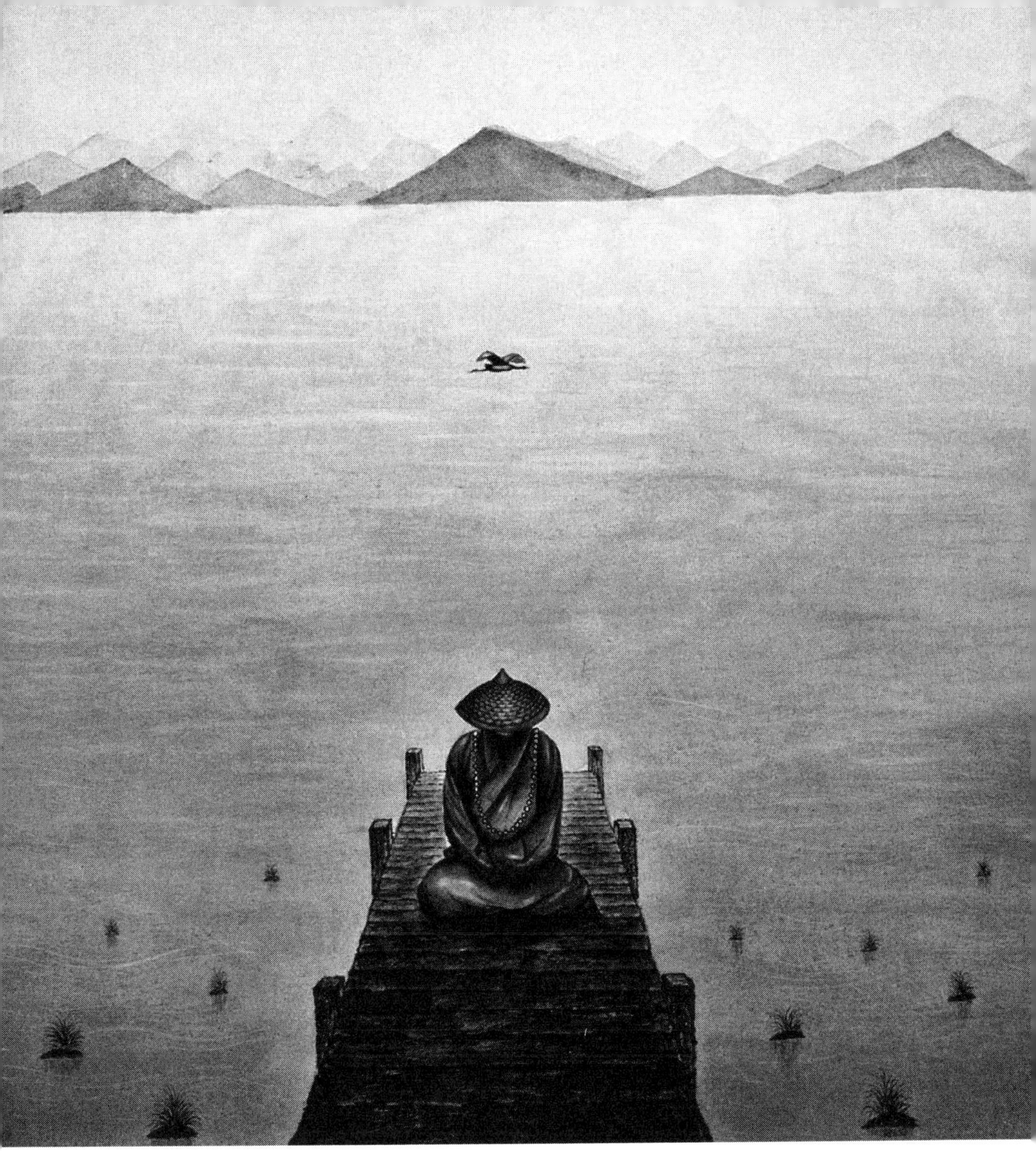

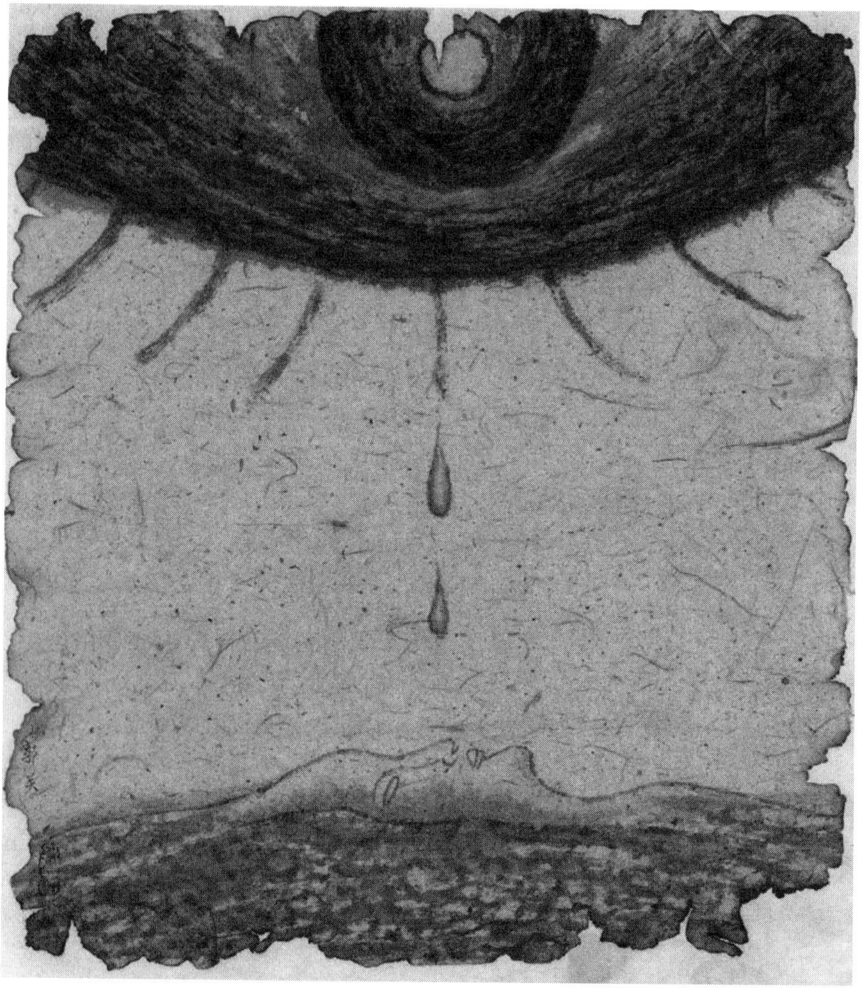

艺术篇

20. 艺术

　　国家昌盛、佛教兴盛、艺术繁盛,这三者向来是紧密联系在一起的,一个时代的强盛,必然会在佛教与艺术领域留下众多宝贵的文化遗产。在饱经风霜之后,中国人终于可以在安宁的时光中打磨出最精湛的艺术精品,把最精彩的作品供奉给伟大的佛陀。

《中国当代佛教艺术展即将开幕》题记

　　如果艺术高高在上,那么愿意接近她的人就会逐渐失去信心;而倘若艺术可以融入生活,成为生活的一部分,那么,即便是土豪也有机会去亲近她,并最终爱上她,在提升生活品位的同时,让艺术焕发出新的魅力和活力。

《贝乐思之家,住到美术馆去!》题记

　　艺术因信仰而变得神圣,更因宗教而千古流传;佛教因艺术而显出境界,更因雕刻而千古不灭。珠联璧合,相得益彰,数艺术与佛教最为亲密。

《丹布拉佛窟,斯里兰卡的国宝》题记

《何哲生油画（风景）欣赏》题记	王国维说"一切景语皆情语"，文学家如此，艺术家亦然。借景抒情、寓情于景，是作者把所要抒发的感情寄寓在此景此物中，使情景交融，浑然一体。只有真正对大自然和故土怀有深厚感情的人，才能描述精妙，描绘精准，才能以景感人，以情动人。
《为失联的中国书画家及家属祈愿！》题记	生命无常，让我们把美好生命中的每一天都当作最后一天去珍惜；艺术无上，让我们将美好艺术里的每一感皆视作最佳心情来体悟。祈愿每一个灵魂都得以安住！
《朱瑚钢笔画：丹青不知老将至》题记	艺术人生，总是伴有绚丽的色彩和快乐的时光，于淡泊中悠然自醒，于宁静中怡然自得。琴棋书画，不仅能够陶冶情趣，而且可以延年益寿，与其在红尘中锱铢必较，不如在斗室间挥斥方遒，让时光因我流逝！
《姚建萍苏绣上市作品：〈富春山居图〉合璧卷》题记	当战争让一个民族隔岸相望时，文化可以让同胞骨肉相守，艺术则是寄托相思的最佳方式。曾经完整的《富春山居图》，从她分身两处那一刻开始，成全其合璧如初的美好愿望便已经形成。艺术品可以合璧，民族力终究也可以合为。
《山王美术馆，大阪私立美术馆》题记	日本的美术馆已经从国立为主转向私立为多，从大型转向专题，从街面转向楼内，呈现出丰富

多彩、不拘一格的形态。人们可以在不经意中接受美术教育和艺术熏陶，让思维活跃起来，让生活绚丽起来。

一座伟大的城市如果没有传世的艺术家和文学家可以同行，当那些高楼大厦终于轰然倒下时，除了废墟就再无可以记忆的内容。留住艺术家的灵魂，才能保住一座城市的精神。

《陈逸鸣：陈逸飞的田子坊情结》题记

美术教育，时常处于尴尬之中，不讲规律则无从施教，囿于规律则难以出新。能够在传承与创新中游刃有余、左右逢源的美术教授，必然功德无量，帮助学生在夯实了基础之上的创作，才不会成为无源之水和无本之木。

《周闻山水画，在传承中创新》题记

想象的天地比宇宙还大，是我们自己把想象装进了盒子，一个仅靠四肢就可以触及的空间。艺术家的作用就是要打开这个自设的盒子，让我们可以看到盒子外的世界。

《众口评说徐柯生和他的作品》题记

国与国之间的接触，无外乎三种形式：一为争权而军事侵入，二为夺利而经济介入，三为互学而文化流入，唯后者皆大欢喜，无上荣光，上不失先祖颜面，下可得子孙赞颂，此形式可谓多多益善，相得益彰。

《传世杰作，法国十幅名家油画亮相北京》题记

《面对彭丽媛，陈韡代表民间艺术家献艺》题记	处于都市中央的艺术家，通常细分、专一、排他；与之相反的，根植于民间的艺术家往往显得开放、跨界、融合，这种兼容并蓄产生的艺术形式常常是唯一的、创新的和前沿的，这种现象很值得追踪细究。
《徐柯生雕塑作品，现实与浪漫》题记	艺术在变与不变之间寻找平衡，变是创新，但不能失去根基；不变是抗拒，但不能留在过去。只有异想天开的艺术家才敢于突破思维的桎梏，为人们贡献耳目一新的新艺术形式和作品。
《姚建萍苏绣（风景）欣赏》题记	最美要数大自然。艺术家须"吸天地之灵气、汲日月之精华"，方得美术之妙法、艺术之灵感。所谓"格物致知"，便是"师法自然"，便是天人合一，艺术家只有感悟到了天地与日月的光芒之气，才能抓住和表现出美好事物的光彩之处。
《杨兴雅画花仙》题记	东西方对美好事物与美丽形象的追求，虽有风格与风情上的差异，但真正美好的对象总能给人带来愉悦感受，即便不能拥有，也无碍青睐有加。一幅艺术作品的价值与价格，往往看有多少人愿意为之倾倒、为之解囊，如果是人人趋之若鹜，则一定是价值连城。
《解读徐茂平与他的抽象画》题记	抽象是对具象的反叛。在习惯了具象表达之后，人们常常对抽象概念无法接受，其实，世界

与人类都是在混沌世界中产生。混沌，是一切具象的本性，也是抽象的原点；抽象是对混沌的再现，有时则是对未知世界的超前想象。

海派艺术是一种多元的文化形态，虽然诞生于上海，但并不只属于上海人。来自四面八方的艺术家一旦选择生活在上海，就开始为海派艺术的传承与发展提供起养分，并在这块神奇的土地上汲取自己生长所需要的能量。

《汪亚尘，田子坊的原住民》题记

田子坊的画家是一个庞大的、流动的群体，田子坊属于每一个来过这里的画家，又不属于单一的画家。画家们的来来往往，才成就了田子坊时下的影响；画家们的进进出出，才演绎出如今的精彩。

《田子坊画家集体相》题记

文学与绘画、作家与画家，可以实现高度的融合与统一，这是一件十分美妙的事情。其实，这样的融合在一千多年前的唐代就已经出现过一次高峰，许多诗人是画家，许多画家是诗人，他们用文字、用图像描绘着心中的境界，王维便是他们中的杰出代表。

《读高行健的水墨画》题记

佛教对文化艺术的贡献，以一种不争的事实静静地流淌在华夏文明的发展进程之中。不争，既是不争辩、不争功；也是不必争、不想争。当你

《佛教，艺术的题材与养料》题记

走向一个个名胜古迹时,最不能绕开的便是佛教寺院,它像一座座活着的博物馆,把你带到祖先生活过的场景之中。

艺术的门类丰富多彩,有的人长袖善舞,擅长在跨界中突破;有的人孜孜矻矻,愿意在独门里创新,他们通常都很清楚自己最适宜走怎样的道路,在这样的选择中没有错对,只有合适;没有好坏,只有精准。画家只有用自己的坚守,才能换回可贵的尊敬。

《由曙亮水彩画照亮你的心花》题记

21. 绘画

　　文字过三世不灭，则有千年不朽之运；绘画过三代不毁，则有百年不腐之命。若文字与绘画相伴相生，相得益彰，长年受到青睐，则必然世代相传，自然留存。

《〈朱新昌聊斋绘本〉绘画全集（上）》题记

　　"外师造化，中得心源"，中国山水画重在画家与山水的感应，意境高于笔墨，气势重于细节，眼中有山不算山，心中有山才有山。山大，不如心大；山高，不如志高；水涌，不及思涌；水漫，不及才漫。

《孙信一的山水画》题记

　　中国画史上有"马一角""夏半边"的说法，两位南宋画家，一是马远，一是夏圭，他们的作品多取寥寥一角，树取一枝，石取一角，溪出一湾，用笔简率，又在简率中透露出清旷之旨，从一角而至广袤，由有限而至无限，体现出以小见大的禅家智慧。

《依空法师禅意书画》题记

《蒯惠中笔下的山水画》题记	道法自然，师法山水。中国人擅长用自己的文笔和画笔抒发崇尚自然的心声，在城市化进程中，这样的情怀不仅没有消失，而且是更加浓烈。当身离开土地时，心却留给了山水。
《周尚文的山水画》题记	中国画家采山水之本，西洋画家取风景之源。前者重于意境，融个人于天地之间，道法自然，返璞归真；后者在乎光影，绘角色于环境之中，营造气氛，突出效果。出色的山水画画家，必须将自己融化于自然中，在天地间汲取精华。
《何亚萍画风景》题记	天人合一，人本该生长在风景中，生活在田野里。为了生存,许多人不得不背井离乡来到城市，以为这是人生的目标与终点，却不知如同迷路的羔羊，再也找不到回家的路。优秀的风景画，让人想起了遥远的故乡、温馨的家园。
《旅美画家黄薇的山水气韵》题记	以中国画意蕴为灵魂，融入西画的艳丽色彩，以国画的气韵生动，去再现大自然的荒芜与恢弘，是许多中国画家一再尝试的课题，但能够产生惊心动魄般气势的作品并不多见，这样的命题正等待更多的画家参与，以撞击出东西方绘画交汇后的最高浪潮。
《朱新龙的人物画艺术》题记	人物画并非只画人不画物，而是通过人这个主体，反映一个时代一个地区体现在人身上的历

史、故事、风情、民俗等重要元素与内容。因此，要求画家熟悉历史、热爱生活、创造情节，让人们可以走进画面，感受不同时空中的精彩与色彩。

"居善地，心善渊。一个心净的人，到哪里都是净土。"画家用自己的妙笔，努力画出心中的净土。与西方的教堂一样，东方的寺庙同样承载着传播文化与艺术的重任，宗教建筑中的壁画便是古今都认可的传播载体，因此留下了许多珍贵的世界文化遗产。

《苏法融丹青妙绘 和雅众生》题记

在惊叹敦煌艺术之时，人们不禁要问，这些杰作究竟出自何人之手，为何没留下任何线索，若在欧洲，画家得到的荣耀一定可与米开朗琪罗、达·芬奇比肩。中国有一流的艺术，却失去了一流艺术家的传承，隔几代都要从头开始，这是低效率的发展过程。

《张大千临摹高窟佛像》题记

观音以三十三化身普度众生，呈千姿百态，含千辛万苦，至千家万户，只待世人观像一拜，感念佛恩，若能弘道，让更多苦难中人见后受惠，则能福慧骈臻，功德圆满。

《程宗元恭绘〈三十三观音图〉》题记

观观音法相，闻闻思法门。人们喜欢观音，常拜观音画像，是因为看到观音像，即能生出：庄严清净欢喜心，心心相应菩提心。每天三拜观音像，

《程宗元，观音画像第一圣手》题记

	学习观音菩萨"闻思、修证"之观音法门，定能平安吉祥，得大自在。
《程宗元观音图的艺术风格》题记	观音菩萨是佛教中慈悲和智慧的象征，历朝名画中存有不少先圣先贤所绘观音宝相，如何承上启下，一如既往地弘扬观音精神，是当下画界佛弟子需勤勉求索的课题。
《流失在境外的中国罗汉图精品（上）》题记	罗汉形象自古印度传入华夏后，逐渐中国化，从十六罗汉到十八罗汉，再到五百罗汉，成为汉地佛教中重要的造像内容。人们赋予罗汉新的内涵，并形成共识：罗汉可以助人除去烦恼、可以接受天地间人天供养、可以让人不再受轮回之苦。
《流失在境外的中国罗汉图精品（下）》题记	画罗汉像，表明对罗汉的敬重。丰富的罗汉形象，几乎囊括人间百态，含有杀贼、无生、应供等义。杀贼是杀尽烦恼之贼，无生是解脱生死不受后有，应供是应受天上人间的供养。如此，可以修证最高的果位。
《程宗元画孔子：骨法用笔 以形写神》题记	画像相似为下，形似为中，神似为上。画肖像前，优秀的画家一定希望可以与对象人物进行透彻交流，从语言的互动到思想的沟通，旨在捕捉到对象人物的精气神所在，达到以形写神的最高境界。

女人是艺术的永恒题材。当西方人在两千多年前的印度佛教寺庙遗迹里看到裸体女人的"三曲之美"时，不禁失色惊叹：东方人其实更懂女人的艺术美。

《徐柯生白描女人》题记

文人画受道禅哲学影响明显，之后又融入理学思想，它是中国传统文化一个极为重要的载体与形态，其所创造出来的境界也是中国式智慧的"莲花落了吗？"老师回答："莲花并没有落。"

《文人画的真性问题》题记

中国山水画之所以经久不衰，就在于山水画承载着士大夫特有的人文情怀，崇尚"遁世不见知而不悔，唯圣者能之"般的孤傲，道法自然以求放空世欲，天人合一以得逍遥安住。

《杨怀琰山水画，集自然高古之美》题记

人上一百，形形式式；人上五百，千奇百怪。中国人以自己的智慧创造出了五百罗汉的形象，让他们担当起除魔驱邪、济世扶弱、康健吉祥、匡扶正义的责任。每一尊罗汉都代表着一种正念，并抵制着一种邪念，弘扬罗汉精神，可以清除毒霾，祈福众生。

《杨兴雅画罗汉，愿"正念"放光芒》题记

当画菩萨时，你就是菩萨；当画佛时，你已经是佛。以这样的视角与胸怀观察世界的本性实相，审视众生的本来面目，把创作提升为一种修练，把绘画归并成一种法门，可谓是佛教造像艺术中

《朱若愚画十八罗汉》题记

的至善境界。画家是幸福的，他们往往拥有心想事成般的神通。

孤峰独坐，心若山刚；子影吟风，山若心柔；刚柔相济，坚不可摧。把山水藏进心田，才有好的风景；把风景揉入情感，才有好的意境。杰出的画家不画山水，不画风景，只表现他们对于山水的眷恋和对于风景的情感，只是观画者遂意看到了他们画的山与景。

《与山为友　画之心山》题记

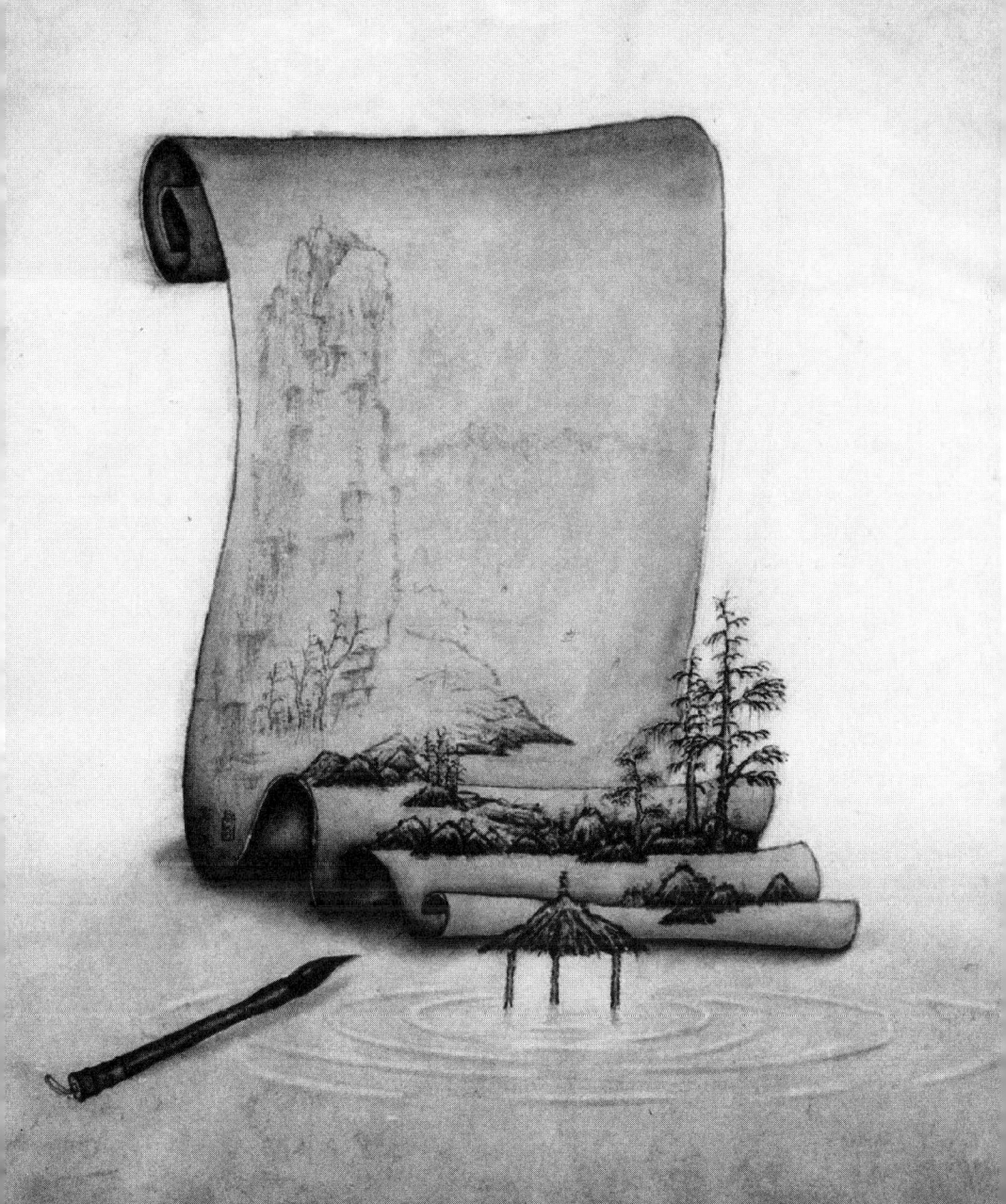

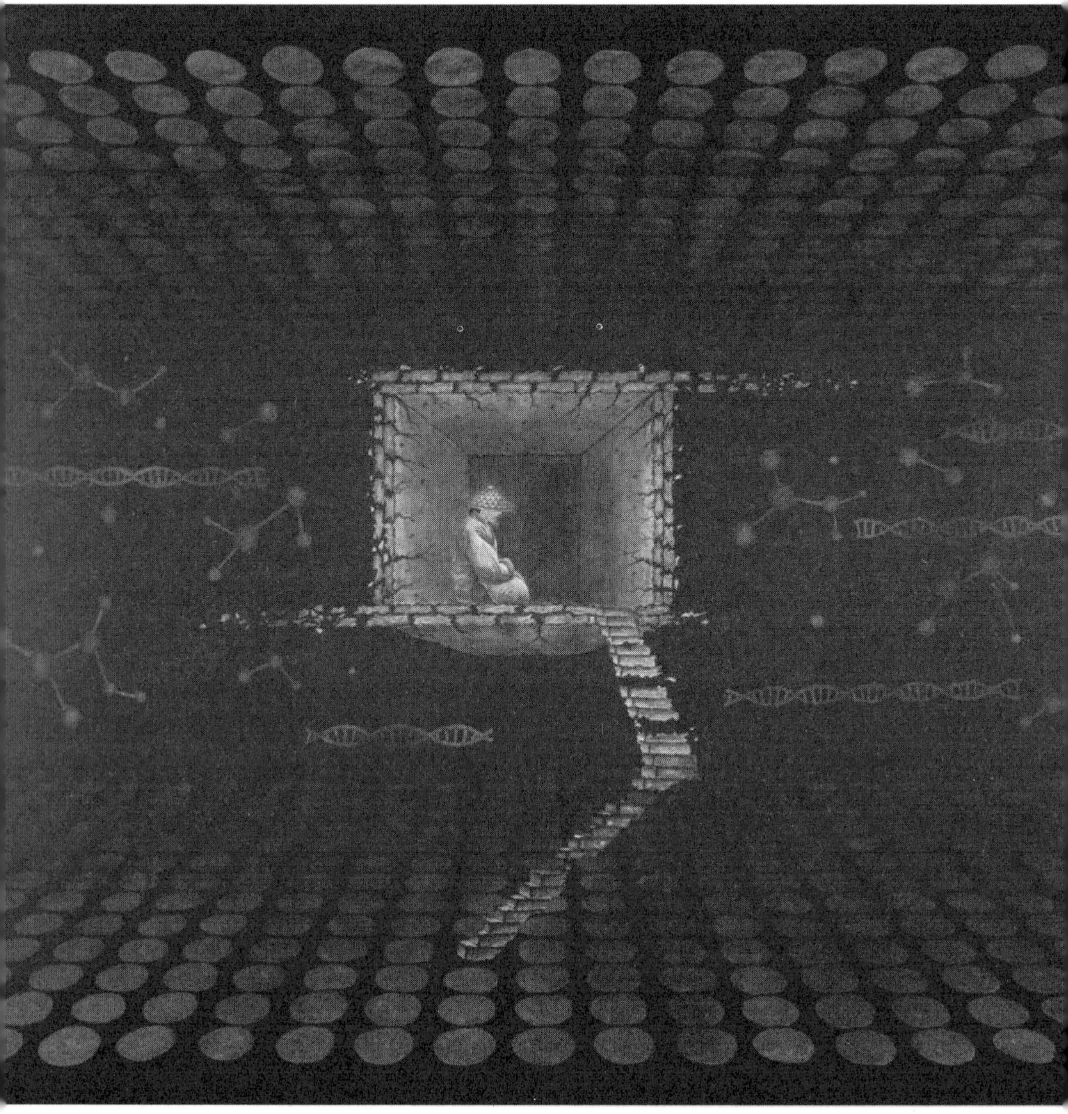

22. 技法

中国画中的传世杰作给予今人的启示不只在于审美上的愉悦，更多是传达了一种民族的人文气息，在告诉人们祖先曾经达到过的审美高度外，更让子孙铭记东方至善之美的自信心不可遗失，在主脉上传承与创新，才能获得新的超越，才能获得世界的肯定。

《姚建萍苏绣（古画）欣赏》题记

中国画有一种隽永之美，宣纸上的简单勾画就可以再现深沉幽远之境，意味深长之情。有时如七弦古琴的低低倾诉、如吴音侬语的绵绵温柔，有时又如朔风胡马的悲壮，如大漠风沙的豪迈，这一切都在于画家用心作画，而不仅仅是用笔作画的结果。

《醉心于花鸟的画家刘砚平》题记

中国画家常常把画荷视为训练画功的主要题材，有时会出现以画荷与人一比高低的现象，相互间有较劲的意味。看中国人的荷画，能看出中国画的发展轨迹和最新思潮。

《清代名家画荷》题记

《朱新龙国画，风姿娴雅得安详》题记	中国画，有前人的高度和今人的宽度横亘于道，让每一个画家都不敢轻举妄动。你若能偶遇擅长游刃期间，驾轻就熟地调制色彩和勾勒线条的画家，并欣赏到真正的佳作，想必这是上苍赐予你的厚礼。
《项春生的油画语言》题记	国画重在笔墨，油画重在语言。油画语言是一种高于色彩的东西，色彩是技术的，语言才是艺术的，技术为艺术服务，才能创造出有思想的油画作品。只有掌握了属于自己语言符号的油画作者，才能真正从画师升华到画家的层面。
《叶澜画荷（水墨）》题记	水墨相融未必是画，笔纸相加未必是图，画由手出，图由心生。陌生人看生动，知心者识心思。
《法国画家的"水墨禅画"》题记	水墨的意境，打开了想象的阀域，只需简单的墨色与笔触，就可以把人们心目中至善的禅境表现出来。中国人创造了水墨画，西方人发现了水墨画，水墨已成为最代表中国元素的世界绘画语言，难怪欧美人对此青睐有加，孜孜以求，以为我用。
《由曙亮的水彩画，饱含乡土气息》题记	水彩画发轫于西洋，却同样适宜表达东方的景致，特别是有水有山的地方，用水彩描绘，有着别样的韵味。当一个画家找到了最适合自己的表达方式后，一定会青睐有加。

人面表情之丰富，如同世上没有一模一样的树叶，而敢于直面表情者，若无扎实功底，料不会轻举妄动。所谓众生之相，其实就是众多面容之相，相由心生，画好面相，不仅指面部刻画到位，还要让描绘对象的心绪自然流露。

《何哲生油画（人物）欣赏》题记

把具象的荷花，表现出意象的感觉，在于给欣赏者留下想象的空间。让一抹淡淡的记忆重新揉进浓浓的情感，把当下的精彩持续更久。

《陶俊画荷（油画）》题记

花鸟画在中国画系中一直是一个重要的题材与门类，文人画中画花画鸟也占了相当比重。所谓一花一世界，一鸟一自然，寥寥数笔，就可以勾画出大千世界的自然生态，实在是画家妙笔生花的结果。用水墨的笔触画花鸟，一虚一实，一动一静，妙在意趣。

《刘伟光的水墨花鸟》题记

用油画表现佛教人物形象，在近十多年成为画家一种纷纷尝试的探索行为，这是在传统的中国画，特别是工笔画之外呈现出来的新趋势。比之西方古典油画主要表现宗教主题的分量，佛教油画的积累过程还需要一些时日，但相信最终一定会产生传世之作。

《曾浩油画佛教人物》题记

当油画成为精神生活要素之一时，任何一项西方美术大展都可能撞击出中国人拥抱艺术的激

《今秋头等大事：看印象派原作》题记

情，在这场"盛装舞会"中，谁将是真正的主角，谁又是缺席者呢？是你吗？！

《清宫意大利画家郎世宁作品欣赏》题记

宫廷画代表了一个时期皇亲贵族的审美情趣，在表现方式和绘画技巧上或有不断的推陈出新，但其能够表达的主题依然是最自然、最人文、最接地气的那些事儿，毕竟贵族的衣食住行还是那些套套，不过是把精致推到了极致而已。

《中国发行〈唐卡〉邮票及小型张》题记

唐卡艺术备受全球艺术爱好者和佛教信徒的喜欢，但唐卡艺术家的知名度却一直较低，这种情形与西方宗教题材油画家的知名度相比可谓天差地别，这让唐卡艺术与藏传佛教、西藏高原一样，成为神秘玄奥疆域。

《故宫博物院的佛造像（4）》题记

早在松赞干布时期，作为一种新颖绘画艺术，唐卡便以鲜明民族特点、浓郁宗教色彩和独特艺术风格，被藏族人民视为珍宝。每当重大节日，把最精华的艺术与最智慧的佛教相结合，贡献给最高统治者，成为藏族僧俗两众的惯例。

《张安朴钢笔水彩画欣赏》题记

艺术创新，常始于一个微小的突破，却能产生巨大的力量。钢笔画属于硬笔画，水彩画则是用软笔作画，当把这两种画融合在一起时，自然产生出独特的视觉冲击力，尽管一时对其无法准确命名，但创新的力量已经透过纸背，直入人心。

宋人的简约与淡雅，创造了一种精美到极致的绘画形式，这是经过唐及其之前汉地文化充分积累后的审美感悟，之后则在元清游牧文明的严重冲击下，绘画趋向艳丽与造作，终于使得中国失去了在世界范围内引领美学风尚的资格。

《精美绝伦的宋画小品》题记

赵无极说："绘画的倾向是自己需要，是一种本身的需要，内心的需要。"若一个人只是把绘画看作是谋生的手段，或者是获取名利的捷径，那么他是无法进入忘我状态，更难以达到无我境界的。从自我、到忘我、再到无我，是画家最终走向杰出的必经之路。

《一位安于纪实与见素抱朴的画家》题记

花卉之美，是天然的造化；绘画之美，是灵性的升华。当自然之美与创作之美叠加在一起时，就更容易创造出一种全新的跨界之美。将插花绘画成美图，将美图演变为插花，便是匠心独具的创新，如果有更多这样的结合，相信我们的眼睛会得到最大的福报。

《插花手绘书 美得心发慌》题记

一生专攻一项，攻到术如其人，其人如画，便是一种境界。若能人术一体，或者人画一如，画画讲究，做人也讲究，便是一种真正的修行。这种修行，不在于其信仰如何，而在于其本身就是一个楷模，就是一种表率，甚至就是一个时代里的特有象征与符号。

《连环画一代宗师贺友直辞世！》题记

《心如工画师，能画种种物》题记

　　每个人心中都有一幅关于这个世界的图像，以及自己希冀看到的世界形象，只是许多人无法准确地把它表达出来，艺术家则能够将弱化的图像重新染上重彩，通过具象或抽象的图像在现实中寻找共鸣。每个个体都是独一无二的，但总能遇到心心相印的人。

《张大千画荷》题记

　　历代画家喜爱荷花题材，创作了众多佳作。梁元帝萧绎《芙蓉醮鼎图》是有文献记载的最早荷花画作，宋代院体画家所作的《出水芙蓉图》则是现存最早的荷花绘画。张大千师古不泥古，自出机杼，敦煌归来，其荷画为之一变，明艳中现拙厚，清新中见精神。

23. 画家

  一部美术史，就是一部画家史。在探讨美术作品的现实意义与历史价值时，一定不能忽略画家的生活经历与心路历程，记录下他们的言论、笔记、影视、声音，以及爱好与情感世界，都将成为美术史中的重要篇章。

《蔡斯民：当代中国画名家像传》题记

  藏民与藏区，是画家乐于描绘的对象。一方面，藏民虔诚的宗教信仰足以感动到接近他们的每一个人；另一方面，藏区所表现出来的强烈民族特色与色彩构图足以让画家情不自禁地想表现这些画面。当画家因为画藏民而一举成名时，应该思考如何去贡献更多爱心。

《高迎春画藏民》题记

  人人有佛性，是佛祖释迦牟尼对芸芸众生的最高礼赞，使大千世界中忙碌的人们看到了导向从善、止恶、利他的明灯，画家用自己的画笔绘出了一个恢弘的图像。

《朱淼永的千佛系列：祥瑞之美》题记

《当代名家画荷》题记	有艺术标杆竖在那里，画家能够达到原有的高度，便是一种出色表现，若能超越，则肯定可以在美术史上留下属于自己的一页。
《张大千临摹敦煌壁画记》题记	一项"唤起中国文艺的复兴"的举动，竟然始于一个画家的个人努力。尽管如此，对于这样的个人行为仍然毁誉参半。试问，中国的文艺真的已经复兴了吗？
《德林百岁，金焰献画》题记	发心做事，念起容易，做成则难。百里之行，启步不难，达到不易。用笔可以用文字记述历史，用笔还可以色彩记载时代。
《高迎春画风景》题记	艺术家总是在变与不变之间寻找新的平衡。变在于创新，不变在于传承；变在于突破，不变在于坚守；变在于超越，不变在于初心。当艺术家找到了属于自己的平衡点，也就找到了自己的价值重心，这一重心也将成为艺术光芒的焦点。
《刘伟光画淹城》题记	历史，风雨沧桑之后，留下的莫非国土；江南，绿瘦红肥之下，印下的不过梦境。流逝的本来已经失去，还好世上有画家，把记忆定格在一个个瞬间，可以重新激起大脑深处尚存的那点印象，让梦幻再现，让历史不失。

古时画家，大凡书画兼通，诗词能作，歌赋会吟，可谓一通百通；今时艺人，大多专攻一项，邯郸学步，亦步亦趋，常见一窍不通。偶见例外，当格外珍重，如今能作赋吟诗者少之又少，不妨乐见其成，再兴旧体诗赋。

《刘华龙作《禅博园赋》》题记

在传统与当代之间穿梭，不仅靠功力，更要靠脑力。赏荷花，依心情而变；赏荷画，随画家而行。

《王耀华画荷》题记

云山入画，画入山云。西洋有风景画，中国有山水画，中国画家更擅长道法自然，搜尽奇峰打草稿，聚合湖山绘丹青。

《蒯惠中画太湖山水》题记

画人物者大多亦擅山水，反之，画山水者少见兼绘人物，这在一定程度上展现出画家的视野宽度和创作深度。要创作有力度的作品，必须在人物、山水、花卉、动物等方面都有所兼顾与涉及，一个画家的功力如何，盖能从中一窥。

《朱新龙山水画，尽收大千好风光》题记

画家不能只以笔画画，还必须用心绘画，心净画纯，心静画洁，心诚画实。如果画家有着强烈的信仰支撑，那么画魂随之而来，画气自然而顺，画意跃然纸上。用心画画，画出真心，感动到欣赏者的不仅是画，还有画家本身。

《参禅画心林良丰》题记

《何亚萍油画女孩》题记	艺术源自生活，艺术是对美好生活的高度概括。有什么视界的画家，就能画出什么样的世界。予人美好者，心境必美好。
《张安朴画出崇明的精彩》题记	心地善良的人，看到的都是充满阳光、风景如画的世界，如果这样的人恰恰是一位艺术家，那么他的每一幅作品都会无愧于"美术"这两个字。当"丑术"充斥市场的时候，人们更渴望得到"美术"带给自己的心灵抚慰。
《张万凌画西北老汉》题记	在没有精彩的地方，往往最精彩。关键在于此时此地有没有一双发现精彩的眼睛。
《美哉，朱瑚水彩画》题记	心中爱美，笔下才会美；心中藏丑，笔下自然丑。美术之人，心美第一，眼美其次，笔美再次，若不能给人以美的享受，术高更害人、术大必欺世。欺世盗名者能过一时，不能过一世。
《侯智文画风景》题记	风景无处不在视界之中，风景无时不在变幻之中。四季更替、光影变化、建筑点缀、过客匆匆，都逃不脱一个优秀画家捕捉美好瞬间的眼睛。画家乐于分享美感，于是便有了更多定格了的美好绘画景色。
《英小乐创作笔记》题记	画家用画笔描绘的不仅仅是美学意义上的视觉效果，而且还有自己对于世界的认识与愿景，

如果既用颜料，又用文字记录下当时的心情，可以帮助欣赏者更多了解画家的用心与用意。

  大家之作，悦目大家；小家之作，不出小家。无论中国画，还是西洋画，佳作坏画，好画家差画匠，时间都是最好的鉴定师，它最终会告诉人们，谁是大师，谁是小丑。

《端午节赏〈午瑞图〉》题记

  用画笔和色彩记录一时一刻的心情，这是一种奢侈且高贵的生活方式，只有驾驭得了笔触和沉淀了涵养的人才有资格拥有这样的生活。

《英小乐自说自画》题记

  画家的视野应该是开阔的，即便没有国际视野，也必须有国家意识。在国家意识中，对家乡的思念与热爱应该占有相当的位置。从家乡出发，走向外乡的画家，反而更容易产生对家乡的眷恋。

《刘伟光画京杭大运河》题记

  一个用心去感应、体悟、神领艺术意境的画家，其作品必然"画如其人，人品如画"。在中国文人画中人们看到的不仅是线条、笔墨、彩色与构图，还能看到轻名淡利的文人品格、谦虚达观的处世态度、兼融诸家的传统功力，以及立法求变的创新精神。

《朱瑚国画作品欣赏》题记

  成功的艺术家都有着与众不同的一面，其兴趣或许炽热得让自己无法放弃，其勤奋或许刻苦

《陈逸飞早期素描作品首度发布》题记

	得让人们啧啧称奇，其天赋或许启蒙得让英才适逢其时。补上翅膀，你也可以飞！
《张宝成谈山水画创作》题记	画家的思想，不仅要反映在画面上，还应表达在纸面上，努力记录在案。过去的名家大师都勤于笔头，一支毛笔，既绘丹青，又作诗文，终可著作等身。如今画家，大多图文分家，往一根道上走下去，却没了内在目标。好在万事都有例外，便显得格外珍贵。
《齐白石绘画过程实像》题记	大师称号，本来是一个崇高的追认，是盖棺定论式的加冕。如今太多的人迫不及待给自己加上大师封号，就像一个个幽灵满街乱窜，弄得真假不辨，正邪不明，死活不清。真正的大师，百年出一位，如果轮到一年出百位，那就是假货泛滥了。
《张克伟：用画笔向真大师致敬！》题记	大师是一个民族的灵魂，是一个时代的高地，是一个社会的航标。深切怀念逝去的大师，意味着大师精神已经离我们远去。呐喊吧，让大师精神早日归来！
《蒯惠中：用水墨向素宣倾诉》题记	木匠出身的齐白石是在几百万民间艺人的"群众基础"上涌现出来的杰出艺术大师。昔日可，今日又何尝不可？在各地普遍重视文化产业，书画市场愈发兴旺的当下，"群众基础"自然越来越

扎实，在沙里淘金中，自有金石为开的那一天、那一人！

一个人的离去，让人看到了"物以类聚，人以群分"的力量，更让人感受到了"惺惺相惜"的美德。人的伟大不在于诋毁别人，而在于提携他人。

《朱德群离世，艺术界痛悼！》题记

在当代艺术领域，少数人走在最前面，跟在后面的人总想赶上他们，却连他们的影子都找不到。更多的人在外围看热闹，瞎起哄，这喧嚣的声音早已盖过探索者孤寂的脚步声。

《美国学者评论雷振华绘画》题记

一个人的努力或许微不足道，一群人的摸索肯定意义非凡。当这个群体变得足够大时，其中一定会出现天才的光辉、展现艺术的光芒。

《雷振华大地系列作品欣赏》题记

画家进入工艺美术领域作尝试，是一种跨界的创新，这往往也是自我突破的内在诉求。反之，工艺美术人员却很难进入纯艺术的领域去作探索，因为他们只是画匠与画师，而不是画家。画家可以覆盖画师与画匠的领域，反之则不能。

《朱新龙的陶瓷作品》题记

身处转型时代的人大都疲于奔命，太多的诱惑让"聪明人"频繁出手，试图捕捉新机会。然后，"老实人"却甘于寂寞，只在自己最擅长的领域专注耕耘，最终他们成为真正的"聪明人"，收获到

《朱新昌国画，温馨甜美得宁静》题记

了累累硕果。

《杨兴雅山水油画：通灵慧雅 大象无形》题记

人们习惯用好与坏来评论一个画家的作品，而我更愿意用喜欢与不太喜欢来判断一个艺术家的创意。能够让自己感应到创作中的与众不同，便是发现了艺术家独树一帜的灵感；如果还能让自己感动，则一定是找对了与自己心灵相通的那个属于自己的艺术大师。

《张立涛绘画：从抽象到逸品》题记

在艺术领域，谈论专业似乎常常是一件让人感到滑稽的事，因为太专而可能沦为工匠。大凡大师级的艺术家都是从跨界中获得灵感，在人们耳熟能详的艺术表现之外，让人欣赏到与众不同的题材与风格，才能确立艺术家自己的历史地位。

《孟宪涛画马，超逸出尘》题记

以画某种动物立世的画家，于该动物本命年里受到追捧是十分自然的事情，如果在本命年之外仍然能够得到高度好评，才见画家的真正功力。当说起一种动物，大多数人都能想到一位画这种动物的画家，则是画家的真正成功。

《余秋雨三论韩煜书画》题记

真正的慧眼是发现了一个人，当下他不喧嚣，未来他不嚣张，尽管他很有张力，却一直低调处世。

《李明画江南水乡》题记

南方人到了北方，常常被广袤天地所震撼；北方人到了南方，往往为小桥流水所痴迷，他们各自在自己不熟悉的世界里发现了美。这种错位而产生的美，正是旅游和移居的魅力所在。于是，一个北方画家执意留在了南方。

艺术家的出色与否，并不是以体制内外作标签，而是以实力与创新说话。散养，往往意味着野生与活力；圈养，常常表现出屈从与依赖。向敢于对体制说"不"的艺术家致敬。

《应小杰：做自由画家的领跑人》题记

自由画家，本是艺术世界的主流，在中国却是被严重忽视的一批人。野生，但不乏生机；传承，却不差创新，多听听自由画家的声音，才有可能获得抛开了权势与名利之后真正的艺术体悟。

《江野画山水，话说山水画》题记

一个半路出家的人，往往要比一个半途而废的人，价值高过一百倍。

《尹东权画肖像速写》题记

艺术源自生活，离开生活的艺术是苍白无力的。如果野生的画家都不再去触摸生活的细节，不再于熟悉的环境中认真写生，不再去记录一个时代的痕迹，那么，人未亡，艺术已死。

《张乃贵写生乡村》题记

野生的才有旺盛的生命力。一个人宁野不屈，是需要勇气和实力作支撑的。

《江野画观音像》题记

《应小杰笔下中国的海》题记	在急躁与浮躁的年代里，任何一项坚持或许就能成就一个人的辉煌。自作聪明的人往往鄙视甘于忍受寂寞的人，但笑到最后的往往就是那些曾经被遗忘的人。
《金焰画鱼》题记	画家的创作题材本来并无限定，因偏好而多画了些同一题材作品，且画得比较出色，就会成一种风格和标识，让人想到他就知道他画过什么，或者看到一种题材就想到了他。
《何亚萍画〈赤壁之战〉》题记	战争让女人走开。如果战争让女人走来，自然就成了新闻。油画创作中战争题材向来被男人所独占，如今，有一个小女子却自愿担起大丈夫的责任，你是不是要给她一个敬礼呢？
《赵尔俊的众生视界（男子）》题记	看到一组画，你认定它不是东方人画的，认定它不是出自女士之手，而结果你却错了，对此你会有怎样的反应呢？记住她，并更多了解她！
《赵尔俊的众生视界（女子）》题记	你不能看到灵魂与思想，却能看到承载它们的躯体，一个优秀的画家可以让你透过充满张力与欲望的身躯，帮助你在读懂对象的同时也读出自己的本性。
《陶俊画人物》题记	不画领袖，因为你不是御用画家；不画仕女，因为你没有生活在古代。只画邻家女孩，只画弄

堂老伯，因为这就是你的生活。真正画好自己的生活，就足以成为一名出色的画家。

一种题材画的人多了，难免有模仿的痕迹，其实在到达一定高度之后，一个小小的突破或许就是一个大大的进步，只是容易被人忽视而已。因此，要么大胆创新，要么精益求精，否则画家难有成就。

《民国名家画荷》题记

画人物重在神气，画动物需要兼顾灵气与霸气。画小人物的画家多，画大动物的画家少，能够把猛兽画得活龙活现，让人叹为观止的画家更是少之又少。

《殷明尚画虎》题记

画家与画匠的区别，前者总在创作，后者总是临摹；艺术家与爱好者的区别，前者是多元跨界的，后者是单向偏爱的。能够成为优秀艺术家，其创新思想一定已经盖过了学院派所传授的那点技巧。

《金焰画人物》题记

有些人生来就是幸运的，尽管这种幸运需要背负压力，只许成功不能失败，让他们从一开始就要比其他人更用功，更刻苦地学习各种知识和技能。

《英小乐画荷》题记

纸上、布上、架上，都可以绘画，但作品的寿命总是让人不放心。千古以来，许多艺术家在石上、瓷上作画，就是希望时间能够最终记住他们。

《江野画荷（青花）》题记

《石奇人微画欣赏》题记	微画,是快节奏、浅阅读、高密度资讯时代出现的有趣现象,艺术式样以小见大,创作功底却以一窥十,人们于喜闻乐见中见识画家的真功力与创新力,这或将成为画家与大众近距离接触的一个全新渠道。
《张安朴画钢笔水彩》题记	一支钢笔,一盒颜料,就能把你见过的风景中最精彩的部分记录下来,那是绘画家们想要追求的最高境界。时过境不迁,感谢优秀画家把精彩永远留在我们眼前!
《应小杰微画:阿拉上海弄堂》题记	上海的弄堂,如北京的胡同,都深藏着一座城市特有的建筑风情与市井文化,在习惯了阳春白雪的描绘之后,把笔触对准下里巴人的生活场景,一样别有趣味。在杂乱、拥挤的环境中,找到想表达的对象,它考验着一个画家的眼力、活力与定力。
《应小杰:画家的围城情结》题记	每个人都生活在"围城"中,你追求的或许正是别人想摆脱的,你想离去的恰恰又是别人向往的。自由画家,有着自由跨界的优势,从一座城到另一座城,只有进入,却不必离开。

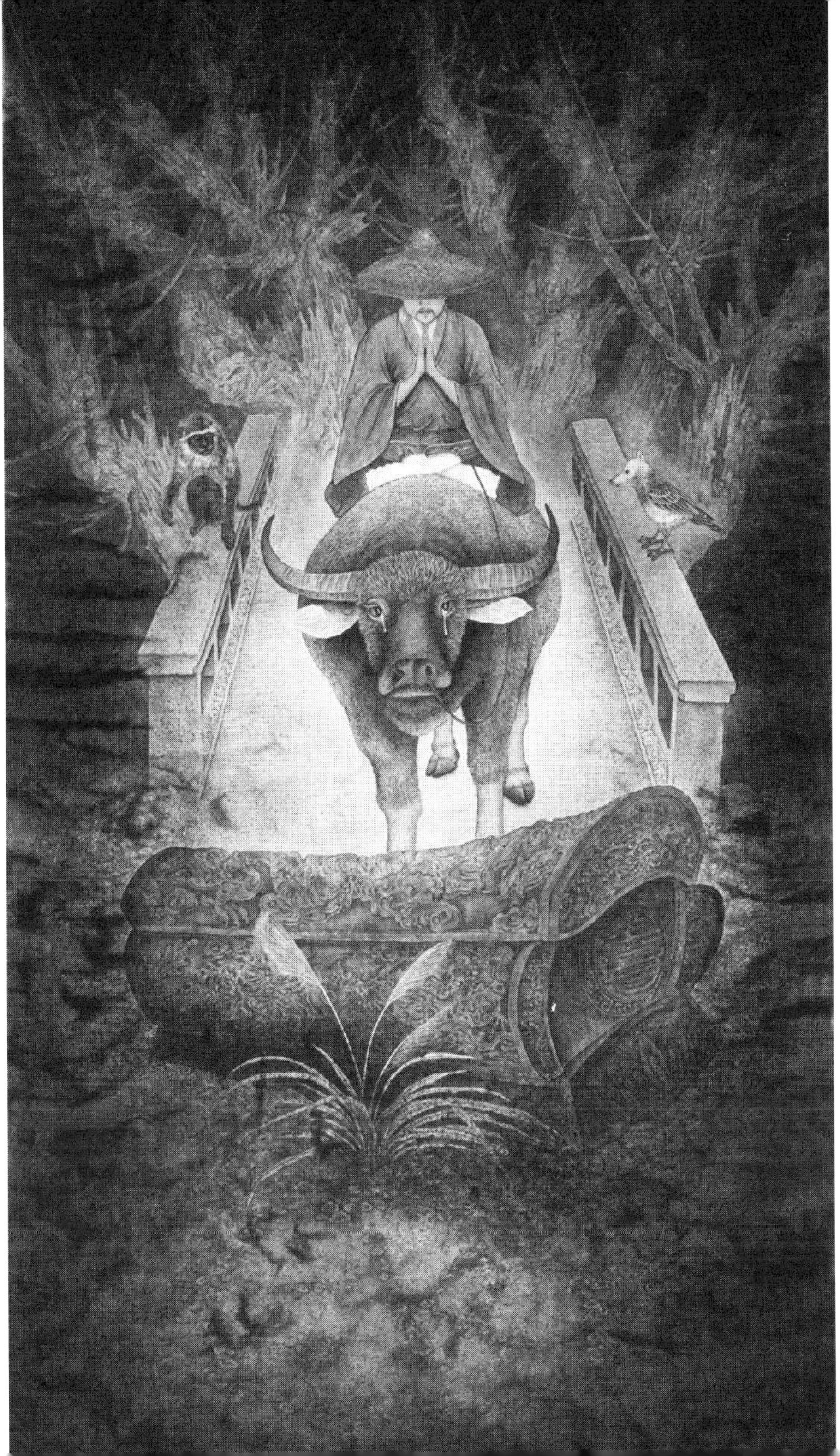

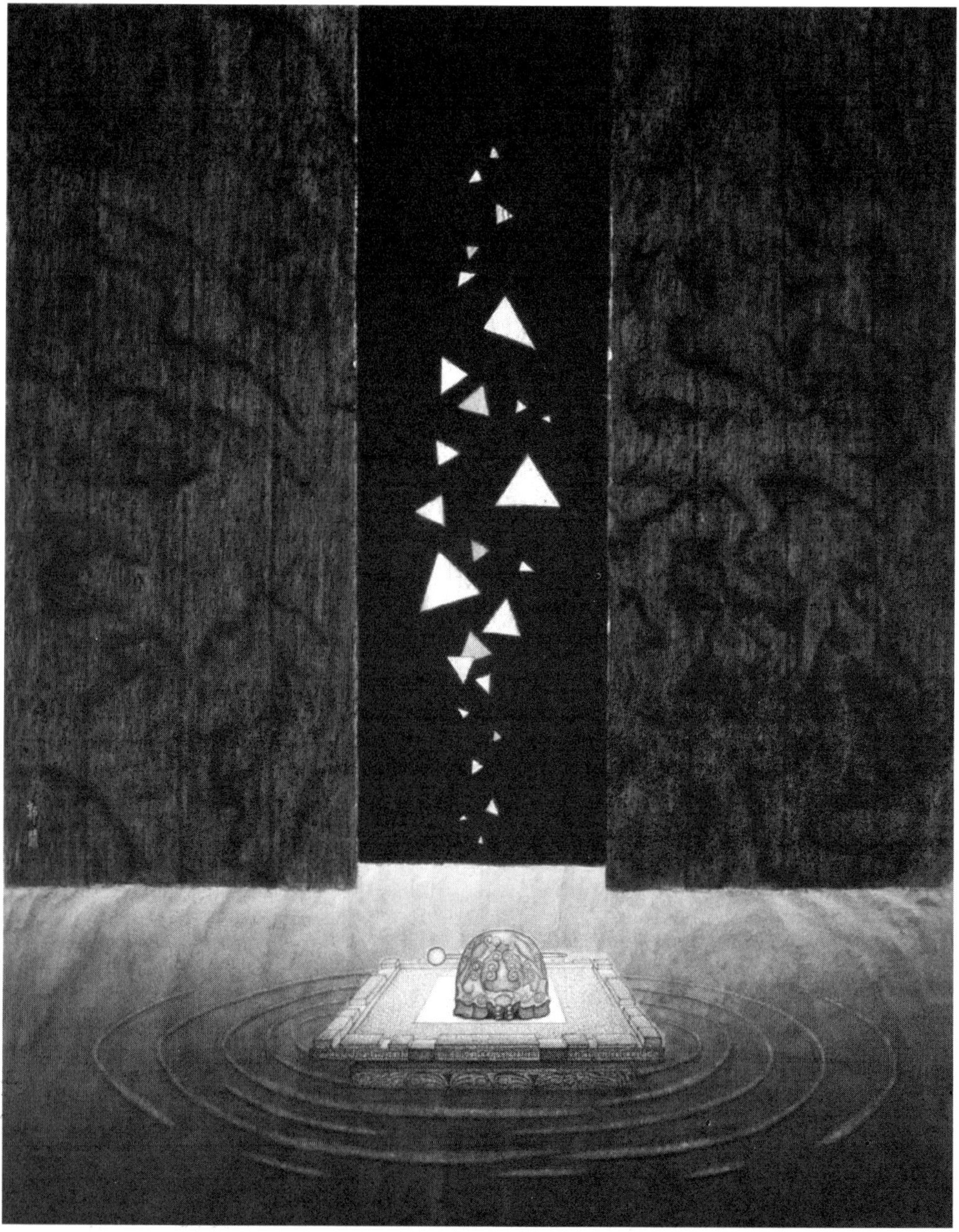

24. 雕塑

古人为塑造标准佛像，常用手指量度佛像各个部位的指数，舍利弗后来据此写成《佛说造像度量经》，成为一部关于佛教造像度量标准的经典著作。今人造像同样应该秉承崇敬、感恩、庄严之心，精心雕琢，用心刻画。

《米丈堂木作之释迦牟尼佛》题记

古代雕刻师无样本参照，塑造了精妙绝伦的庄严佛像，而今的工艺美术师面对精美图像，甚至精细实物，却无法还原佛性华光，其中重要一点是：古人虔诚礼佛，饱诵佛法，自然可以造就神态慈悲庄严的佛像；今人则以商品和工艺品对待，必然无法巧夺天工。

《宋元加彩木雕佛造像》题记

一座建筑不仅自身惊世骇俗，更以供奉的佛像让人过目不忘，这一供一藏，就是一千零一尊，且快要迎来千年纪念日。诞生之时，千年寿日，今人都无法见证，唯有今生可以在其像前虔诚一拜！

《三十三间堂，千尊千年千手观音》题记

《平等院，叹为观止的云中供养菩萨像》题记	一座全身内外都是国宝的寺院，五十二尊保存了一千年的云中供养菩萨像，更是呈现出极乐世界的种种瑞相，这对于研究和热爱佛教、建筑、艺术、文物和历史的人来说，一定没有抵抗之力，会不由自主地想去亲眼目睹一下。
《邮票上的石窟佛像》题记	亘古以来，先人相信：越是自然天成的材质，越能流传千古。于是，在偏僻遥远的石窟里留下了最美好的东西：佛教与艺术。
《云冈石窟，中国最具吸引力的地方》题记	记载历史，表达信仰，什么才是最好的媒介？在电子化的年代，答案却还是最老土的：用山用石用自然之物，仍然是最好的选择。它或许会慢慢风化，但它屹立在那里时，历史就在那里，信仰就在那里！
《李效成龙门造像记》题记	石窟，是古时最可靠的雕刻和保存佛像方式，历经千年虽有风化，但风采依旧。面对早已登峰造极的艺术形态，如何折射当下众生对佛像的诠释，以一种当代的绘画语言与色彩作尝试，或许是一种传承中的勇敢突破、膜拜下的至尊礼遇。
《深藏千年的青州佛像》题记	窖藏地层，洞藏峭壁，秘藏沙漠，都是一种别样的智慧。藏宝人不与具体的人对话，只与时间对话，风云变幻之后，总能迎来真正懂得宝藏价值的人。不需要知道你我是谁，只认准总有一

些人与自己一样，懂我所懂，信我所信，爱我所爱。

千年以上的佛像放在任何一个国家都会被奉为国宝，而在中国的百年多历史中却有着离奇的经历，在太平天国中被烧毁，在国内战争中被遗弃，在"文革"中被砸烂，在唯利是图年代又被盗窃掠夺，中华文化与国宝就这样一点点灭失，留下的却是更多贪婪与粗鄙。

《星云大师捐佛首 北齐佛像再合璧》题记

佛像进入拍卖行，是圣物还是文物？是商品还是艺术品？收藏佛像是好事还是坏事？诸多新问题迎面而来，如台风如旋风，无处躲，只能迎风而上。

《苏富比拍出鎏金佛像2.4亿港元》题记

中国图腾与神兽常常喻意深刻，数千年来受到先辈祖宗推崇，福佑华夏。带着强烈复古与推崇国粹的愿望，图腾与神兽重归中国人的生活，在全民补课中，我们再也不能以无知当作荣耀，以破旧代替传承。

《米丈堂貔貅：招财纳吉》题记

用一尊释迦牟尼佛像作为首都地标，昭示着一个佛教国家将佛法贯彻到治理国家理念中去，以及用全民幸福指数取代国民生产总值，用善念战胜一切贪念的坚定信念。

《释迦牟尼佛像，不丹首都新地标》题记

《首都博物馆的佛造像（上）》题记	佛造像既有佛陀像，也有菩萨像，造像虽在形体、容貌和姿仪上显出千姿百态，但都突出祥和、宁静、端祥、庄严的慈悲相。见像如见佛，拜像同拜佛。
《首都博物馆的佛造像（下）》题记	佛造像或清隽飘逸，或典雅端庄，或朴实自然，或雕饰华丽，蕴藏着丰富的历史与文化内涵，饱含着特有的审美情趣和艺术神韵，是供奉者信仰理想和恢宏目标的表现形式。
《故宫博物院的佛造像（1）》题记	故宫珍藏有佛教造像数万尊，为元明清三代宫廷铸造及蒙藏朝贡品，宫廷佛教造像的制作始于元而盛于清。故宫博物院成立后又新收藏一些精品，使这一主题的馆藏甚为丰富。
《故宫博物院的佛造像（2）》题记	明朝永乐皇帝朱棣，有着浓重的佛教情结，其敕令铸造的永乐大钟历经六百年，至今风采依存，其体量之巨、铸造之精和铭文之多，均堪称世界佛钟的典范。同样，这一时期及后期的宣德年所制鎏金佛造像，均为举世精品。
《故宫博物院的佛造像（3）》题记	故宫收藏的藏传佛教文物占其宗教文物总数的九成之上，原存于清宫多处佛堂，从历史角度反映出清皇宫与西藏的紧密关系，以及清朝治理蒙藏边疆的历史轨迹。

佛造像不论是成道像、说法像、布施像、降生像、涅槃像五种姿势中的任何一种，都要求造像时显示佛菩萨亲切、庄严的仪态，表现慈祥、宁静的面容，突出优雅、美观的情调。见像如见佛，礼像同礼佛。

《故宫博物院的佛造像（5）》题记

雕像是立体的艺术，更接近于真实的视觉感受。不论是石雕、竹雕、铜雕、玉雕、木雕、根雕、泥塑等，当它们成为佛造像时，一样熠熠生辉，光彩夺目。在全世界，就单一雕塑对象而言，恐怕没有能够超过佛造像的，这说明佛教同时也助推了艺术形态的发展。

《铜佛像的鉴赏与收藏》题记

敦煌、云冈、龙门、麦积山、大足等石窟，皆因地处内地山区和偏远地区，交通不便，地势险恶，而幸免战争浩劫和人为破坏，一定曾经有人质疑过，如此巨大工程，不为后人瞻仰所需，究竟意图何为？如今最终能够留存于世，则足以体现老祖宗的智慧。

《大足石刻：唐宋美学的旷世之作》题记

根雕艺术是中国特有的手工艺形式，它取自然天成的造型与返朴归真的肌理，加上工匠的精心雕琢与奇思妙想，变为一件件独一无二的工艺绝品。崖柏的生长环境使其形成奇特、飘逸、弯曲、灵动的造型，伴有醇厚的柏木香味，使其成为根雕精品中的孤品。

《崖柏达摩像欣赏》题记

《崖柏根雕，一种生命复活方式》题记

根雕，是中国人对大自然鬼斧神工杰作的再发现与再利用，那些已经死亡的或者废弃的树根、树瘤、树枝，经过工匠的艺术加工与精心雕刻，当它们以艺术品的形象再现世人时，等于给了百年，甚至千年古树以第二次生命形态，这是值得礼赞的生命复活方式。

25. 书法

目前可见最早的完整书法作品，要数 1843 年出土的毛公鼎上的铭文了，西周晚年至今已有三千多年的历史，其书法奇逸飞动，气象浑穆，是研究当时政治与社会的重要史料。因此，书法不仅是一门艺术，还承载着记录社会、政治、宗教、人文等诸方面的功能。

《王琪森：解读魏碑书法》题记

一座兰亭，曾因群贤毕至而蓬荜生辉；一种字体，更因唯美书法而千古流传。千百年来，书法家们用自己的笔墨，书写对于汉字艺术的感悟，抒发对于生死无常的感慨，他们用不断挥毫的方式，向书法长河中永远不倒的王羲之致敬！

《最新出版：〈张森隶书兰亭序〉》题记

书法被认为是养生之首，这是因为书法时如同练功："神气贯注全息动，赏心悦目乐无穷。"书圣王羲之说："凝神静思，预想字形大小、平直、振动，令筋脉相连，意在笔先，然后作字"。书法之时，顿觉心旷神怡，气力强健，长年如此，功效自成。

《书法乃养生之首》题记

《江泽民题"韩煜书法展览"》题记	书法作为国粹,早已登峰造极。如今的书法家大多只是登山者而已,且走在前人攀登过的山路上。去发现一座新的巅峰,或者在圣山上走出一条新路来,是所有中国书法家的梦想。
《管继平:弘一法师书法鉴赏》题记	书法是最大众化的艺术门类,尽管民众参与度高,但要真正达到艺术的精湛程度与创作水准,不仅需要勤学勤练,而且需要得法得体,更需要求新求变。当自学已经不足以自我突破时,就应该听听书法名家的指导,或许豁然开朗就在刹那之间。
《张森书法赏析》题记	书法是一门艺术,它是无言的诗,无行的舞,无图的画,无声的乐。欣赏到真正出色的书法,不只是眼睛享受到的福利,更是心灵得到的洗涤,虽不能为,但心向往之。
《凌海涛兰亭奖获奖作品全本》题记	书法,是一座静静屹立在天际线上的巍峨高山。远观时,你或想攀登;近看时,你只能仰望,唯毅力与天赋兼具者,才能走到不同高度的山腰间,看一会儿风景。坐在山顶看云卷云舒,古今又有几人?
《周殿鹏的刻字艺术》题记	书法、篆刻、勒石,匾额,都是对中国文字的艺术再造,亘古以来,艺术家们不断创新汉字再现艺术,期望用最新颖的材质表现最古老文字

的质感，让美文深入人心，让美丽千年不褪，这样的尝试将生生不息、源源不断。

沙门弟子喜爱书法，在于他们认为专注书法本就是一种修行方式。书法时易于收摄身心，从磨墨、执笔到下笔，都要专注，此时此刻，必须放下一切。

《中国佛教协会历任会长手迹》题记

王国维说，宗教是大众的艺术，艺术是贵族的宗教。僧人中出过许多大书法家，如怀素、圆悟克勤等；同样，大艺术家中也出过高僧，如八大山人、弘一法师等。佛法与书法有诸多相通之处，难怪李叔同在遁入空门后诸艺悉弃，独书法不辍，以结缘法施。

《郭舒权：佛法与书法》题记

用书法诠释佛法，既是弘法，又是示艺，让佛教理义与艺术美感相得益彰，深入人心，如同福慧骈臻，善始善终。

《赏净空书法，悟佛法理义》题记

书法与佛法相融，是艺术与信仰的绝佳组合，一者存则全存，一者亡未必亡。把它们刻在石碑上，更是保证了流传的最大可能性，这是中国老祖宗智慧的集中体现。

《柳公权书〈金刚经〉，能不收藏？》题记

佛教经典认为抄经是一种方便易行法门，不仅赞法、亲近如来，且能摄取福德，受天神庇佑，亦能消灾灭罪。因此，自古贤达留下不少经文墨宝，

《林则徐书写〈阿弥陀经〉手迹》题记

	弘法传承与书法艺术由此相得益彰，两全其美。
《赏弘一书法，品弘一人生》题记	一代高僧弘一法师，贯通世间与佛界的文化，融合东方与西方的艺术，在中国文化艺术史和佛教史上双双书写下辉煌一页。仰视他的书法，尊崇他的人生，或许你能悟到更多。
《赵朴初的佛法缘与书法情》题记	以书法弘佛法，是汉地僧侣和居士常用的"法门"。一幅书法悬于厅堂，佛法义理简洁明了，直指人心，提醒众生，时时行善，事事敬佛。
《〈张森隶书小石城山记（上）〉》题记	中国语，人人可写；毛笔字，个个能学。然书法，未必有字就行；书法家，更非挥毫于宣纸之上就能自然成家。真正的书法大师，必在前人之上创新，自成一家，见字如见人，绝不含糊，即便未见署名，一样让人肃然起敬。
《〈张森隶书小石城山记（下）〉》题记	书法作为一门艺术，参与者可谓众多，本应基础大而人才辈出，事实并非如此，能够成为传世书法家的人总是凤毛麟角。洗尽铅华，只有真正有创新力的书法家才得以载入史册。
《舒同称赞韩煜书法》题记	草书与狂野，本来就是孪生的，草书没有了狂野，剩下的只是直来直去的笔划，而不再是美轮美奂的艺术。

只有研究大师的作品，才能提高审美水准；只有研习导师的精品，才能提升实际水平。书法不是写字那么简单，它只属于真正懂得书法艺术精粹的那些凤毛麟角的小部分人，与他们同行，可以离大师近一点，离成功近一些。

《上海成立大师书法研究院》题记

不论是师出名门，还是无师自通，亦步亦趋至多只是站在山腰看风景，比一般人看得远些，却总也比不过站在峰巅上的人看得更多。唯有创新，才能站到属于自己的那座山峰之上。

《禅心墨韵，凌海涛书法欣赏》题记

在中国的文化人圈子里，除了文人相轻，其实更多时候是惺惺相惜，关键是你的创新是否真的让人折服，让人敬佩。

《余秋雨论韩煜书画》题记

我们这个时代太需要回望本我、敬畏生命。人们常常以不同的方式表达心中的渴望，选择书画，可以描绘出内心对生命的体悟。

《韩煜，上海书坛的鬼才》题记

书法家，或早年得启蒙，或天赋得挖掘，或勤奋得硕果，若能集三者于一身，自然可以如虎添翼，终有如日中天之时。只可惜，多少人毁于一旦，只能望洋兴叹，抱憾而止。

《钟家隆书法艺术欣赏》题记

把职业当兴趣，当职业生涯结束之时，兴趣难以持续；化兴趣为职业，当无须继续上班之后，

《李鸿征书法作品欣赏》题记

兴趣得以加强。如果无法两全，宁要兴趣，不要职业！

《日本高僧墨迹：书法1》题记

书法在日本的流行，中日两国的僧侣功不可没。为了传经弘法，日本的僧侣们用毛笔抄录佛经，传递法义，且一向以书写正宗汉字为根本，在传承中国书法上产生了风向标作用，以至于在日本有"写不好汉字书法，连当和尚资格也没有"的说法。

《日本高僧遗墨：书法2》题记

日本的书道，从中国书法学来，起步要晚得多，但后劲十足，研究颇丰。对于中国的书法名家，日本都有专题研究；对本国的书法家，更是论述不断，墨迹汇本丰富。遍地的文房四宝商铺、随处可见的御印所，感觉书道已经进入了日本人的生活中。

《日本高僧遗墨：书法3》题记

中国的教育与媒体是成功的，它们让一部分人听到日本就反感，说到日本就反对；中国的教育与媒体却又是失败的，它们同样让一部分人看到日本品牌就抵制，听到日本文化就抵触，却不明白许多货品是中国制造，许多文化来自中国，书法便是其中之一。

《中国印》题记

"印"，由"爪"（手）和"节"（节）组成，合则手持符节，代表诚信。古人看重印玺，为了印玺可以引发一场战争，意味着印玺在，信誉即在。若丢失印玺，如同丢失魂灵，惊恐万状。今人看轻诚信，印章满天飞，刻章广告四处张贴，便是诚信失守象征。

印，因篆刻艺术而成为美妙的符号；章，因印迹鲜明而成为赞同的象征。印章，本是优雅的，却因世俗的需要而变身为图章。不少时候，图章变成为权力与丑恶的私生子，私欲与霸道的双胞胎，沆瀣一气，欲盖弥彰。这一形态，不应成为中国人的文化基因。

《图章的中国人》题记

中国人有喜爱盖章的习惯与偏好，一章盖下，印纹即出，归属感顿生。上海世博会上的盖章长队与名胜古迹处的"到此一游"刻印，都是中国特有印章文化的具体体现。肖像印是文字印的延伸，文人墨客大多不拒此好。

《中国肖像印欣赏》题记

日本的良宽禅师曾说："平生最讨厌厨师的菜，画家的画，书法家的字。"因为在他看来，一旦觉得自己的手艺可以用来谋生度日，就开始要考虑如何去取悦自己的客人了，在利诱与名相作怪下，自性顿失。如今，寡欲恬淡，超然于毁誉褒贬的人反而更显得珍贵。

《"兰亭门客"凌海涛》题记

《马英九书法：万事皆空善不空》题记

南齐王僧虔在《笔意赞》中指出："书之妙道，神采为上，形质次之，兼之者方可绍于古人。"书法的神采与个人的神采一样，是给他人的第一印象，对领导人来说尤其重要。如果无法超越先贤，不如老老实实临帖学习，至少可以给后学一个诚恳处事的榜样。

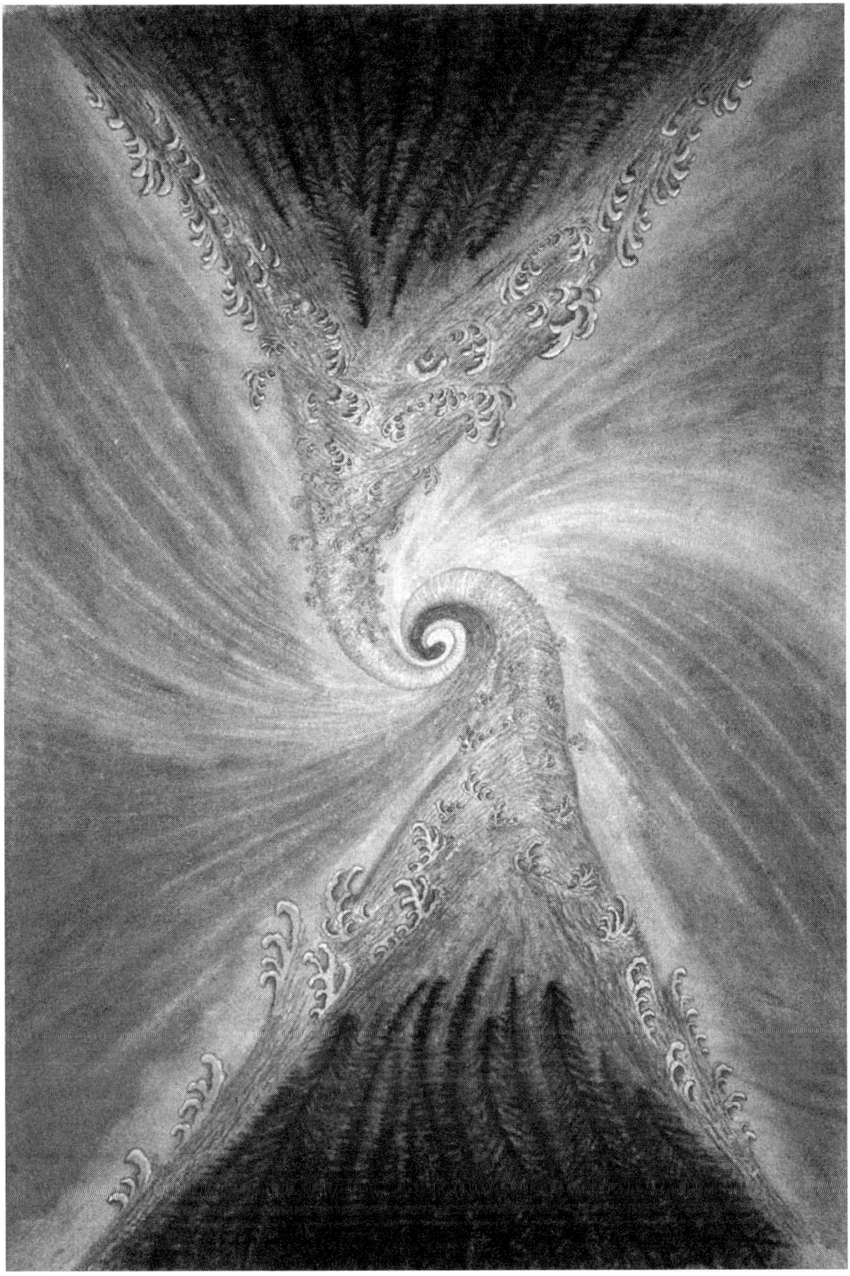

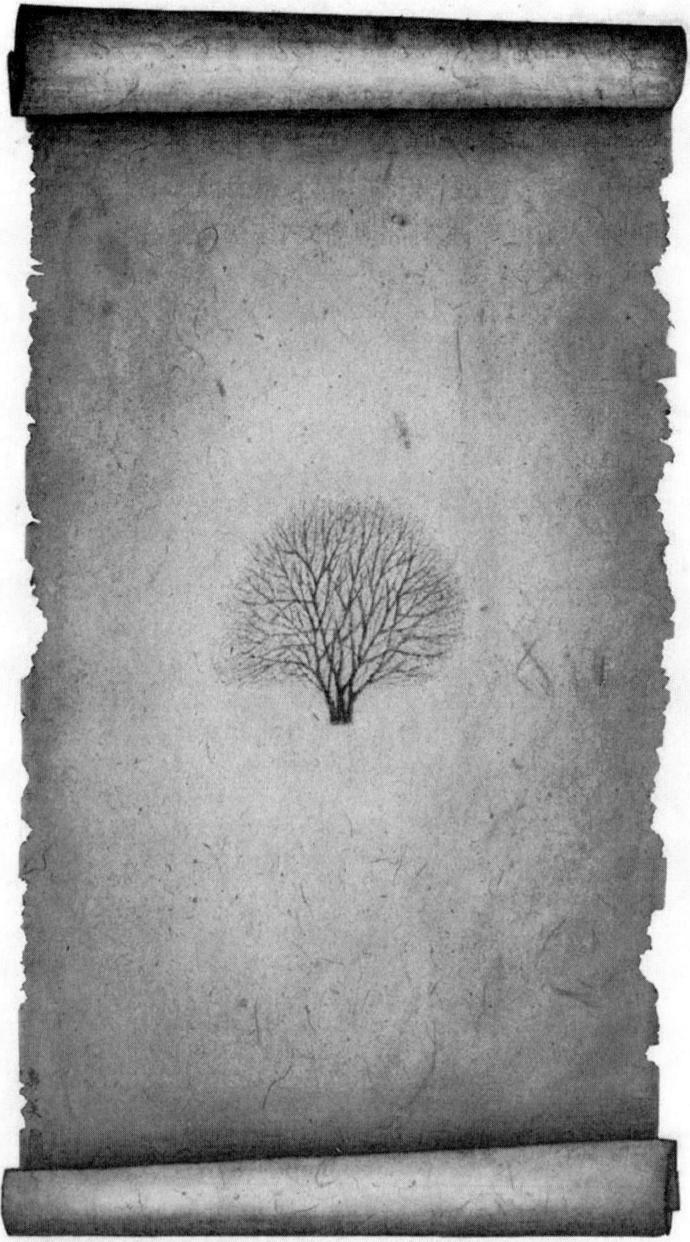

26. 手艺

只有更多的人玩起手艺,手艺的创新力才能源源不断。摒弃繁琐的赘饰,直取事物的本性,你可以雕刻,但永远比不过大自然的杰作。不要仅仅喜欢别人的作品,你的手,也可以创造你的艺,你的手艺属于你,这样才能获得真正的满足与赞赏。

《葡萄牙女设计师的花道》题记

几乎所有的工艺美术形式都乐于表现观音像,在雕塑中有木雕、玉雕、石雕、铜雕、骨雕、核雕、泥塑等,在绘画中也有国画、白描、水彩、水粉、油画、壁画等。用最好的材质、最高的技艺、最佳的画面来反映观音的大慈大悲精神,是所有人的共同愿望。

《东真文化观音瓷盘,亮相国家会展中心》题记

职业教育不应该只是训练体力运用技能,还应注入可以激发人的灵魂与艺术活力的高超技艺。只要能创造和展示出令人震撼的作品,就不用担心古老的手工技艺会消亡。

《中臣一竹艺精品欣赏》题记

《刘希斌的红丝砚》题记

中国手艺人擅长将大自然的造化与自己的创意结合起来，演绎出鬼斧神工一样的杰作。在石雕、玉雕、木雕、根雕、竹刻、制砚等方面都很好地运用到了自然纹理和原生形态，把千万年的演化过程留存于作品中，似乎让时空穿越，万年雕一款，千年刻一品。

《牛首山佛顶宫琉璃佛像欣赏》题记

琉璃曾被誉为中国五大名器之首（琉璃、金银、玉翠、陶瓷、青铜）和佛家七宝之一（金、银、琉璃、珊瑚、琥珀、砗磲、玛瑙，还有其他说法）。佛教认为，琉璃是千年修行的境界化身，是消病避邪灵物。供奉或佩带琉璃可得三种福缘：祛病、坚韧、灵感。

《李克强送默克尔"鲁班锁"，意在言外？》题记

生产制造过程中的"工艺"与工艺美术创作中的"工艺"是两个不同的概念，但其中的"艺"字却让两者拉近距离，因为它们都强调了人的作用，需要艺术化地处理好每个部件、每道工序、每项流程，才能最优化地展现精湛技术与精密程度。

《<三十三观音宝相>青瓷大盘庄严亮相》题记

每一种再现佛菩萨宝相的方式，都是世人对佛菩萨感恩之情的最真挚流露。人们用最名贵的材质、最精湛的技艺和最细致的手工，展现佛菩萨无量的胸怀、无上的般若和无限的境界。

以千古之木雕刻千万佛像，存世千年而万蚀不腐。紫檀木质坚硬，入水即沉，无需油漆即可呈现细腻光泽，借如此高贵木材雕刻佛像及其佛教法器，是对佛陀无上般若的最高礼赞，表达出历代佛弟子对佛陀的无限敬仰。

《钟锦德紫檀艺术（佛教作品）欣赏》题记

佛像寄托着信众感恩、缅怀、膜拜的感情，造像师怀着对佛祖的无限崇敬，记录着佛陀的无上慈悲。用一针一线的方式，放慢时间的步伐，似乎更显虔诚，逐渐展现出佛的庄严与慈爱、超然与怡静，以最完美的形态去震撼每一颗谦卑之心。

《姚建萍苏绣（佛教）欣赏》题记

工艺美术作品与技法，如果没有创新，制作人只能成为手艺人，时间长河里没有可能为其留下泊位；而一旦插上原创的翅膀，不仅在时间长河里能够找到大师的专享码头，而且在空间上也为其留下了树立丰碑的位置。

《姚建萍苏绣巨作〈和谐—百年奥运〉在香港上市》题记

工艺美术是一个民族艺术活动的结晶，经过千锤百炼，能够流传下来的一定是民间艺术中的集大成者，它代表了一个民族的艺术智慧与一个时代的创新精神，我们应该有充分的艺术自信，让中国优秀的工艺美术作品走上世界艺术舞台。

《姚建萍苏绣国礼，〈木槿花开〉赠予朴槿惠》题记

视觉艺术，满足的是眼睛阅读美好的权益，却无一不是经过巧手的加工处理，当人们在享受视觉

《姚建萍苏绣（人物）欣赏》题记

"大餐"时,请千万不要忘记"大餐"背后的那一双双巧夺天工的灵性之手。劳动创造了美,用来赞叹工艺美术大师的双手是最贴切不过的表达。

《姚建萍苏绣（动物）欣赏》题记

一针一线,用几万个,甚至几百万个单一的、机械的动作,上下舞动,左右融合,正反互补,渐渐呈现出完美图像,这便是苏绣的魅力。似绘画,如摄影,这样的工艺美术形态大概只会出现在东方,只可能属于中华之美,而至善一定属于江南灵性之手。

《姚建萍苏绣（花鸟）欣赏》题记

民间艺术都有独创性元素,在兼容并蓄的同时,也存在着雷同化和边缘化的倾向,"非遗"继承人必须处理好传承与发展、吸收与原创的关系。只有坚持原创、保持个性、精品迭出的人,才不愧为工艺大师的称号。

《姚建萍再绣国礼：英国女王夫妇肖像》题记

似水流年,岁月如歌。当一代王朝见证了世间起伏,目睹了时代更替之后,用什么才能表现出非凡的承受之力呢？或许,以针为笔,以线为墨,将一根丝线劈分成六十四分之一之后的绣制,能够更好诠释在乱如麻团的世界里仍然保持非凡神韵和气质的定力。

《宜春举行禅艺会作品捐赠仪式》题记

每一种艺术形态都有自己的能量级,因能量级不同而适合不同的人和适应不同的场合,当把几种艺术形态融合到一起时，往往能够产生超能量，让人震撼，让人铭记。譬如，青瓷的素雅，遇上线描的纯净，自然可以同时显出两者原有的高洁本性。

瓷器，在千年窑火中铸就不朽的风骨；瓷片，在历代雅客间焕发不变的秀气。虽不能全身而立，也要抱残守缺，留下一片最后的艳丽，这也许正是中国文人墨客的内心独白，他们在残缺的瓷片中看到了自己的处境与价值。

《瓷片之美》题记

纵有家财万贯、不如汝瓷一片。正因为古玩的价值无可估量，让一批批成功的企业家转身为收藏家，希冀自己可以在可计数的财富世界外再现一次新的辉煌，靠自己的眼力、实力和智力来彰显自己的魅力。

《传世天青釉汝窑洗，低调显身嘉德春拍》题记

创作一件工艺品，影响的变量越多，人为的控制力就越弱，但是运气总会站在真正投注生命与智慧于其间的每一个匠人，只要你有足够的积累与耐心，精品总会伴随而生。柴烧陶瓷既是人为，又靠天成，天人合作，妙在其中。

《柴烧陶瓷 美在天成》题记

白象意喻高贵与吉祥，莲花象征纯洁与神圣，如果把两者结合在一起，于黑暗中点亮一盏明灯，可谓聚一寸光芒，蓄一寸智慧。

《米丈堂冠灯，高贵且纯洁》题记

| 《米丈堂镜轩，梳妆闲淡稳精神》题记 | "休笑梳妆淡薄，看浮花浪蕊，眼底俱空。"古人歌咏梳妆的诗句颇多，在看似胭脂作红妆的妖娆间，亦可看空一切。画蛾眉，只为当下刹那间的喜悦，过后，便又"眼底俱空"，再无挂碍。若能修成此境界，当无欲则刚。 |

| 《日本竹艺师岩田淳子的手作竹篮》题记 | 一项源自生活需要的日用技术，如果历经千年不灭，其历史价值就已经十分突出，如果能够加入更多的艺术内涵，将可以从厨房厅堂走向艺术殿堂，日本人在这方面做得很出色，中国人应该正本清源，走出本就属于自己的路线来！ |

| 《日本竹编大师艺术作品欣赏》题记 | "未出土时便有节，及凌云处尚虚心。"宋代诗人徐庭筠的《咏竹》诗句简明扼要概括了竹的本质，竹的气节又在竹编艺术中得到淋漓尽致的展现。发源自中国，精致于日本，在一般人心目中极普通的植物可以蜕变成真正高大上的奢侈品。 |

| 《藤的精彩你不懂！》题记 | 藤是大自然给予人类最好馈赠之一，当它用一种生命形态转换成另一种生命形态时，就变身成了橱、柜、几、案、屏、架、椅、桌、床和篮，从此与人们朝夕相处，不离不弃。正因为它们来自于自然，当人们亲近它时就有了一份亲近自然的恬静、惬意与从容。 |

27. 设计

　　创新，从无到有；设计，从有变优；制作，从糙至精，做到其中一步即为大家，若三步皆达，必设计大师无疑也。

《米丈堂木作，横空出世的杰作》题记

　　创意从来没有真正被"垄断"一次，尽管有些人有这样的企图，但面对视线外的人们，以及意料外的作品，任何想独霸创意世界的想法都将以失败告终。人们在创意中，以表达出禅意而激动和感动，说明表现禅意是创新中的一个至善目标。

《液态冰川桌：异想天开，禅意无限》题记

　　生命无处不在，从天体到人体，从动物到植物，只有充分感知他们的存在，以及把握生死的规律，才能帮助自己感悟人生的不易与无常。阳光与雨露，无时很昂贵，有时很廉价，你用什么心态对待它们，就能获得什么样的回报。

《植物容器Wellspring，探索自然本质》题记

| 《〈冰佛〉亮相台北，圣水馈赠民众》题记 | 水的常态是液态，不论变为固态的冰，还是气态的汽，最终都要回归常态的水，这是一个又一个轮回的最终结果。用一尊冰佛来诠释佛教的轮回妙谛，用一池圣水来表达佛法的传承因缘，时空穿越，创意无限。 |

《墅家墨娑 以墅为家》题记

当拆旧成为一种运动式惯性时，常常是来自域外的行家重估了旧宅的内在价值。设计师的神奇之处在于让旧物重生，使现代人为之震撼与倾倒；如果还能够把自然景观融入其中，那么老屋、旧物、古树一定会散发出时尚、新奇、创意的活力。

《空间设计的力量》题记

同一个空间，在不同的建筑师与设计师手下，可以演绎出不同的空间感与功能性。没有设计过的空间，至多只能满足一部分的容纳功能，却无法让人体会到以人为本与亲近自然的美感，好的空间设计可以调动起人本具有的审美情趣与生活活力。

《Eugene Anfilova的禅意空间设计》题记

禅意空间的设计，一看原料，木竹、石沙、麻布、藤蔓，无不取自自然；二看空间，简约、排列、空旷、阴翳，无不顺其自然；三看色调，素雅、原色、拙朴、古意，无不还原自然。紧扣此三要素，禅意自现。

《吉冈德仁与他的设计作品》题记

真正的设计师，实质上就是一名发明家。他可以将一种材料运用到全新的领域，用一种形态

再现于崭新的功能中，用一种颜色使用在刷新的空间内，让人的眼睛为之一亮，让人的精神为之一振，并让人冲动为之一试。

在台湾，你可以寻找到很中华的感觉，不仅仅有"故宫博物院"国宝所代表的中华文明精华，还有街头巷尾不经意发现的书店、茶馆、文创小铺，面对它们你会感动：原来中华文化可以如此精细，如此典雅。

《去台湾，寻找最中华的感觉》题记

"少就是多"。当你总想着把自己的意志强加给他人时，当你总是想获得一种自我存在感时，是无法理解"少就是多"的深刻内涵的。坚守"少就是多"的理念，实质上是一种对于他人的尊重与理解，以帮助他人可以在简洁的氛围中激发出更多的畅想与创新。

《密斯·凡德罗"少就是多"的设计理念》题记

在喧嚣的世界里，每时每刻都有让人烦心的消息传来，宁静状态似乎变成了一种奢侈要求。于是，一些人试图通过改造自己生活的空间，帮助内心迅速进入静寂的氛围，让身体与繁华隔离，让心灵与清静接近，要达到这样的状态，与财力无关，与诉求相关。

《狮城中央的静心禅房》题记

《公益插花活动走进艺术画廊》题记

让生活艺术化，让艺术生活化，是众多热爱艺术与生活的人们在不断探索的道路。把花道融入艺术中间，是一项别具特色的创新活动，通过绘画把稍纵即逝的插花形态用绘画固定下来，延伸了美的传播时空，融合了美的欣赏方式，相信会扩大生活美学的效应。

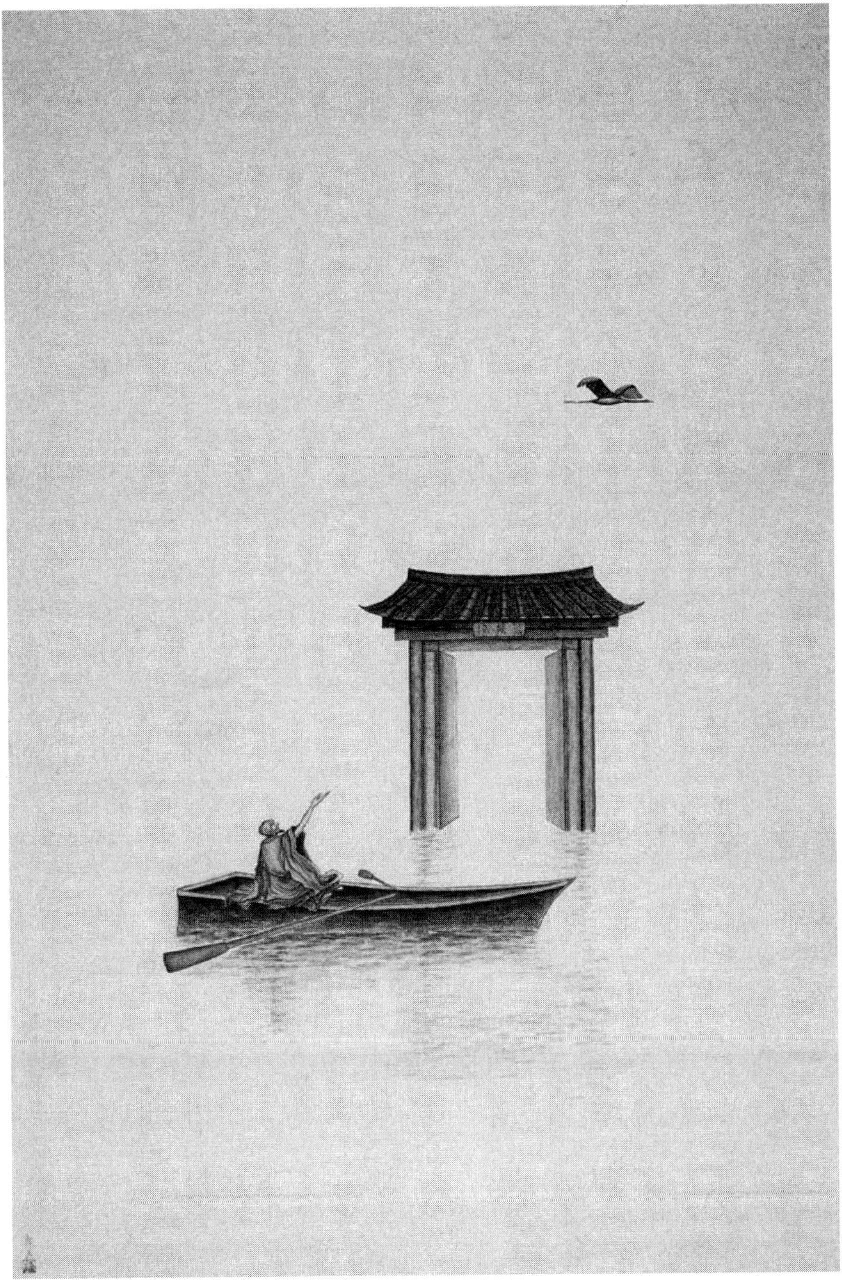

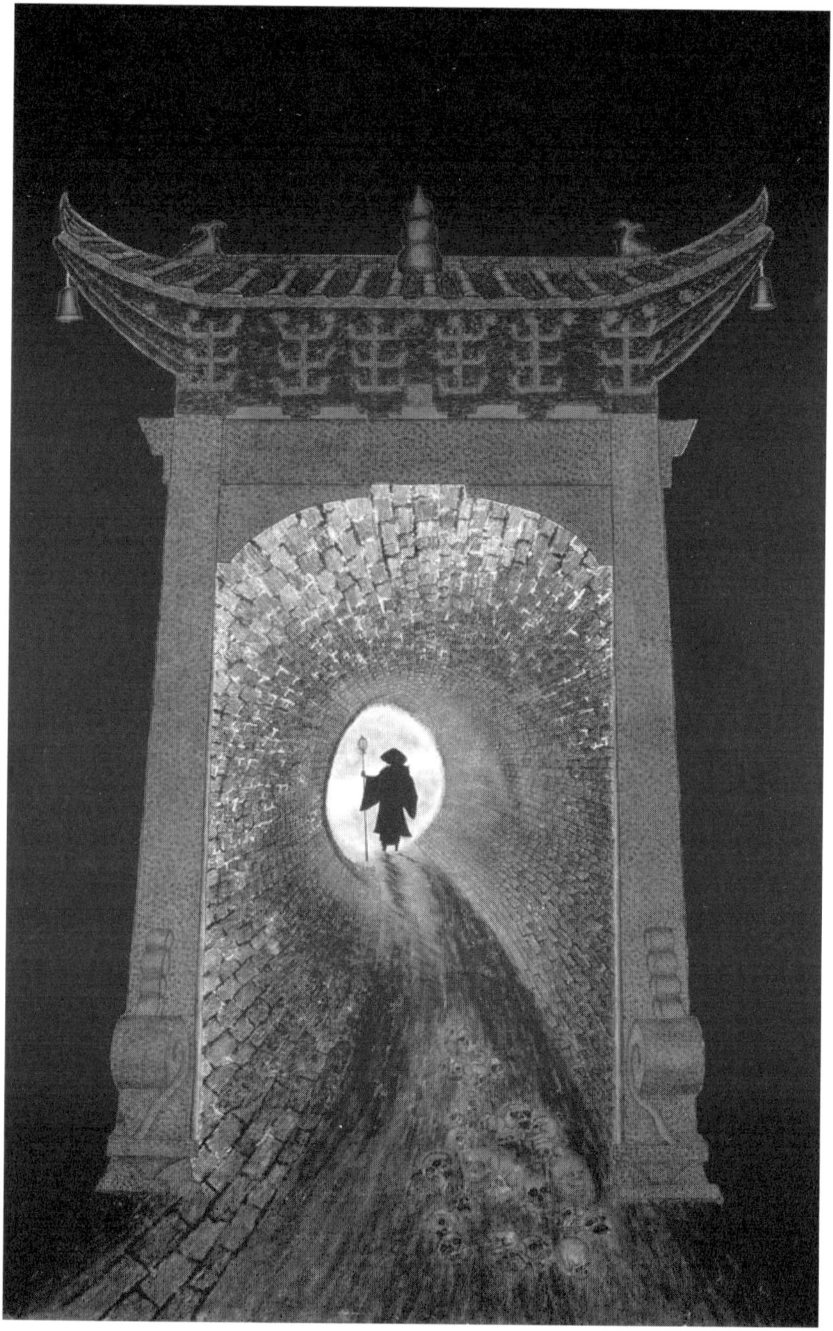

28. 摄影

"山河天眼里,世界法身中。"唐代诗佛王维《夏日过青龙寺谒操禅师》诗句所描绘的境界,凡尘中无人可及,唯可借助现代摄影技术记录瞬间无常影像,权作安慰。

《佛光禅影,定格瞬间》题记

唯美,是一种惊艳的美,是一种无上的美,多一点便发现多余,缺一点就出现缺憾。能够捕捉到唯美瞬间的人,似乎长了一双天眼,在最适宜的时空间定格住稍纵即逝的美丽。

《单雄威摄影遗作,出乎意外的美》题记

艺术家常常把相机视作自己的第三只眼睛,用以捕捉仅凭自己的双眼无法观察和表达的意境。作为一种发现美的方式,摄影正在被越来越多的艺术家所采用。只有当摄影成为一种独立的艺术形态时,它才有自己的存在价值,才能为艺术家所用。

《应小杰江南印象:摄影与绘画中的黎里》题记

《禅意文化摄影获奖作品欣赏》题记	让摄影融入文化内涵，让佛教进入视觉焦点，无疑是有创新力的举措。如何用现代人乐于接受的方式弘扬佛教，促进正信，正是当下需要思考的大问题。
《波兰摄影师纪实少林寺武僧》题记	用最正常的眼睛去看世界，总能捕捉到非同寻常的人物与事物。纪实摄影的关键之处正在于真实，没有摆拍演员，不用道具布置，拒绝后期处理。技术在纪实摄影师手里只有最简单的运用才能彰显出摄影师捕捉稍纵即逝事物的法术与艺术。
《镜头里的僧侣（上）》题记	僧侣的生活充实而又神秘，把镜头对准他们，去了解佛门中的弟子庄严却快乐的一面。其实，他们同样可爱有趣，同样才华横溢。
《镜头里的僧侣（下）》题记	丛林戒律严明，僧侣仪规端庄，在所有的社团成员中，他们是最洁身自好的一群，任何人能够以佛教戒律行事处世，一定可以脱颖而出，受人尊敬。
《艾未未作品欣赏》题记	每个人都是其所处时代的一个缩影，有人站在阳光下，有人站在背光处，他们看到的是同一个世界，却在心里留下了不同的影像。保存这些影像，其实是贮存了这个时代最真实的一面。

29. 邮票

邮票是国家的名片。邮票图案,除了政治人物外,大多是各国的名胜古迹或历史成就。佛教题材能够进入中国邮票,是一次次的新突破,并将越来越受到民众欢迎。

《邮票上的金铜佛像》题记

方寸有限,法界无边。能够把佛教圣地反映在国家名片上,至少对于这些胜境来说,政府和民众都已经高度认可和引以为荣。

《邮票上的中国四大佛教名山》题记

一个主题,用八套邮票三枚小型张来表达,还仅仅只是冰山一角。用这样隆重的架势张扬一种艺术与宗教,大概只有敦煌壁画才配得上。在全世界范围内,她都是独一无二的,作为中国人,你能不多看她几眼吗?

《邮票上的敦煌壁画》题记

《张安朴创作〈豫园〉邮票》题记

　　一枚邮票两头牵,万里传递百般情。邮票的发行量是一般书刊和挂图不可比拟的,只有最优秀的画家才有能力揽下重担,不辱使命,把美好洒向四方。

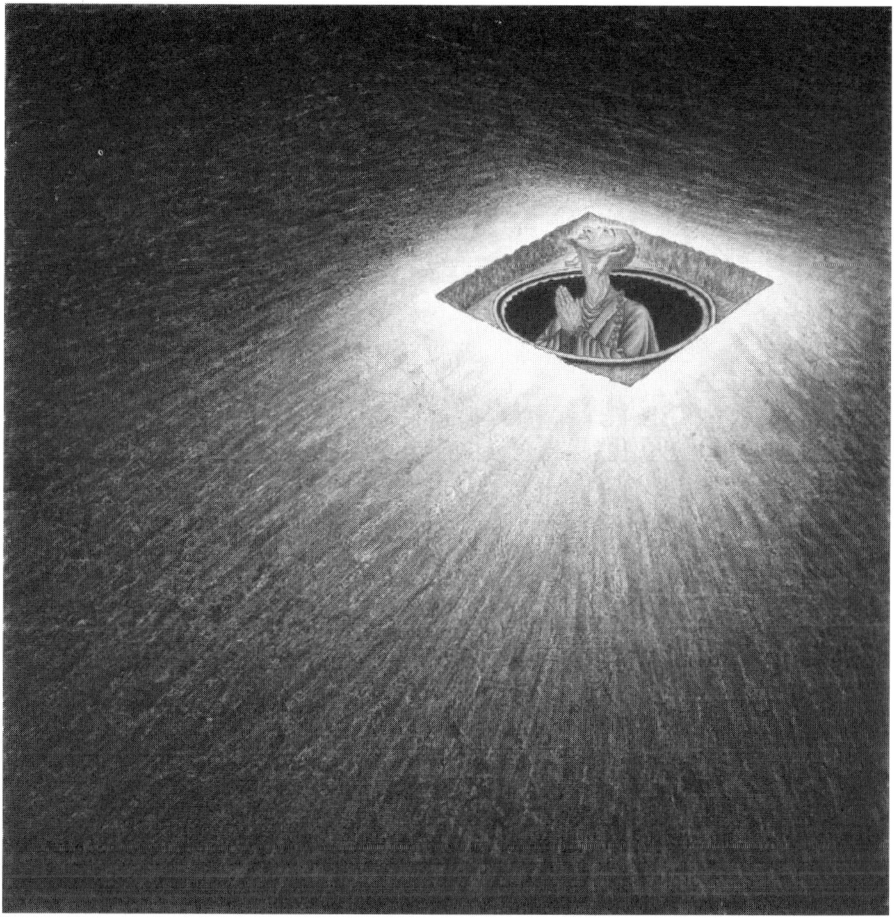

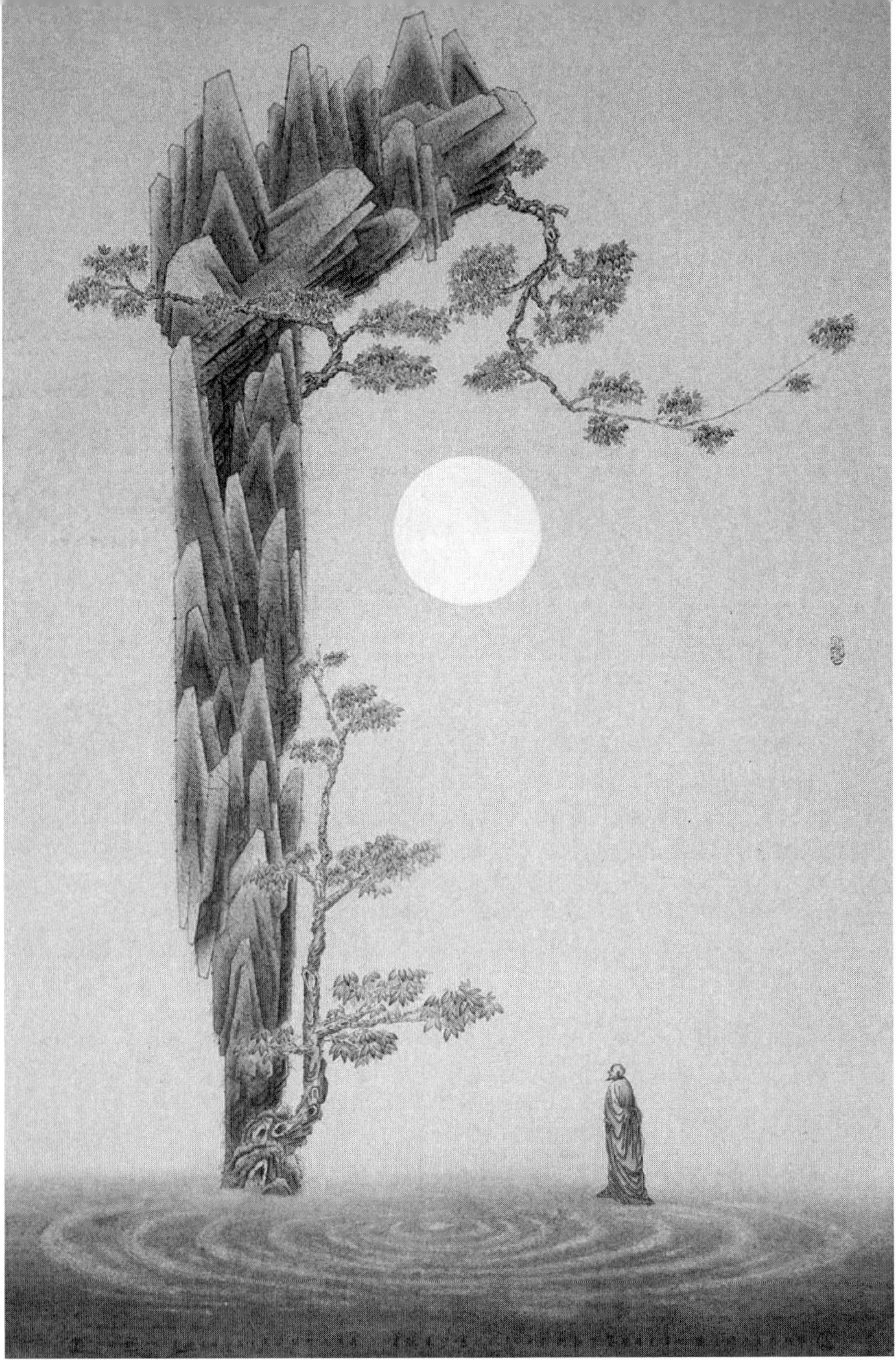

30. 收藏

领导人之间互赠礼品是国际惯例，通常会以艺术佳作或工艺美术作品作为礼品，代表着一国一地的最高艺术水准。不过，受赠品通常不为领导人个人所得，而会以公共收藏被保存起来，这些赠品因赠予双方角色的关系，假以时日，都会成为重要的国家收藏品。

《马英九获赠刘大为画作》题记

比之国家收藏，私人收藏更须坚持、更需毅力。在世界博物馆历史上，私人收藏的位置同样至高无上。与盲目奢华相比，艺术收藏才是真正值得赞颂的行为。

《龙美术馆经典馆藏欣赏》题记

玩物丧志，是人的不幸，更是物的不幸，因为此物并没有遇到真正懂它价值、爱它生命的人。如果人与物真正相配，此人必定可以成为"人物"，而此物一定可以成为"尤物"。

《米丈堂茶桌，将国宝磨砺成传世之作》题记

《钧瓷：入窑一色，出窑万彩》题记	"国宝之器，名瓷之首"。顶着这样的美誉，即使从来没有见过钧瓷的人，相信也会带着好奇，希望可以认识这瓷中瑰宝一下的。如果知道那色彩，那肌理完成是偶然所得，一定会因其神秘效果而百般钟爱。
《王健林狂奔冲冠收藏界》题记	是酷爱艺术，还是迷恋资产？能够把顶级艺术品留在中国，不管是在政府托管中，还是在私人艺术馆中，都可以视为一种进步，化腐朽为永恒，让土豪变绅士。
《顾景舟28把亿元紫砂壶》题记	当收藏的真正价值无法精准定位时，人们总是喜欢用价格来吸引眼球，不求物有所值，只求价格惊人，以一种无投入的广告效应引起更多人的关注。因为人们总能记住世界最高峰在哪里，却对排名之后的山峰知之甚少，但在收藏中保持最高纪录只能是暂时的。
《吴冠中伪作充斥拍卖行》题记	爱艺术还是爱钱术？是投资还是投机？是无辜还是无知？吴冠中伪作充斥拍卖行，是中国艺术品市场乱象的一个折射，当土豪爱上艺术品，懂点艺术的掮客就瞄上了土豪钱包中的人民币。
《刘益谦五千万买〈功甫帖〉伪本》题记	"人傻钱多"的投资准则"只买贵的，不买好的"，那么看走眼就会难免成真。其实，再出色的藏家都有不可告人的看走眼糗事，只是他们从来

不说而已。

当金钱撞向艺术时,当土豪扑向画家时,切莫先举手鼓掌,因为一场新的击鼓传球游戏才刚刚开始,这个球里往往装的并不是艺术与品位,而是虚假与钱味。

《徐悲鸿假画知多少?》题记

文物收藏者不论出于什么动机,总体上都是文化遗产保护者,当文物价格被人为炒高之后,从理论上讲文物本身会获得更为妥善的保管与保护,也更易获得世人关注,文物的生命就可以得到延长。当然,文物的最终归宿应该是在博物馆,而不应该是在拍卖行!

《刘益谦的十件主要"战利品"!》题记

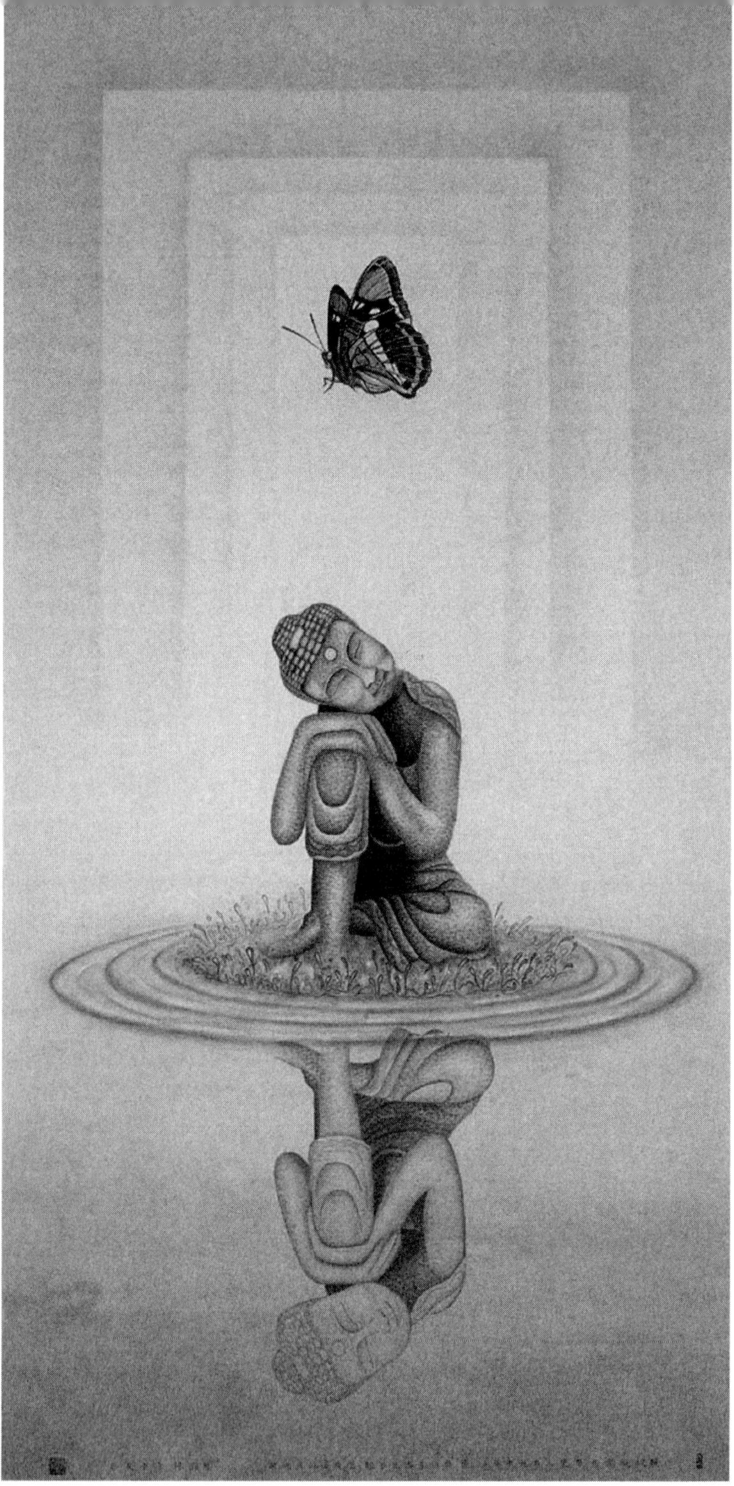

生活篇

31. 茶道

前有神农炎帝，后有茶圣陆羽，中国茶文化源远流长。向东传至东洋，形成茶道茶艺，惠及僧俗两众；向西传至西洋，化为贵族贵气，呈现午茶风尚；唯在中华，迂回曲折，茶道缺道品，茶贵少贵气，无颜以对。

《圣辉大和尚：立谷雨为中华茶祖节！》题记

古时陆羽的《茶经》重在种茶、采茶、炒茶、品茶；如今茶客的"茶经"在于选茶、买茶、屯茶、茗茶，重心不一，重点相似。看能否得到大自然最美好的馈赠，展现出一个茶客的智慧与品位。

《恋上大红袍，嗜瘾又何妨？》题记

《碧岩录》被认为是"禅茶一味"的源头，临济宗大师圆悟克勤手书的"茶禅一味"四字真诀，成为日本代代相传的国宝，是日本茶道界最为珍贵的宝物。茶道在中国更多时称其为茶艺，道之境界与艺之品位，实难融为一体。

《茶道火热时茶艺免费学》题记

《到径山吃茶去》题记	宋代时，临济宗杨岐派四祖圆悟克勤手书一幅"茶禅一味"，送给准备回到日本的弟子，不料东渡时浪高覆舟，放在竹筒里的这幅字最后流传到了一休和尚的手中，由此得道。这幅"茶禅一味"的字幅之后一直安放在日本京都大德寺，从此成了镇寺之宝。
《禅茶一味与一期一会》题记	圆悟克勤的墨迹"茶禅一味"，不仅是禅门重宝，更是茶道至高的圣物。茶道融合了儒释道思想，使得三家都对茶道情有独钟，茶道成为东方哲学思想和美学理念的集大成者之一而受到推崇。对于佛家弟子来说，禅茶一味，可以看到茶的本源与禅的本性。
《禅茶一味与一期一会》题记（续）	茶道中的"一期一会"，通过对结局的悲观情绪，转化为对现世的积极作为，以此华丽与优雅地迎接那必将到来的消失与消逝。如同曾国藩所言："灵明无著，物来顺应，未来不迎，当下不杂，既过不恋，是之谓虚而已矣，是之谓诚而已矣。"
《日本临济宗祖师荣西与〈吃茶养生记〉》题记	吃茶具有遣困、消食、惬意等功效，对于一心念佛与专心打坐的禅师来说，是最好的解药，在禅林中逐渐形成禅茶一味的风尚。日本僧人荣西入宋修禅，把禅风与茶风一起带回日本，设立寺院每日修行吃茶的风习，更因撰《吃茶养生记》一书而成为日本茶祖。

禅茶一味，物我两忘；如禅如寂，如茶如清；以禅入定，以茶开悟。能够达到这样的状态便是禅的意境，有多少茶馆可以助人进入这样的境界呢？

《禅房花木深（茶馆篇）》题记

禅茶一味。僧侣与文人皆爱茶、嗜茶，以茶修身，以禅静心。中国有"自古名寺出名茶"的说法，因而僧人对于种茶、采茶、品茶更为娴熟，对于其功效也了解得多一些。

《格桑仁波切上师谈养生茶道》题记

"和敬清寂"四字被称为茶道四谛，它也可以分成两个词组，"和敬"表示对宾客的一种尊重与礼敬的方式，"清寂"表示对气氛的一种恬淡与闲寂的要求。茶不清，禅不净，则心不纯。茶道的最高境界可谓：和而不同、相敬如宾、正本清源、万籁俱寂。

《新解茶道中的"和敬清寂"》题记

在殊胜禅境茶界中，品茶论佛，遐想禅理，实为真正禅茶一味。去探访一下乌龙茶之祖、工夫茶之源、大红袍祖庭，或许你会有新的领悟，如扣冰古佛一样望天心圆月而开悟。

《天心永乐禅寺，武夷山大红袍祖庭》题记

繁花落尽，留下的唯有空寂；洗尽铅华，剩下的只有落寞。中国人在慢慢觉醒：物质层面的东西总是低下的，精神层面的追求才是高尚的。面对欲望膨胀的世道，用一种淡定的心境看庭前花

《品禅茶 修淡定》题记

开花落，便是一种解脱与升华。禅茶，可以助人进入淡定的境界之中。

《碧螺春红茶尝新正当时》题记

如果说一方水土养一方人，各有千秋；那么十方水土可能都养不了一方茶，好茶难得。过去的皇帝享有特权，进贡上去的都是极品好茶，皇上肯接纳便成了御茶。如今的茶客要幸运得多，只要识货，不怕没有好茶喝，只是好茶喝的人一多，便成了贵茶。

《禅茶一味，茶禅十论》题记

赵朴初先生有诗："七碗受至味，一壶得真趣，空持百千偈，不如吃茶去！"唐代诗人卢仝曾作七碗茶诗，将品茶的好处与境界写得生动别致、耐人寻味。吃茶去，找来七碗茶诗，读一读，读出如茶一样的味道来！

《禅茶一味，道在其中》题记

茶，非叶非水，融水化叶，便有了一个由"无"到"有"的过程，茶叶与烫水融为一体，即有了茶汤，大家直说这就是茶。品尝一口，茗香四溢，再由"有"入"无"，却已经升华，已然蜕变，已入禅境。

《宜春遗青 重如国礼》题记

道家《道德经》曰"道生一，一生二，二生三，三生万物"，于品茶中体悟万物本性，岂不悠哉？儒家《论语》曰"三人行必有我师"，邀二三挚友，执杯闻香，岂不乐哉？释家认为人生有"八大苦"，若能"悲（杯）不过三"，此等结局，岂不快哉？

去宜兴，如果只是去看它的城市，买几个壶回家，就大可不必远道而去，只有了解了这座城市，以及围着它的无数村镇里深藏着的故事，才会品出其中真正的味道，才对得起拿着宜兴紫砂壶品尝极品好茶的一举一动。

《一壶一画一宜兴·壶》题记

"野泉烟火白云间，坐饮香茶爱此山。"唐朝灵一和尚的诗句让天下茶山变名山，如果还有佛国净土的培植、祥云的缭绕、梵音的祈愿，精制的香茶自然成为世人所宠、老少所爱。

《锡兰红茶，献给世界的礼物！》题记

茶，是一种可以调动五官机能共同享受的大自然赐物。听茶，是远离喧嚣的向往；闻茶，是沁人肺腑的渴望；看茶，是放松心情的期待；摸茶，是体味快乐的触动；吃茶，是参悟境界的快感。人生，不能没有茶。

《名人的茶趣》题记

树荫下墙角边，沏一壶香茗，信马由缰话天下；露台上亭阁中，聚三五知己，茶随心转论古今。此情此景，为多少人梦寐以求，其实只需放下，活在当下，梦境可随时随地发生。

《米丈堂茶台：不醉而酣》题记

竹子，因其虚心有节、生性挺直而受到文人墨客赞颂。穿越茂盛的竹园，一阵竹林风吹来，总能给人清新拂面的感受。当翠竹与清茶相遇时，人们对于恬静、安逸、惬意的念想便会一涌而上，

《扬州郊外的竹院茶屋》题记

能够在竹院茶屋里与三五知己品茗，还有什么破事值得抽身应付？

《皎然，对茶道的杰出贡献》题记

唐代禅师的智慧与追求，大大超越同期其他民族，难怪日本遣唐使到了大唐，会如饥似渴地学习。茶文化精髓真正被日本人所吸收，是在日僧荣西二度入宋之后，而被称为茶圣的千利休活动的年份已经到了中国的明朝，离皎然所处的年代整整相差了800年。

《皎然禅茶一味的诗句欣赏》题记

陆羽留下了《茶经》，皎然首创了"茶道"，千利休强化了"茶美"，这三者的结合才是茶道最完美的组合。如果陆羽是"中国茶圣"，千利休是"日本茶圣"，或许可把皎然定位为"茶道祖师"，作为茶道思想体系的率先提出者与最初建立者。

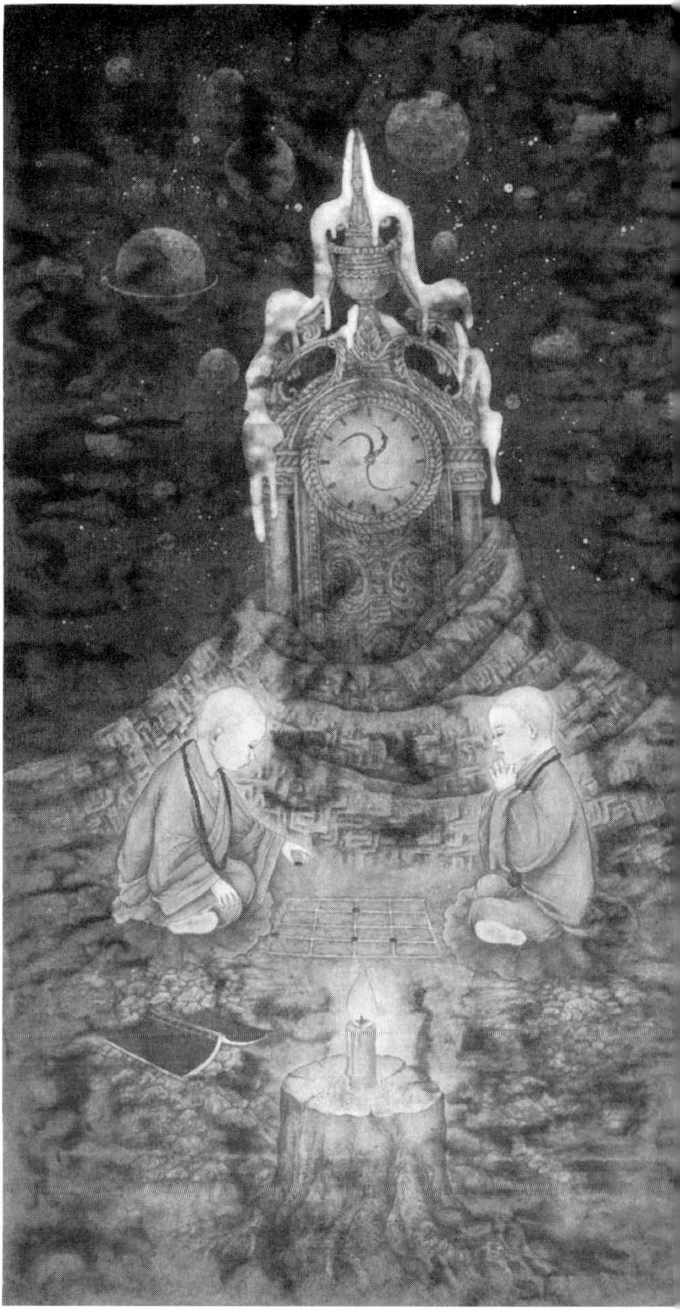

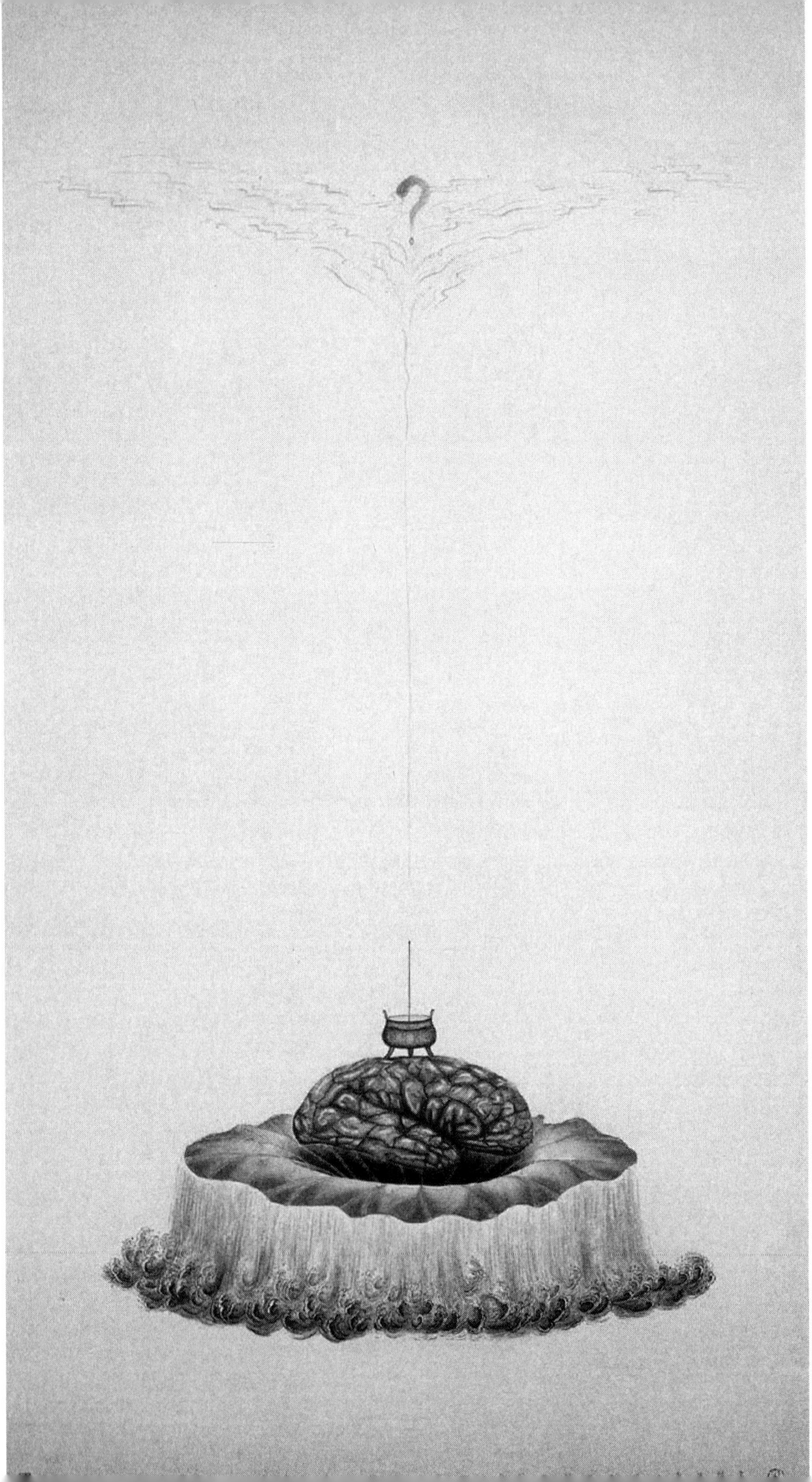

32. 香道

在佛法经论中，以香味上妙的旃檀喻为无上菩提，把恶臭无比的伊兰喻作无明烦恼。进入旃檀林，或许象征着可以开启无上菩提，于是，众生纷至沓来。

《旃檀林，开启无上菩提》题记

香道从寺院传到民间，说明僧团引领了香文化的潮流，从天然的草木中汲取大自然的香气，可以产生愉快、舒适、安详的气氛。因此，不论你是不是一名佛教徒，当你喜欢上香道文化与自然香气时，其实你已经进入了修行状态，香道本身就是一种修行法门。

《日本的香文化》题记

茶道、香道、花道正在中国如火如荼地重新兴起，这些本产生于中国的生活美学方式在近百年的历史中被丢进了垃圾箱。还好，日本为我们保留了最初的雅道形态，并有所创新与发展。到日本把自己祖先创造的美好生活方式学回来是许多中国人的愿望。

《一起去揭开日本禅艺文化的面纱》题记

《古代君子的四雅生活》题记	焚香重在"香"之美、品茗重在"味"之美、插花重在"色"之美、挂画则重在"境"之美。如此优雅之举,在扫"四旧"后离中国人的生活越来越远,如今重拾旧好,多少让人有些陌生之感,好在粗鄙必将受人唾弃,优雅终将重回人间。
《日本香道,一种修行法门》题记	日本香道,不仅源自中国,而且源自佛教,它是传承中国文化和佛教礼仪的载体与象征。当中国人把诸多优秀传统摒弃之时,却正是在东瀛得到至善发展之期,这样的事例不一而足,值得反思。当精英文化被唾弃之时,低俗邪气才会大行其道。
《米丈堂木作之佛龛》题记	设于家庭、祠堂、公司等处的佛龛,是佛教信徒便于礼佛的一种方便法门,代替了进寺敬佛的不便,因与生活和工作紧密相连,时时提醒不忘佛恩,刻刻行善止恶利他。在佛龛前上香、供水、献花、燃灯,日日不辍,持之以恒,功德无量。
《香道:四般闲事之一,怡情养性之重》题记	儒家以香为伴,寡欲忘己,贯通文脉;释家以香供佛,去俗离尘,静心参禅;道家以香奉神,通天得福,顺其自然。一炷清香,让儒释道三教次第悟见"拿得起、放得下、看得开"之妙谛。
《春节如何烧香才如法?》题记	如果把进寺院烧香只是停留在"有求必应"的层次上,那么就有可能失去福慧骈臻的机会。

烧香，本意是礼佛，表达对佛陀的尊敬、感激与怀念，点燃戒定慧真香，熄灭贪嗔痴妄念。只有放弃自私自利，发愿利益众生，才能福增无量。

有人热衷于烧高香烧头香，却并不虔诚礼佛，对佛教教义也知之甚少，只是一厢情愿地把世间的庸俗气带入寺院，似乎烧高香烧头香就是买了一张头等舱机票，因此可以进入贵宾室候机，却不知玷污了佛教的正气，增加了业障，此风的确不可长。

《中佛协呼吁：春节远离烧高香烧头香》题记

寺庙烧香，常引发火灾，污染空气，有毒致癌，而在日韩，以及港台的寺庙里是禁止烧香的。许多人把烧香看作是虔诚礼佛的象征，实质上却是一种企图有求必应、等价交换的商业逻辑，以致出现了烧高香、抢头香的陋习。面对雾霾，中国寺庙已到了全面禁烧的时候了！

《强致癌有毒化学香充斥宗教场所》题记

腊月，有着风雪交融的天，也有着斗寒傲霜的梅，在最寒冷的日子里，当一缕幽香不经意间飘来，陪伴着期盼春风早来的人们，算是大自然给予大家最好的礼物。能够在这样的日子里，依旧不忘香道与花道的人，难道幸福还会离他们而远去吗？

《一周一花：斗寒傲霜　清雅淡泊》题记

> 《不学雅道，何以风雅？》题记

冯骥才曾在"两会"上表示，要"警惕中华文化的粗鄙化"，因为文化的粗鄙化必将"给国民精神带来对自己文化的轻蔑、轻视和无知"。源于中国的雅道，在中国已经支离破碎，在日本却被奉为精神高地，时代需要有更多国人去把自己的国粹重新学回来。

33. 花道

　　一种文化现象，要有良好的传承，通常需要具备两个基本要素：一是参与者众多，不会因为少部分人的离去而终止；二是标准化定型，不会因为一部分人的歪曲而断层。日本的雅道在这方面做得很成功，参与者众多而流派纷呈，标准化定型而后继有人。

《一堂池坊花道课》题记

　　汉传佛教把佛前供花的形式带到日本，中国文人插花对日本插花影响也很大，明朝《瓶史》一书传到日本后，众人揣摩研究，形成和发展了很多插花流派。日本池坊插花的内在思想则采用中国儒家思想，把三个主体花枝看成是天、地、人之宇宙。

《池坊花道新作品展》题记

　　花，代表着生命，意味着自然，更象征着美好，一个喜欢鲜花与植物的人想必也是一个精致与细腻的人。有机会养护一组盆景，或者摆弄一列插花的过程，便是修心养息的体验，便是开启禅心的法门。

《日本花道 流派纷呈》题记

《锦绣堂在萧泾古寺插花供佛》题记	佛前供花是一种观修法，应有正确的发心，以促使成就空性，获得究竟，以及无上恒常的安乐，安住在美好幸福的状态中，并将功德献给三宝。时常佛前供花，就会充满慈悲、安忍与快乐之念，使我们了解并且放弃轮回的过患，从而解脱生死，成就空性。
《日本花道〈燕子花〉》题记	日本花道有诸多流派，这至少表明两种倾向：一是花道在日本拥趸者众多，多则分流；二是花道喜爱者各有思想，想则分派。因此，当中国再掀花道花艺热之时，不要只求花的艳丽与形的出奇，而要把自己的思想贯彻其中，禅艺插花必将在其中占有重要一席。
《有时，一截枯枝便是花境》题记	诗云："本枝百世。"花开花谢，世事轮回；枝繁枝枯，时运清寂。一截枯枝，让人想到了"侘"和"寂"，它代表了孤绝、安静与永恒，在这样的花道中，导出一种超越纯粹世俗的生活，或是超越生死的体悟，这是定力极足的人才有的境界。
《草月流派花道的朴素哲学》题记	时间可以给人们留下不同时段下产生的东西，即使是残留物也有再利用的价值，同时可以留下的还有我们经历过的记忆，把这些撮合在一起，就会产生新的联想与美感，这或许就是花道的朴素哲学。

花卉给予人的美感，大多就在于其彰显本质的点睛之处，能够突出这关键一点的人便是花道的大师。有人喜欢花团锦簇，大红大绿；有人喜欢一枝一花，一枯一荣，前者难脱俗味，后者尽现禅意，谁是谁非，由人而论。

《川濑敏郎的花道艺术》题记

　　一花一世界，一叶一菩提。把大自然的气象引入室内，可以处处观想自然法性，时时观照自我本性，营造出天人合一的幽雅禅境。家有禅意插花，在推门刹那间便可以感受"归来笑拈梅花嗅，春在枝头已十分"的盎然妙趣。

《禅意插花的盎然妙趣》题记

　　春天到了，花要开了。倘若无法亲临大自然，就让大自然的使者来到自己的家里吧！自己动手做一盘插花，要比完全买一束花回来有意思得多，因为加入了自己的创意与偏好，这插花看起来会更富活力，更具动感，更含希望。

《春之插花》题记

　　走过街角的花店，领一束鲜花回家，她便是你生活中的一员。阳春三月，万物复苏；草长莺飞，万象更新。在这个温暖的季节里，偶遇美丽的花朵，不妨当即学习一下插花手艺，把心仪的春色带回家，这想必是件赏心悦目、温暖人心的事情。

《插花艺术六法》题记

　　于凌乱中理出头绪，去芜存精，把最美丽的一面展现出来，这样的活儿让女子做起来再合适

《花道知多少？》题记

不过了。鲜花如此，女人亦如此。中国人发现了花艺之美，日本提炼了花道之神，创始的荣耀留给了中国，神韵的气脉却留在了日本。

《日本花道简史》题记

花道不追求花材的数量与艳丽，而是要营造一种平和幽雅、返璞归真的氛围，它是用来表达情感与创新的活动，通过线条、颜色、形态和质感的和谐统一来追求"静、雅、美、真"的意境。受禅宗美学思想影响，则以少、巧、美来表达人与自然的千变万化。

《自然花艺新主张》题记

禅艺插花由《禅艺会》倡导发起，在美化生活的花道与花艺领域独树一帜，崇尚自然主义，提出取自自然、亲近自然的理念，让每一个向往美好生活的人都可以参与。自然花艺的主张，明显突出三意：创意、禅意、趣意；反对三化：平庸化、炫富化、媚俗化。

《读〈插花册子：四季之花〉有感》题记

当插花出现在一些植物性花器之上时，一股清新的禅意油然而生，更何况这些花器是旧物改造而来，其本身并不为插花而存在，当它们即将被抛弃之时，是花道师给了它们再一次生命，物哀与幽玄在这一刻却被花道师做了最新的诠释与最后的美化。

一周用心创作一盆插花，开启你不一样的生活与心情。每天醒来，第一时间观察自己的作品，看花开花落，望云卷云舒，思潮起潮落。一花一世界，一叶一菩提，你的世界可能因为一个小小的举动而改变，为什么不去试一试呢？

《一周一花　人生如画》题记

美好心情，从插花开始；美好人生，自当下启动。插花本是人见人爱的雅道，它不应该为少数人独享，而应该走进千家万户，去装点我们的生活与工作空间。这是一个投入少、回报大的美丽事业，只要开始动起手来，就可以收获无限的喜悦，不信马上试一试！

《美好心情　始于插花》题记

美丽的鲜花可以改变一个人的心境，美好的插花则能够表达一个人的情绪。花无语，人则有情，当人们完成自己创作的插花作品时，一定已经把自己想要表达的情绪与思想，通过一花一叶、一木一枝再现出来，有时再率直的语言也比不过自然呈现来得更真实。

《有一种表达叫插花》题记

插花是无声的诗、立体的画，它被古人认为是一种很好的修身养性之道。插花具有"养性与养生"的双重功能，因而受到众多文人墨客的一再赞颂。心情好，疾病少；心情差，疾病来。插花可以"让自己的生活亮丽起来，让自己的心情美丽起来"。

《首场公益插花活动在锦绣堂举行》题记

《美好心情，进步可期！》题记	以插花换取好心情，大概是投入成本最小，回报来得最快的事情，何况在这样的快乐活动中还可以看得见自己的进步。进步的不仅仅是花姿花影，还有自己的举止行为，以及审美情趣，难怪日本的妇人会对花道如痴如迷，而又造就出被世人所共举的优雅。
《禅艺插花 精彩纷呈》题记	在许多文化艺术领域，长年止步不前，不出创新成果的一个重要原因是参与者过少，只是在少部分所谓的专业人士中自娱自乐。当一种文化项目参与者增多之后，群众基础自然扩大与扎实，才有可能真正涌现出业内的好手与高手，这在花道花艺领域也一样。
《第二期禅艺插花专修班》题记	从中国流传至日本的佛前供花，经过日本花道师不断精益求精，产生了众多绚丽多彩的花道流派。但是，万变不离其宗，花道作品如何才能直指人心，让人过目难忘，始终是花道师每天都要面对的艰巨任务，其中如何反映出浓浓禅意，更是一项永恒的课题。

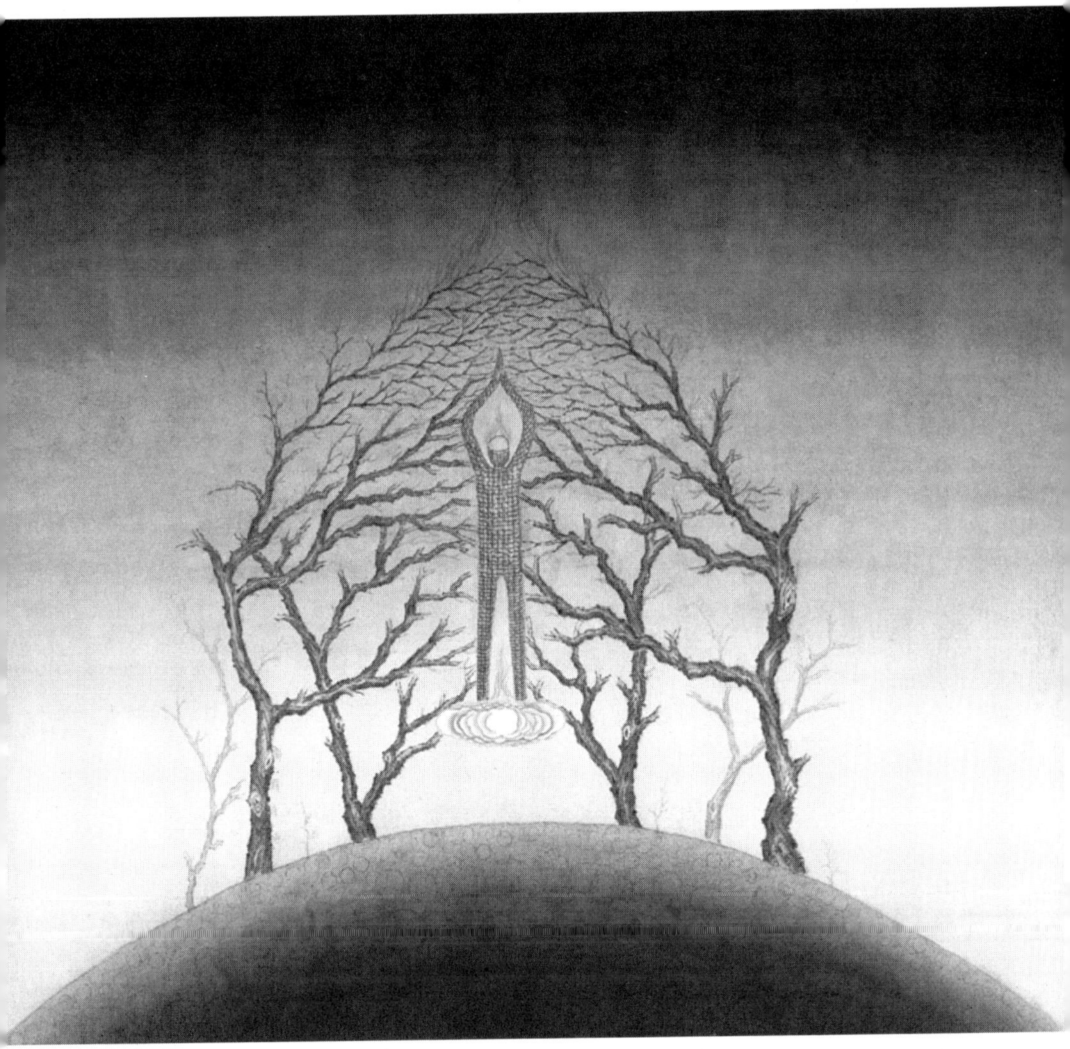

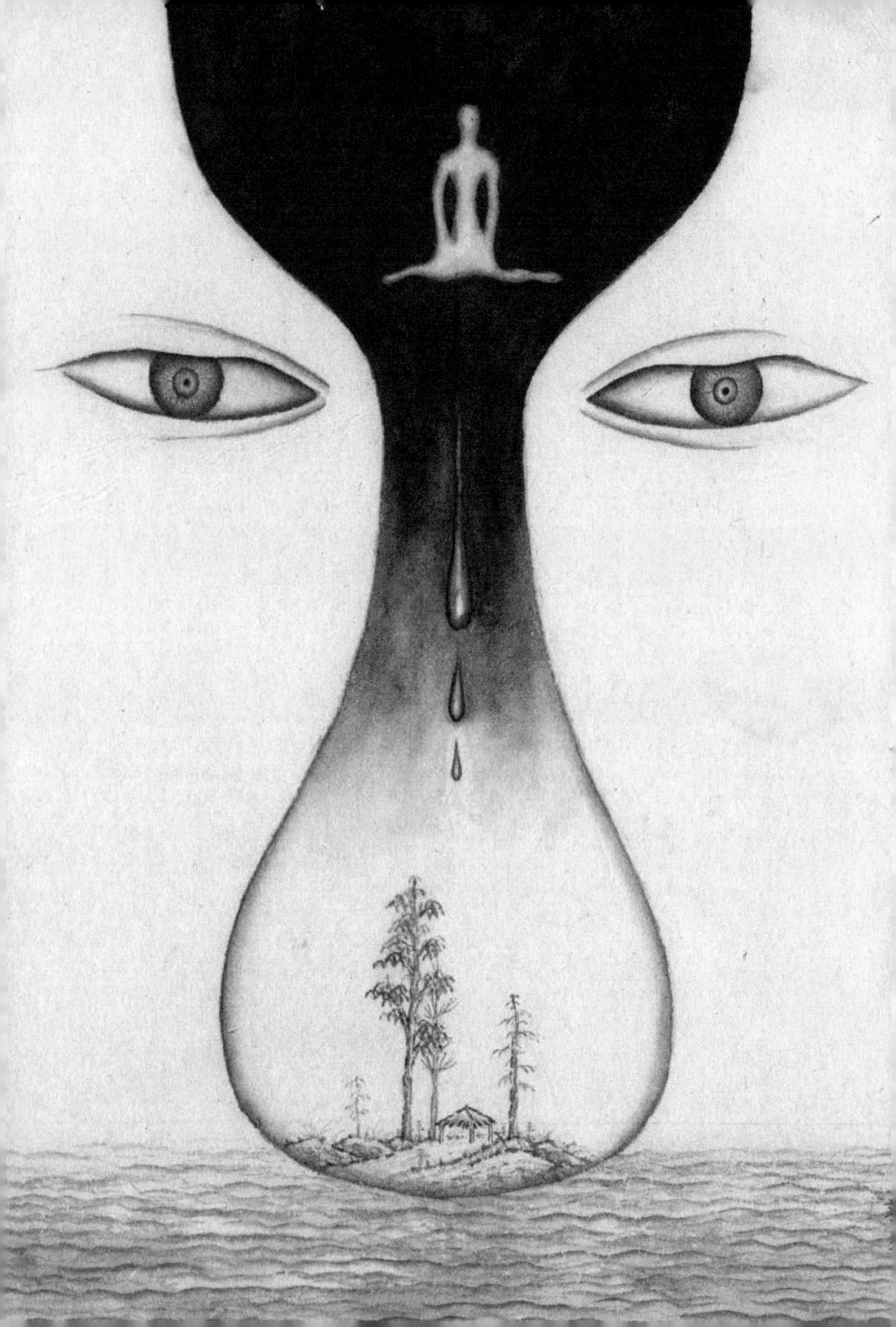

34. 琴道

古琴作为中国最早的弹拨乐器,是汉族文化中的瑰宝,流传有伏羲造琴、神农造琴、唐尧造琴等传说。湖北曾侯乙墓出土的古琴实物已有2500余年,唐宋以来历代都有古琴精品传世。隋唐时期古琴传入东亚诸国,并为这些国家的传统文化所汲取和传承。

《古琴的伏羲式与神农式》题记

琴棋书画,今人能几何?左琴右书,你我识多少?古琴之音虽给人以安静悠远之感,却早已荒疏于人间。从位居琴棋书画之首,到不得不抢救性保护,多少可以看到今人文化素养的沦陷,已到了无颜面对祖宗的地步了。

《古琴,涵养中和之气》题记

"欲将心事付瑶琴,知音少,弦断有谁听?"古琴的悠扬之音,向来有抒发不得志的悲怆之意,如今在喧嚣的尘世间再听一曲如鼓琴瑟,则有了高山流水般的清澈与淡雅,直入心田,好不快哉!

《品古琴 读古诗 赏古画》题记

《古琴九德》题记

抚琴,是古人倡导的雅事之一,因无法急于求成,而成为中国传统文化四艺"琴棋书画"之首。《太音大全集》有言:琴之九德为"奇、古、透、静、润、圆、清、匀、芳"。人若有德,高山仰止;琴若有德,景行行止;琴乃君子之器,象征正德之气。

《佛教音乐的心理治疗作用》题记

"或以欢喜心,歌唱颂佛功德,乃至一小音,皆共成佛道!"佛乐是一种工具,可方便引导众生,让心灵充实有活力,依法修学,得证菩提。赵朴初先生以"虚、远、淡、静"四字来概括梵呗的特性,其主要功能是要让众生止断烦恼、熄灭妄念,净化内心。

35. 衣饰

《易经·系辞下》曰:"黄帝、尧、舜垂衣裳而天下治,盖取之乾坤。"出生,衣衫用以取暖;出门,衣襟用于正身;出国,衣裳用作礼仪。中国人在破旧之后,至今未能立新,没有国服就是这场尴尬大革命后留下的莫大遗憾,故有识之士需振臂而呼之。

《中国人呼唤自己的国服!》题记

东方之美,是一种洒脱之美,如唐之书画;是一种素雅之美,如宋之瓷器;是一种简约之美,如明之家具;是一种恬静之美,如清之民居。中国人所追求的禅意与禅境已经在日常生活中得到深耕细作。如今,中国人的服饰正回归到同一线路上来了。

《彭丽媛服饰,用禅意诠释东方之美》题记

乐府是秦代起设立的朝廷音乐机关,在汉武帝时搜集了大量诗歌作品,反映出民间丰富的精神生活。《乐府诗集》卷二十有诗曰:"阳春布德泽,万物生光辉。"春天将希望洒满大地,万物呈

《一周一花:春之花语花展专题》题记

现一派繁荣。光阴如流水，一去不再回，珍惜当下，莫叹不觉。

《四季穿汉服的女大学生》题记

若问国人，"中国的国服是什么？"若无法有统一回答，说明在中国人心目中还没有国服的共识，这在世界诸多民族中是少有的现象。继承与弘扬中华传统文化，不能没有服饰这一重要板块，否则似乎老祖宗是在衣不蔽体的情况下传宗接代了数千年。

《新中装登场，盘点APEC历届服装》题记

服装的功能显然不仅仅是御寒遮羞之用，在T台上走秀代表着时尚之潮，在商界合作中表现出领袖之气，在世界高峰会谈中则展露出一国人文之史。看服装，就是看民族性格，就是看历史底蕴，能够既一脉相承又标新立异，则自然会成为世人目光的焦点。

《麻衣素布 禅风徐徐》题记

空门无门，处处见佛；禅道有道，时时闻风。一身麻衣素布，可以让人禅风乍现；一生清心寡欲，可以让人高风亮节。一曲禅乐，俨然升腾满心欢喜；一杯禅茶，蓦然觉察浮动暗香。追求超脱凡尘，方能融入净土；向往天人合一，终将物我两忘。

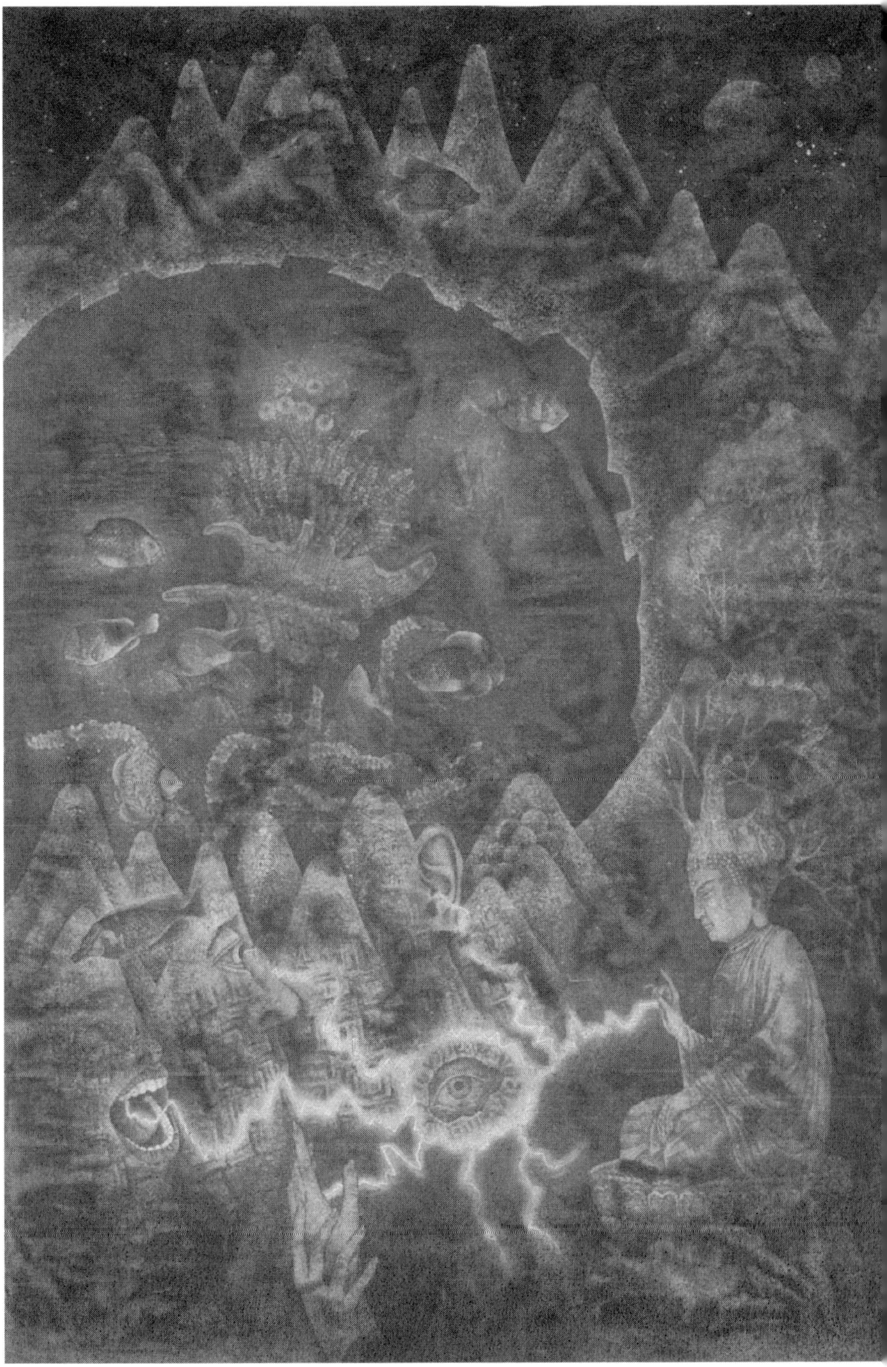

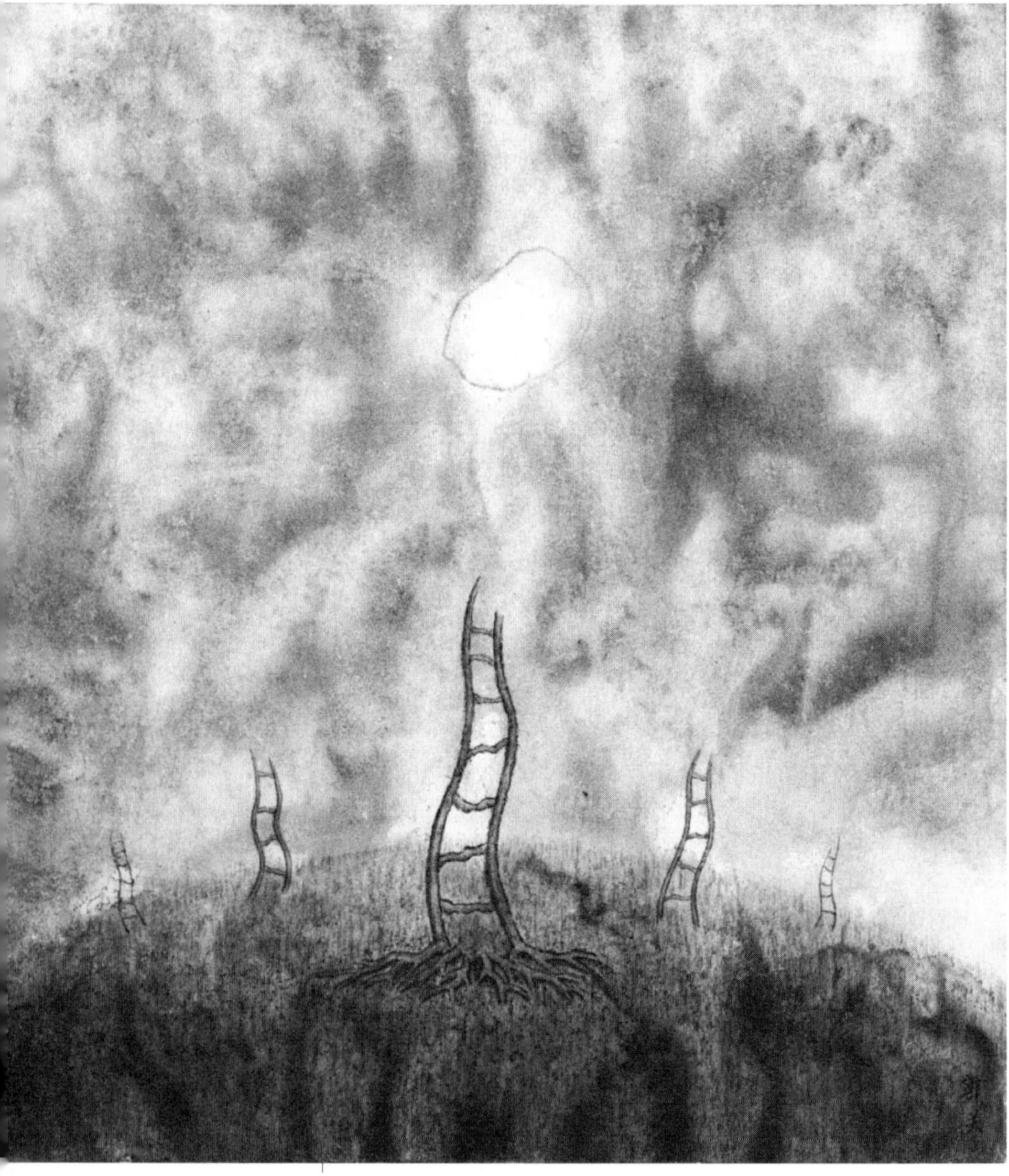

36. 素食

佛家倡导素食主义，于吃饭穿衣间尽现禅机，于起卧举止中展现本性。素食原料，集天地之精气，汇日月之精神，采于自然，惠及众生。乐食素斋，享有百味，营养万千，福报无限。从少食，到多食，再到独食，素食可以让人吃出健康，吃出长寿。

《经典素食 收藏备用》题记

吃素，不因为信佛而为；吃素，更因为幸福而为。吃素，奉行的是健康生活方式、环保生态理念，以及众生平等思想。如果一时无法做到完全吃素，不妨慢慢减少饕餮食肉的欲望，借此放下更多欲念，让幸福处处同行，让信佛时时与共。

《吴秀波原来是"吃素的"！》题记

吃素是一个良好的生活习惯，但与道德水准高低无关。不要以为茹素之后，自己已经可以站在道德高地上让人敬仰或者可以训斥还没有吃素的人了。好的生活习惯可以通过自己的行为慢慢影响别人，而不必到处张扬，不必以我为重，处处要让别人照顾到自己。

《丰子恺：佛无灵》题记

《读李叔同〈断食日记〉有感》题记	佛家有断食之说，道教有辟谷之术。萨婆多毗尼毗婆沙卷一载：目连问耆婆曰："弟子有病，当云何治？"耆婆答曰："唯以断食为本。"断食时无须太多能量消化食物，大脑会变得极度清晰，若以适当方法引导这些能量，将可提升心智到最高意识境界。
《给素食主义新人的十条建议》题记	与带有宗教倾向的素食者不同，新素食主义者大多受过良好教育，关心动物权利、在意自身健康，为温室效应担忧。他们通过自己的方式唤醒公众意识，正雄心勃勃推动一场非暴力的素食运动。越来越多年轻知识分子、白领、大学生成为素食运动的主力军。
《394名僧人的吃素调研结果公布》题记	孙中山曾说："人类谋生的方法进步之后，才知道吃植物。"当素食文化被越来越多人接受时，素食人群不再仅仅属于中老年人。素食主义倡导众生平等、环保自然与生态平衡的理念，它不再是一种宗教和教条，而是一种生活方式，与贫富无关，与智慧相关。
《去二条苑，品料理，赏庭院》题记	食有价，景无价。大凡餐饮中的奢华，多半是靠环境、装饰、庭院来烘托的，能够在发思古之幽情的地方休憩、茗茶、进餐，自然多了一份历史的厚重感。这附加值，自然是需要埋单的！

彻底的素食者是"胎里素",他们在母胎时因为妈妈茹素、出生后一生食素而成为从不沾血腥的素食主义者。有调查称,"胎里素"者往往悟性极佳,聪慧异常,清心寡欲,处世淡然,这或许是素食主义者的精神寄托之一。

《"素食神"张学友》题记

一位中国人问一位德国素食者:"你天天只吃蔬菜,身体会不会没有力气?"这位信奉佛教的德国人回答说:"牛、马、羊,都是吃素的动物,你看它们有没有力量?"可见,身体的力量只与食物的营养构成有关,与荤素无关。

《素食的营养与力量》题记

凡事有度,过度则害。人们对于物质的需求也是这样,当没有的时候我们要追求,当已经足够时就不应该再贪图更多,否则就如同空口食盐,不仅不会增加幸福感,反而会成为一种危害,希望我们都不要成为空口食盐者。

《幸福不随财富而来》题记

生长的愿望,基于万物原有的权力。众生平等,不是给予某一生物特别的生长特权,而是要维护万物生长的原生环境与自然条件。当生长条件发生变化时,生物自有其自然的适应方式,人类不应去破坏它们的演化逻辑,而应该去学习它们的适应性和顽强性

《春风呼啸的一天》题记

《放生的中国人》题记	佛教倡导放生，其提出的积功德求福报的思想，本身具有良好的愿望和积极意义，但执着于求福报则可能产生不良后果。孟子说："见其生，则不忍见其死，闻其声，则不忍食其肉，是故君子远庖厨。"若真能这样，那该是一种何等的众生和谐相处的美景啊！
《山与城日记三则》题记	开门见客，不过三五有缘而已；闭门浮想，却能面对整个世界。人应时常切换场景，让心灵与头脑时而充满能量，时而放空一切，劳逸结合、动静相宜。《周易·丰》云："日中则昃，月盈则食。"《尚书·大禹谟》则曰"满招损，谦受益，时乃天道。"

37. 建筑

当中国大大小小城市的外部形态越来越扁平化之后,历史沉淀于一市一地的内涵,已经成为认识一座城市的特别符号,如同生物基因一样,与生俱来,不离不弃。如果一座城市无视自己的文化遗产,便是对祖先的不敬、对历史的背叛。

《宜春禅博园:博览禅史,禅境博闻》题记

当中国大大小小城市都被模式化的高楼大厦占据后,城市的性格已经统一化,地方的个性已经扁平化,故乡留给新一代人的印记越来越少。中国建筑早已全盘西化,老祖宗的建城智慧与建筑艺术几乎被一代中国子孙拆除一空、挥霍一空、取代一空。

《消失中的中国古建筑之美》题记

城市变成冰冷的水泥世界,罪过不在于水泥本身,而是过往的建筑设计师没有能力在城市中还原人类世代相处的绿洲。当一座城市终于遇到一位可以融自然于生活中的建筑师时,那么,这座城市是幸运的。

《大阪难波公园,火树银花不夜天》题记

《地中美术馆，和谐共处的典范》题记	建筑被称作艺术，不仅是对其形态的高度礼赞，而且是对其内涵的价值认同，如同莫奈的传世作品一样，一座好建筑本身同样可以让人折服。奔波千里，远渡重洋，只为体验目睹到惊世骇俗之作时的怦然之感。
《英国乡间别墅》题记	曹丕《与吴质书》中言："节同时异，物是人非，我劳如何！"李清照亦说："物是人非事事休。"物是人非，时过境迁，一座有故事的老宅，或许能够让人不时想起已经过往的人物，他们的"曾经"，造就了老宅的"传奇"，也迎来了新的"过客"。
《米丈堂木作：重光门》题记	中国古建筑，于卯榫间建筑稳固结构，于云拱上承载永固顶檐，实为无上智慧；线条顺畅而形象饱满，比例匀称而造型庄重，实具非凡美感。若无视中华智慧与审美情趣，即便把整个世界搬到中国来，还是不值一文的暴发户心态与炫耀财力的土豪行为。
《米丈堂木梁桌，雕梁画栋的新命运》题记	栋梁，原本高高在上，载重顶盖是它的天职，却在中国古建筑师的手艺下演变成一件件令人叹为观止的艺术品，赋予了它更多的审美内涵，如今它又演绎出新功能，或许这也是它最好的命运。

千年等一回，只为那个懂我的梁思成。从树木到栋梁，生命只是用另一种方式呈现；从建筑到历史，价值可以用更轰轰烈烈的形式展现。有幸，梁思成更懂得价值。

《佛光寺，与梁思成相约千年后》题记

建筑师的立脚点不在于"建筑"，造房子是工匠们就能够完成的工作；建筑师的立脚点在于"师"，师法自然师名作，留下杰作后人师。只有把建筑物融入自然环境中，让人更好亲近自然，才能成为"大师"之作，作为经典作品，为今人示范，让后人敬仰。

《隈研吾与他的莲花屋》题记

一座美术馆，成为建筑师、设计师和艺术家竞相奔赴的地方，那么它一定有着非凡之处。即使一而再、再而三地不能如愿，仍然念兹在兹，虽植于地中，人们一样会仰望它。

《丰岛美术馆，源自自然，归于自然》题记

如果有一天，每个中国孩子推开窗户见到的就是清新，走出教室遇到的就是优雅，思考问题面对的就是设计，相信中国新一代就会有新面貌。谁不想让自己的孩子成长于这样的环境之中？

《学校，可以设计得如此清新！》题记

会议中心或许是最能令建筑师随心所欲的项目，在意念、概念、理念的驱使下，令建筑师淋漓尽致发挥自己的创新力，突破常规与俗套，设计出与众不同的建筑体。

《化会议中心为光的容器》题记

《欧恰古堡，穿越中世纪密地》题记	辉煌其实稍纵即逝，权势难免过眼烟云。在洗去霸权奢华，飘尽腥风血雨之后，一个朝代能够留下的只有建筑、文化和艺术了，为此，执政者能不只争朝夕，以求流芳百世吗？
《克久拉霍性庙的建筑艺术》题记	与皇宫皇陵一致的是，一个地区一个民族的宗教建筑往往是其最具有代表性和历史感的艺术珍品，抽去这些建筑物，一个民族可以被记录下来的东西就所剩无几了。
《阿格拉堡，谋权与篡位》题记	弑兄杀弟，囚父篡位，这样的阴谋古今中外都屡见不鲜。对于帝王来说，儿子背后是王妃，王妃背后是一个个庞大的利益集团，谁动手快，谁就能夺取王位，奢华的王宫丝毫掩饰不住权欲的泛滥。
《泰姬陵，悲怆与荣耀》题记	帝王的爱情要么气吞山河，要么让出山河，悲欣交集，谁又能躲过一劫呢？如果有一座传世陵墓让后人观瞻时一并纪念了失去的山河和失落的帝王，或许可给不幸的人一些安慰。
《西格里亚，狮子岩上的短命王朝》题记	一座宫殿，意味着一个王朝，宫殿随王朝的兴衰而荣辱。居高未必能够临下，岌岌可危便是将自己架到了不可驾驭之高空。一旦架空，倾巢之下，安有完卵？

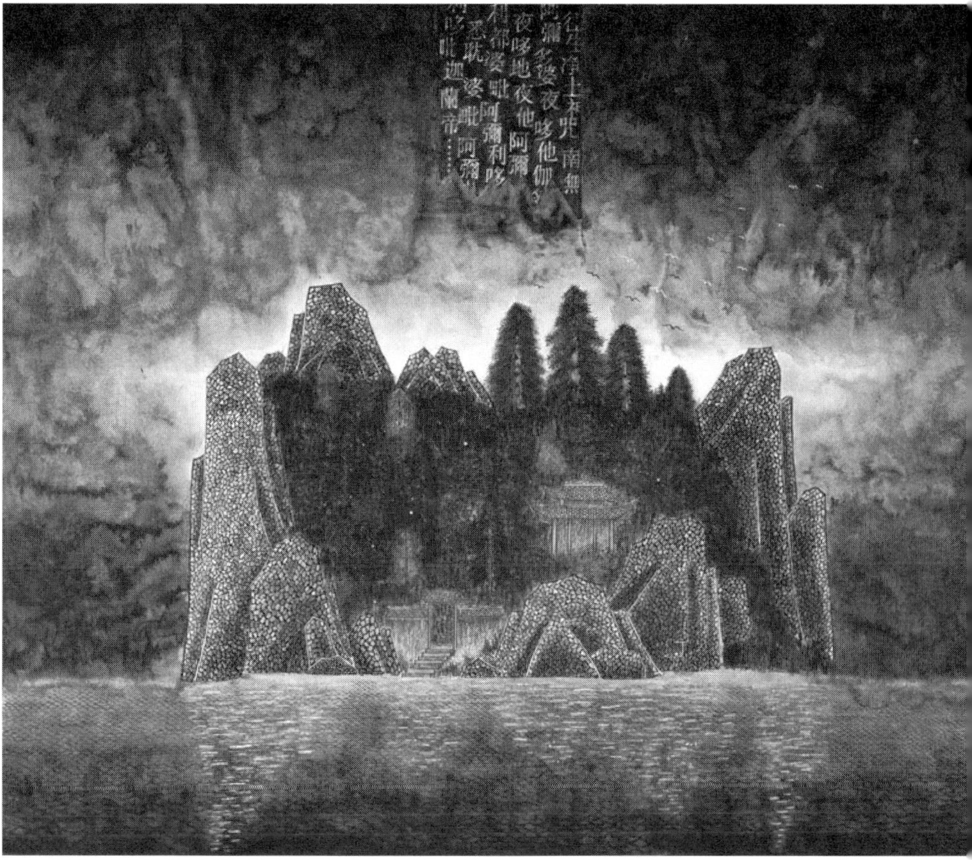
生淨土神咒 南無
阿彌多婆夜 哆他伽
夜 哆地夜他 阿彌
利都婆毗 阿彌利哆
悉耽婆毗 阿彌
哆 毗迦蘭帝

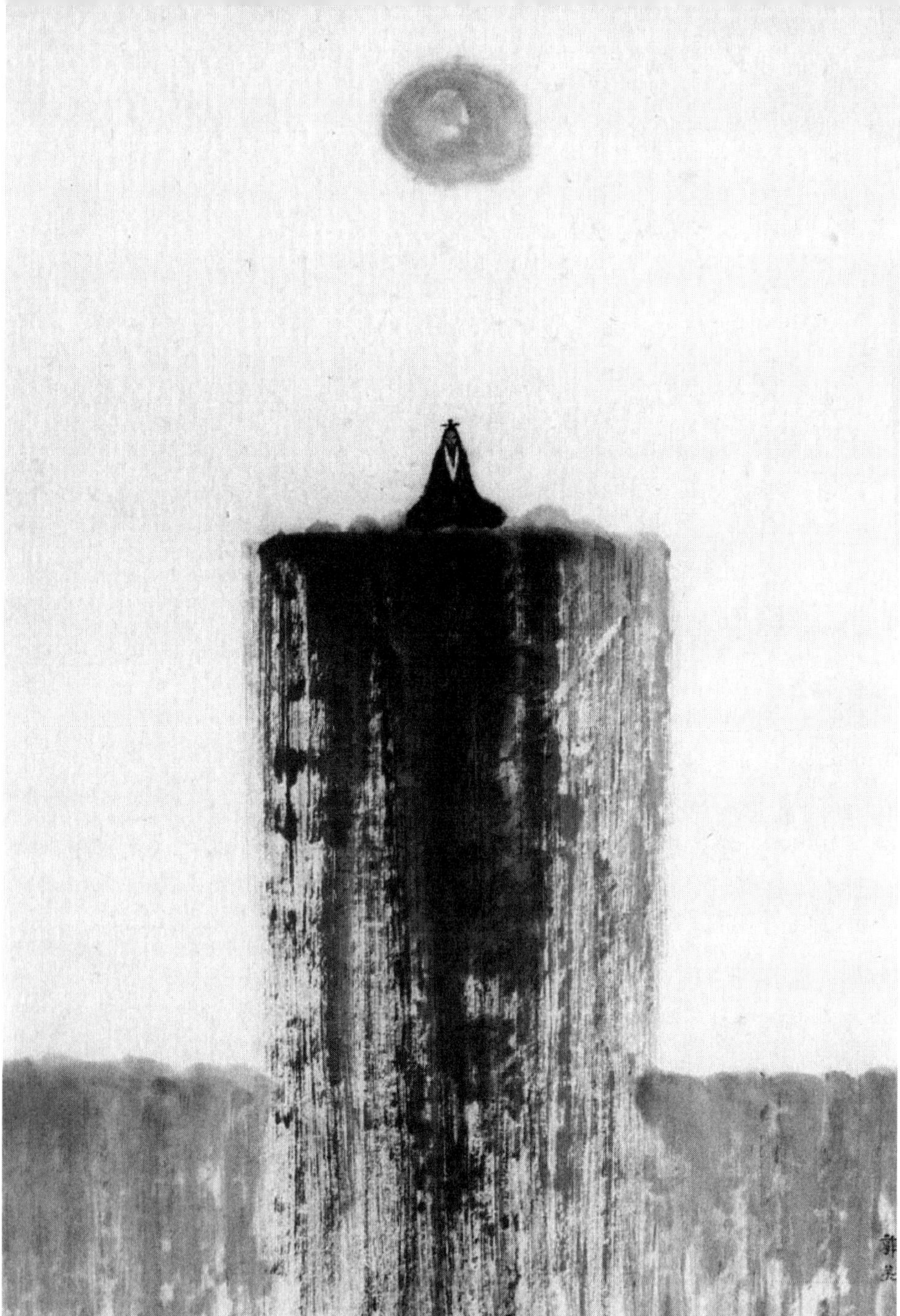

38. 空间

　　"诗为禅客添花锦，禅是诗家切玉刀。"能够生活在禅意十足的空间中，自然有着一种幽深清远的清凉感觉，如果主人有着无为清净、超然物外的人生理想，便能营造出玄妙空灵、清幽淡远的艺术境界与审美氛围。

　　诗意地栖居，禅意地安定。禅意的空间中如果没有雅致的家具组合，依然只能作为普通的居家天地，而不能成为让身心放空的寂静世界。

　　在隐秘中透出禅意，在意外后感悟人生，这样的建筑一定有着如同被佛祖加持过的神奇一样，让人回味无穷，庄严无上。

　　有，在没有之中，空，在不空之间。对于禅的诠释历来精彩纷呈，却总也不能穷尽它的所有。换一个角度就会有另一种精彩，禅在无穷无尽中表现出深邃与浅显。

《禅之风尚，木之家具》题记

《禅房花木深（家具篇）》题记

《本福寺水御堂，充满禅意的现代佛堂》题记

《南寺，什么也没有的房子中有什么？》题记

《米丈堂缘圆椅：风骨有致》题记	当一样司空见惯的家具融入传统文化的思想，又注入现代设计的理念，更加入人体力学的原理，就再也不能用日用家具的概念去定位它。艺术高于生活，即为此道。
《禅意素舍，展示设计的力量》题记	精雕细刻是一种美，朴素无华也是一种美，前者以技巧与功夫打动人心，后者则以设计与结构吸引人眼。素雅的屋舍，追求生活形态的简单朴素；物品的简约，突出生活品质的低调奢华。设计的力量，背后展示出的是设计者的力量。
《禅房花木深（居室篇）》题记	大道至简，道法自然。采用原木、竹藤、花草、石子、石板等材质，充分展示自然材质之美，加上对色彩、肌理、规格、工艺的绝妙组合，营造出让人清净的空间，禅意便会扑面而来。
《东方密码：阴翳之美》题记	阴翳与昏暗并不只是定格于心头的沉沦与愁绪，还有静寂与清净之美，中国文人早就发现了这一东方恬淡生活方式中的密码，却又一再被国人所摒弃，这样的密码被日本人破解之后，却光大到了一种东方美学的高度。
《米丈堂木作，细微处透出雅致》题记	圆润柔和，聪善应变，曼妙身姿，有如此这般的性格，且不论是人还是物，都难有不喜欢的理由。对美好之物，不求拥有过，但求见识过！

红尘中的日子过久了，便会染上一些习惯，把所有忙碌视为正常，将一切欲望看作本能，让名利心念恣意膨胀。其实，片刻的出世，短暂的逃离，或许就会找回自己，问题只有一个：你想，还是根本不想？

《禅房花木深（客栈篇）》题记

每一家酒店都代表着一种生活方式，经营者和设计师总想最大程度地还原目标客户理想中的生活环境。为此，在空间创新与保持传统上作了最大平衡，结果往往出人意料，不仅还原了想象，更是引领了追求。好的酒店让人难忘，从临时寄宿，变成了追逐对象。

《全球28家安缦酒店全纪录》题记

没有艺术家的独具慧眼，以及众多有识之士的呼吁与拥趸，许多弄堂和胡同里的艺术社区或许早已消逝在旧城改造的推土机之下。一旦失去，消失的不仅仅是砖瓦与旧梁，还有比这些旧宅更为重要万倍的城市记忆和历史底蕴。

《寻找陈逸飞的田子坊》题记

由农舍改造的客栈，通常保留亲近自然最本质的原味，又迎合现代人对雅致、清洁、私密的要求，客栈主人大多追着一种新的生活方式而去，而非以谋取最大利益为出发点。客栈如家，老板似友，在自然环境中有这样一个好去处，真的要感恩这些客栈主人。

《杭州问茶 龙井闻香》题记

《伏羲山素心园》题记

　　静谧无尘，悠悠禅境；幽寂无念，浓浓禅味，这是需要放下太多太多之后才能得到的福报。登临山谷，将清风明月揽入怀中；漫步山涧，把浓浓韵味渗入心扉。这般境遇，非金钱可买，唯文人可品；如此境界，非粗鄙可得，唯雅士可鉴。

39. 庭院

　　"曲径通幽处，禅房花木深"是两句脍炙人口的诗句，其营造出的意境是千古以来东方庭院设计的最高目标。

　　静谧的禅宗庭院，第一感觉中产生的舒坦、静寂、清净，让人有时空凝固、古今穿越的错觉，这是东方庭院的极致，融合了禅宗思想、东方文化和植物世界的精华，走近它，揭示它，拥有它，你便可以与它零距离接触。

　　千里之行，始于足下；百岁之寿，归于脚上。西方人以跑步强身健体，东方人用慢行养精蓄锐，体现了对生命与健康的不同理解。在现代医学强化对人体感官系统干预前，中国人早已掌握了刺激穴位、疏通经络的方法，这不得不要向我们的祖先致敬。庭院里铺上鹅卵石，举步便是健身。

《禅房花木深（庭院篇）》题记

《揭开日本庭院的核心秘密》题记

《鹅卵石，让身心走上健康路》题记

《枯山水庭园，假山假水真禅园》题记	一沙一世界，一岁一枯荣。于静谧与深邃的枯山水庭园中，盘坐一隅，让时间凝固，慢慢体会山水布局与人生无常，以禅宗不立文字、直指人心的神奇力量达到自我修行的境界。
《禅宗美学至善之作：枯山水》题记	禅宗形成的独特美学思想，以简朴、自然、直接、宁静顿悟见性，让一代代僧人为之倾倒，甘愿以一生的时间打磨出可以安顿自性的禅境天地。枯山水，是将禅宗美学演绎到极致的一种禅化自然的形态，由中国传到日本，在日本达到至善之美。
《中华园林的沧桑之美》题记	中华园林，是把大自然浓缩于人们生活环境中的一种独特造景方式，几千年来已经形成自己的造园文化，在一景一色中反映出来的沧桑感正是中华民族和不同家族传承历史中饱含沧桑的再现，因此，特别容易引起人们的共鸣。
《园林深处的陈从周》题记	文学、美术、建筑、园林、历史、考古，专攻一项便能成为专家，若能博学兼收，必成大家无疑。如今的人急功近利，一项也没有真正掌握，就开始招摇撞骗，拆旧拆掉了历史，重建搬来了洋相，千城一面，万街同流，弄得整个国家没有了文化与历史底蕴。

庭前宅后间、阳台房顶上的庭院,是把大自然美好的气氛带到自己生活的环境中,以小见大,以虚见实。庭院的品位就是主人的偏好,庭院的天地就是家人的世界,用心打造一下,细心感受一下,让每天都如晨曦中的花草一样新鲜与飘香。

《庭院设计十八要点》题记

官商建园林,求全求大,名石名木,极尽奢华为能事;文人筑庭院,取精取雅,古人古风,力争文史为主旨。闲庭信步,主人品位便可一览无遗,庭院不能只有贵气、霸气和俗气,应雅而奇,清而静,精而少。

《台北故宫至善园》题记

如果说土地资源正在被不断侵占的话,其实城市在挤占水平平面的同时,也在生产更多的垂直平面,只是绝大多数人忽视了这些平面的生态价值。在优秀的植物学家眼里,城市里的植被可以更多,关键是你有没有切换角度的意识。

《法国植物学家的丛林小屋与垂直花园》题记

不论是称"明四家",还是"吴门四家",苏州人具有的艺术涵养从前是受到国人一致敬佩的,他们把画画作为生活内容之一,又让自己生活在画面之中。苏州的建筑与园林,一步一个景,一街一墙画,其审美情趣让世界惊艳,其生活态度让中国感动。

《叶圣陶:苏州园林》题记

《世界各国的苏州园林》题记

　　苏州曾在多个领域站在中华文化的高地上，那里的一山一水养育了一代代才子佳人和能工巧匠，在以经济建设为重心的年代，一度把自己最核心的灵魂搁置一边，差点沦为三流城市。好在迷途知返，重整旗鼓，在园林、工艺美术等方面再次争得全球发言权。

《东山陆巷，太湖第一古村》题记

　　苏州园林甲天下，民居庭院似园林。太湖岸边的人家，虽身处僻静的远郊，却有着诗意栖居的天然环境与人文传统，亭阁轩庭，山石花木，假山曲桥，变化多端，园内有景，园外有山，屋多而不塞，池小而不局，充分体现出江南人的灵气所在与品位指向。

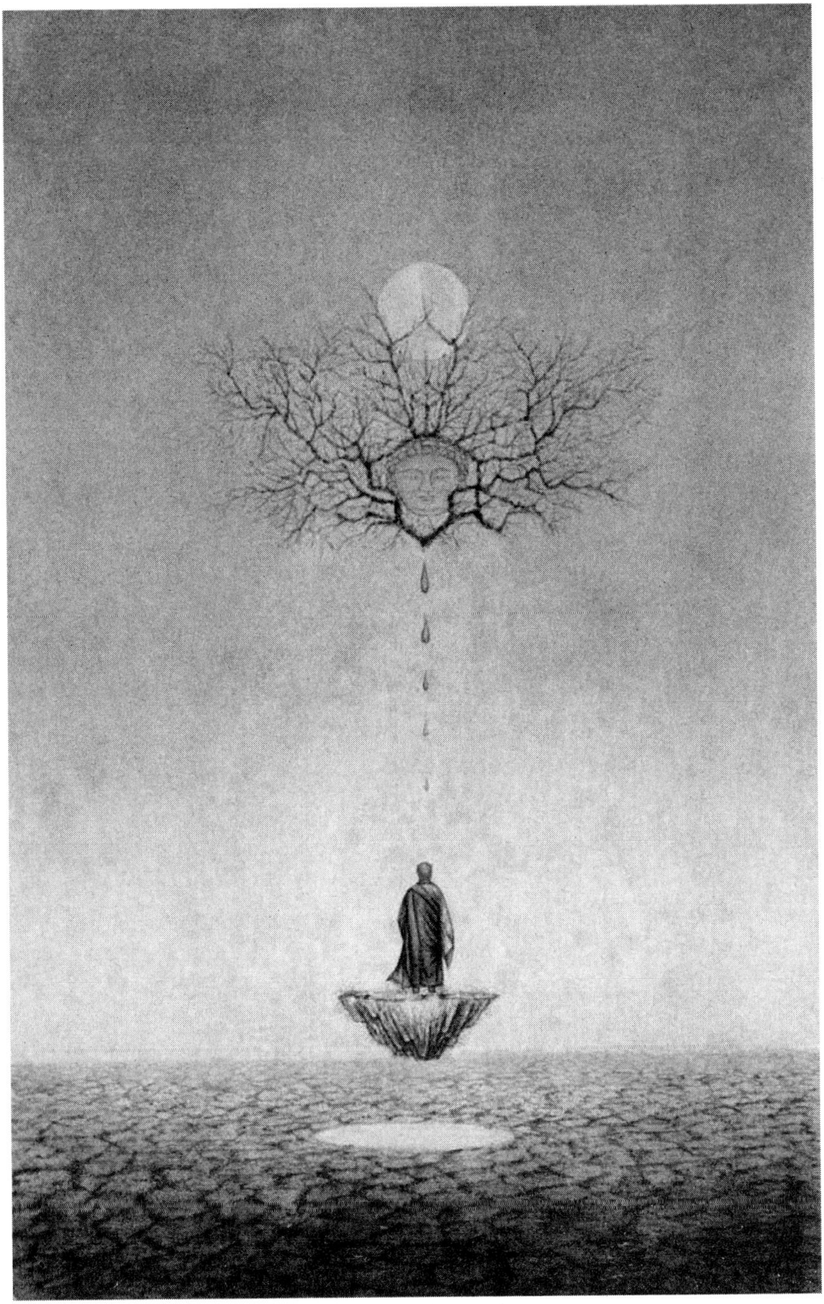

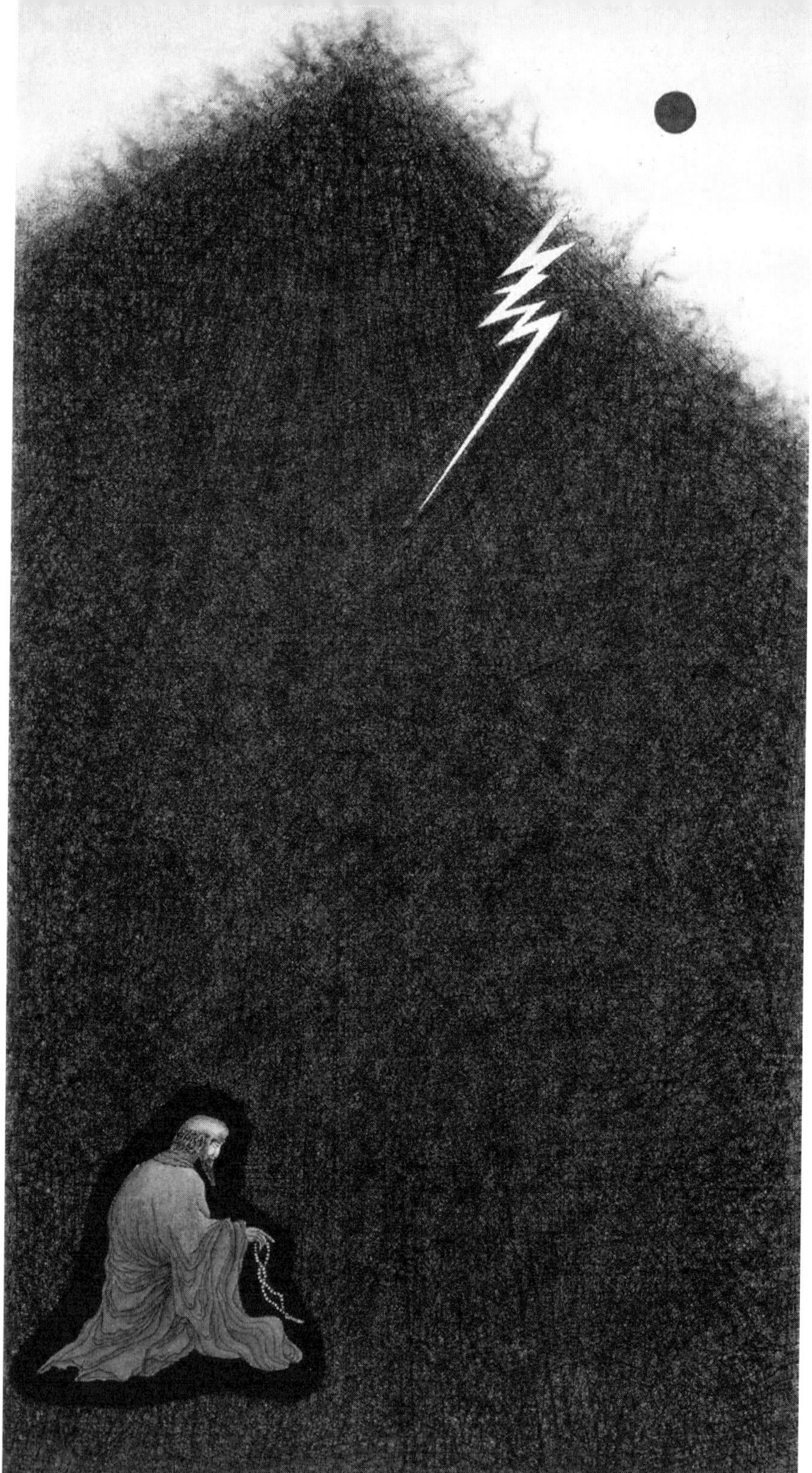

40. 文物

如果你刚好是一位佛教信仰者，或只是刚刚有些心灵感应的佛教文化爱好者，那么佛教世界文化遗产是你必须敬仰的去处。用一种参拜的虔诚之心，造访每一处佛教世界文化遗产，你会得到更多感应，那些来自远古的气息，离佛陀更近，离觉悟更近！

《36处佛教世界文化遗产，你去了几处？》题记

上下五千年，层层皆精彩；地上看山西，地下看陕西。不到山西，就无法完整看到华夏历史的厚重与精华。瞻仰古建筑，祭拜先圣贤，不是为了空洞地吹嘘历史的悠久，而是要有继往开来的担当，不负祖先，不愧子孙。

《善化寺集国之瑰宝，显方兴未艾之朝气》题记

China 一词随着中国瓷器在欧洲的传播使得"中国"与"瓷器"成为密不可分的双关语。如今，世上最贵，也是史上最贵的瓷器回归中国，显出中国人对瓷器的狂热，正把古老瓷器的价值重新认识，也把瓷器价格高估一筹。

《甲午风云，瓷器争宠》题记

《上下华严寺 上下一千年》题记	保护好文物,不仅无愧于祖先,而且无悔于当下,更是无诟于子孙。为官一方,如果无意守好祖业,必定会无功而退;唯无私承上启下,方无碍继往开来,得无际三世善报。
《巨震突击尼泊尔,文化遗产待拯救!》题记	历史文化遗产,一半毁于天灾,一半毁于人祸,能够保存下来的千年以上的古迹,实属不易,实在罕见。每一项文化遗产都是全人类共同的精神财富,它是记载人类历史最可观的实证,也是传达人类情感最直接的实物。失去了文化的遗产,就失去了文明的坐标。
《六小龄童呼吁:救救唐代悟空禅师塔》题记	历经战争、地震、水灾、洪水、风化、腐蚀、掠夺,中国千年以上文物已所剩无几,特别在近百年中,因国内战争、文化革命和征地拆迁的大洗劫,更是接近断了华夏历史的根脉,再不好好保护文物,能够看到的中华文明史将不再是五千年,而只有五十年了。
《流失海外的云冈石窟佛像》题记	在多灾多难的国家,文物流失是一个普遍现象。那些流失到西方国家的文物,大多被请进了各大博物馆,成为世界文明和文化的一部分;那些留存在本国的文物却不断受到掠劫,或被偷窃、或被毁坏、或被贿赂,收回还是维持现状,这是一个两难选择问题。

历史文物是祖先留下的宝贵遗产，理应成为国人骄傲的圣物。只有托付给真正懂得保护的专家来管理，才对得起祖宗，对得起未来。如果只是让拥有"事业单位编制"的人来"近水楼台先得月"，那么，祖宗家业一定会败在他们手上。

《应县木塔：千年国宝，危如累卵》题记

　　一个国家的历史往往通过一些事件浓缩到一起，而事件中留下的建筑、器物、遗迹等，则自然成为历史的见证。保护好这些历史遗物，是为了将人们容易遗忘的记忆拉回到曾经的非常年代，以保证国家历史的完整性。

《大阪城，把日本拉回非常年代》题记

　　一个国家如果没有受到过外来的武装侵入，只接受过外来的文化输入，其文化遗产一定是饱满的；一个民族如果没有发生过内在的武力争斗，只发生过内在的思想争辩，其思想遗产一定是丰富的。可惜这样的国家和民族少之又少，中国便是一个多难的国家。

《日本东大寺正仓院宝物集》题记

　　日本对于文化遗产的态度是值得肯定的，对于古迹修复的过程是令人感动的，难怪诸多国际组织会聘请日本人来承担文化遗产保护工作。在东南亚各国的文化遗产保护现场，时常能看到日本人的影子，这或许是他们展现文化态度的最好机会。

《日本修复国宝千手观音记》题记

《日光山轮王寺，修缮也艺术》题记	一个本来很技术的活，却变成如此艺术，把本来的遗憾变成了新的看点，这不能不说是一种高明的安排。从技术到艺术，虽然只是一字之差，有时它们天各一方，有时它们却同为一体，关键看把控它们的人是谁。
《比叡山延历寺的宝物之美》题记	文字不足以实证，实物价值高于文字。一个民族对于文物的态度，就是其对本民族历史的态度，就是其对老祖宗智慧的态度。如果两座寺院，一座香火旺盛，俗称有求必应，另一座宝物丰富，美感潜移默化，你的取舍决定了你的走向！
《宋之汝瓷的审美格调》题记	大道至简，大简至禅；由道而禅，悟在天成。唐宋创造的东西往往被中国土豪视为"土得掉渣"，却被西方贵族奉为"极致之美"，这种背反现象正说明中国人的审美情趣处于不断退化之中。
《铜镜之美，阳刚之气》题记	一件物品从日用品变成艺术品，一定是千锤百炼与精挑细选的结果；一件艺术品变成顶级古董，一定是千辛万苦与偶然所得的结果。即便不能拥有，也不应失去鉴赏的机会，这至少可以在古人的非凡智慧与审美情趣下得到启发，并萌生更加美妙的创新灵感。

41. 行为

  修佛未必一定要出家，在家同样可以礼佛敬佛。亲近佛教者的心，更容易平静，不骄不躁，不浮不夸。当你骄躁时，常常会误入迷途；当你平静时，时时会找准方向。佛教让你平静，平静让你识别正确方向。

《陈坤：佛教帮你找到正确方向》题记

  法纪，是从外对内的防止，对于没有自省能力的人尤其适用；信仰，是由内向外的节制；对于具有自省能力的人异常适应。究竟想让人防止你的违法乱纪，还是想让人尊重你的自省节制，其实反映出你想做一个没教养的人，还是想做一个有修养的人的问题。

《赵薇茹素 自省节制》题记

  经历是一路走来的历程，一个人留下的脚印与记忆只能回顾，不能改换；只能回味，不能改写。伟大与渺小，杰出与卑贱，一切都是人生累积的因果。看成功人士的成就，要知道他们曾经有过怎样一份成绩单。

《著名书家张森的艺术历程》题记

《循玄奘足迹前行》题记

　　一国领导人的言语与举动，往往只是在很小部分代表着自己的偏爱与倾向，而在更大程度上代表着一种国家意志与政策倾向，甚至预示着一种文化趋势与思想走向。领袖的言行，即便不能影响一个世纪，也能左右一个年代。

《社会各界呼吁恢复"乡绅制度"》题记

　　任何一种制度总有两面性，有时制度是好的，却落在个别坏人手上。取缔一种制度容易，建立一种新制度不太容易，时间久了，往往发现新制度更不如旧制度，后果却已经无法弥补。因此，与其取缔，不如去粗取精；与其消灭，不如去伪存真。

《女性的力量》题记

　　现在，大家还沉浸在屠呦呦获得诺贝尔奖之后的第一欢庆时段，等一切恢复平静之后，相信一定会有更多人去反思，中国本土上第一位获得诺贝尔医学奖的人为什么是一位女性，而屠呦呦也必将成为中国女性的杰出代表而彪炳史册。

《钟爱汉服的复旦才女在踩踏中遇难》题记

　　"人多的地方不要去！"当又一起严重踩踏事件发生后，小时候妈妈叮嘱的话在脑海中刹那间冒了出来，不知道当初妈妈为什么会常把这句话挂在嘴边，现在想来，妈妈的话总是对的，至少为了孩子！

"事不避难，义不逃责。"中国知识分子在强大的政治漩涡中难免迷失方向，有良知的学者终究会承认错误，自我批判，真诚道歉。如果曾向非真理和半真理妥协过，正直的知识分子一定会受到良心谴责，而恰恰内在的自我谴责才使他们不失为宗师的风范。

《一介书生炼成一代宗师，汤一介也走了！》题记

阳光、空气、自在，都是免费可得的，却又是最昂贵的，多少人积攒一辈子的钱却买不来它们。只有放下，才能享用。当一个个高管开始放下的时候，你还在给自己加压吗？

《侯小强：宁做佛门人，不为文学客》题记

把自己最好的一面展示给最尊贵的客人，这是礼仪之邦中国的千年民风，不论小家大家，还是国家，都以这样的诚意告诉客人：您是最重要的！当贵宾亲临你家时，你用什么来展示自己呢？关键你要有值得骄傲和展示的技艺！

《彭丽媛邀贵宾夫人体验姚建萍苏绣过程》题记

财富，不好不坏，不善不恶，是拥有它的人改变着它的属性。善者拥有它，让它变得阳光；恶者拥有它，让它成为腐朽。布施，是阳光下最耀眼的光芒之一。

《李嘉诚：我是学佛的人！》题记

政治人物亲属，大凡无大才而从政从商，即便功成名就，也难脱裙带谋私之嫌；唯以从事科技、钻研学术最为人称道，独立人格由此而成，应为

《总理夫人带来自然清新之风》题记

	睿智之士效仿。
《王卫：用佛法塑造顺丰理念》题记	用管理学治理企业，可以获得成功；用哲学治理企业，可以获得成就；用信仰治理企业，可以获得伟大。不一样的选项背后有着不一样的创始人理念，自然产生不一样的经营因果。
《读者评说〈走第三条道路〉》题记	人的思想原本都是自由的，是自我的行为束缚了思想自由的广度、宽度与深度。寻找一种职业，让行为与思想双双自由起来，它可以让你不计报酬、不会退休、不知疲倦，从兴趣那里找到源泉，从爱好这里汇聚动力，你可以变得更快乐，更自在。
《徐柯生笔下的意象女人形象》题记	有梦想，就有明天。梦并不是年轻人的专利，只要心态年轻，古稀之人一样有着充满阳光的好梦。如果梦者恰恰又是一位艺术家，那么，生活就是美梦，美梦就在生活中。
《范曾画像赵子龙，国礼赠送朴槿惠》题记	许多人自小就有心中的偶像，英雄人物或成功人士虽与自己不生活在同一时空下，但在自己遇到挫折与困难时，偶像所释放出来的精神力量却可以转化为自己生活下去的勇气与坚韧不拔的意志，比起如今四处泛滥的自恋现象，有着不可估量的正能量。

丑陋的背面是美丽，人们习惯张扬不多的美丽，而去掩饰不少的丑陋。只有敢于直面丑陋的人，才能够让自己变得更美丽。如果拒绝曝光丑陋，那么，在丑陋之上将再加一层丑陋，只会更丑陋，不会变美丽，一人如此，一国亦如此。

《为丑陋的日本人造镜》题记

　　压力就是动力，动力需要发力。当一个有责任感的人有机会承担重大使命时，很少会畏葸不前，一方面，这是对其过往行为与成就的高度认可；另一方面，将有创造全新价值的机会。然而，伟大通常是用孤独熬出来的，辉煌时常是用坚守换回来的。

《姚建萍再绣国礼：墨西哥总统夫妇肖像》题记

　　法国作家雨果说："信仰，是人们所必需的，什么也不信的人不会有幸福。""我有信仰吗？我幸福吗？"极少有中国人把这两个问题放在一起问自己，今天你不妨问一下自己，这或许就是你的一大觉悟。

《信仰的中国人》题记

　　单项的第一并不难，只要让自己制定标准，每个人都可能成为某个单项的世界第一。综合实力比拼的竞技场，才是王者的真正舞台。世界第一，只有让各国臣服，才是最后的王道。

《忧心的中国人》题记

　　随便，不是顺其自然的随缘，而是任性马虎的随意。一个做事随便的人，其人生也会变得很

《随便的中国人》题记

随便，没有主动的开始，只有被动的结束。与其如此，不如认真对待眼下的每一句话和每一件事，让生命不再浪费，让生活不再浪荡。

《胡闹的中国人》题记

与其胡闹，不如冷静；与其索赔，不如诉讼，在当前发生在中国人身上的胡闹事件越来越多的情况下，有必要把怒气消一消，把嗔心灭一灭。何况吃点亏没有什么了不起的，吃亏是福，不要把自己的福气胡闹得一干二净了。

《趋庸的中国人》题记

社会总是由平庸者与非凡者组成，如果前者牵引后者，便是一种倒退的力量；相反，前者追随后者，则是一种进步的能量。我们的祖辈可以粗俗，但我们没有理由继续粗鄙；我们的父辈可以平庸，但我们没有理由更加平庸。

《失礼的中国人》题记

古贤倡导"非礼勿视、非礼勿听、非礼勿言、非礼勿动"，孔子要求人们"克己复礼"。可惜，这些中华精神曾经被一砸而去，被一扫而空。没有了这些思想与精神，剩下的就是如今充斥街头的"失礼""无礼"与"乱礼"。

《尴尬的中国人》题记

诺贝尔奖颁发给一个被中国科学界最高团队忽视的科学家，似乎有些让人尴尬，却似乎又在警示：不要再痴迷于权利与名相的争执，请更多关注科学规律与社会贡献的本身，时间最终都将淘汰一切的名相、虚假与伪装。

　　素有礼仪之邦美称的中国，其国民的礼仪素养却已经下滑到了谷底,有些"恶形恶状"的行为,在国人中普遍存在,并让同胞习以为常。当中国人带着不良习惯满世界跑来跑去之时,让我们的祖先一次次蒙羞,不肖之子,何以如此？

《剔牙的中国人》题记

　　佛教告诉世人：远离赌博,莫行非道。赌败有六灾患：心生怨愤、心生耻辱、夜不安寝、怨家高兴、亲属忧心、缺失信誉。因贪而赌,因赌而输,因输而嗔,复又再赌,痴迷不悟。赌博,可谓贪、嗔、痴三毒"全中"。

《好赌的中国人》题记

　　高雅与粗鄙,面对选择,人们的指向或是同一方向；反省自我,大家的行为或是另一方向。被时代熏习过的人,都难逃粗鄙化的命运。当人人都粗鄙化的时候,这个社会与这个时代就难以找到真正值得留下的东西。

《粗鄙的中国人》题记

　　拒绝劝酒文化,完全可以营造出更优雅的品酒文化。我们可以从反对一饮而尽开始：不再像喝饮料一样,做一口灌下极品葡萄酒的愚蠢事；不再像喝温水一样,做一嘴吞下名品好白酒的糊涂事。纠正老土傻冒的行为,养成雅致温婉的生活方式。

《劝酒的中国人》题记

《吸毒的中国人》题记	依佛教立场，一切能产生迷心乱性的物质，如酒精、大麻、红中、古柯碱、安非他命等，都可视为"饮酒戒"的涵盖范围。因此，佛弟子不得饮酒，即不得吸毒。如果能够培养吸毒者的"正念、正见、正信"，佛教将帮助他们真正到达要去的"彼岸"。
《多变的中国人》题记	出一个新政，叫"改革"；发现改过头了，跑偏了再改回来，这叫"深化改革"。有时，一个接一个的"新政"，其实是在用自己的错误来惩罚别人，或者是用现在的错误来纠正过去的错误。
《弱势的中国人》题记	真正弱势的人，甚至连表达自己是弱势者的机会都没有，他们只能在湍流中自生自灭。大凡一再表示自己是弱势群体的人，是不想失去已有的强势地位，以一种装腔作势的方式想引起别人的再注意而已。
《变异的中国人》题记	一个中国人不把自己当中国人，却还是被外国人当作中国人，这样的尴尬如同丧家之犬，急起来就会乱咬人，而最有可能受到伤害的便是常常去给它喂食的好心人。在历史的长河中，这种变异的中国人一定是被唾弃的民族背叛者。
《瞎闹的中国人》题记	绝大多数中国人在独处时，总体上是比较安静的，但一旦三五成群时，性格又马上发生大逆转，

大大咧咧，高声吵闹，从小孩到大妈，唯恐别人忽视自己的存在。于是，瞎闹成了中国人的一个标识，走到哪里，都不会让中国人的这种性格销声匿迹。

评估，不是精确计量，合理的人为因素可以通过相互抵消而仍然具有价值。但是，如果评估者盲目判断，或者带有不可告人的目的参与其中，则可能让重大错误法律化、制度化，再要挽回损失则代价惊人，因此只能欲改不能，欲罢不休。

《乱估的中国人》题记

告密者是卑劣的，他们把信任当刀刃，把友情当暗器，如果一个社会可以让告密者一次次得逞，道德底线就一定会一再沦陷。"告密风气"使人与人之间失去基本信任，进而相互侵害，冲击普世价值和道德判断，最终必将毁掉社会的和谐基础。

《告密的中国人》题记

歧视，是一种脱去了文明外衣的成见现象，也是一种摘下了高雅面罩的鄙视行为。许多人在被歧视者与歧视者之间转换角色，企图在一种弱者欺侮更弱者的游戏中寻求心理平衡，长此以往，必将扭曲自己的心理，并加害更多的无辜者。

《歧视的中国人》题记

无知的表现，不仅在于行为结果，而且在于行为过程，因为结果往往就是过程的必然推导。在对资产的重视中表现出来的对知识的蔑视，以及对智慧的漠视，都是中国人对自己无知的无视。

《无知的中国人》题记

《浅读的中国人》题记	先投身于书海之间，再沉浸于历史之中，你就会习惯于没有喧哗、只有深思的美好时光，去慢慢思想一个时代的辉煌与没落，去慢慢体会一个民族的兴旺与颓废。
《炫富的中国人》题记	做一个无声的耕耘者要比做一个显摆的炫富者更有人生价值和快乐时光，因为炫富者或许正在腐化之中，而耕耘者却在等待下一季的收成。
《漫步贝雅士》题记	新加坡的法律以严苛而著名，其实它是有张有弛，有宽有松，在禁止某些人的行为同时，也在潜移默化培养人们文明行为和不影响他人的良好习惯，只有做到了一些"不可以"，才"可以"保证公民的最大权益。
《故乡的雨》题记	生命的无常，有时来自于一切想象之外的可能。当一个社会无法保护一位公民的合法权益时，同样也无法保护任何一个昨天还掌握着权力的人的合法权益。有时报应之快，完全出乎一切想象，滥用权力者从趾高气昂到垂头丧气或在一夜之间，人们正拭目以待。

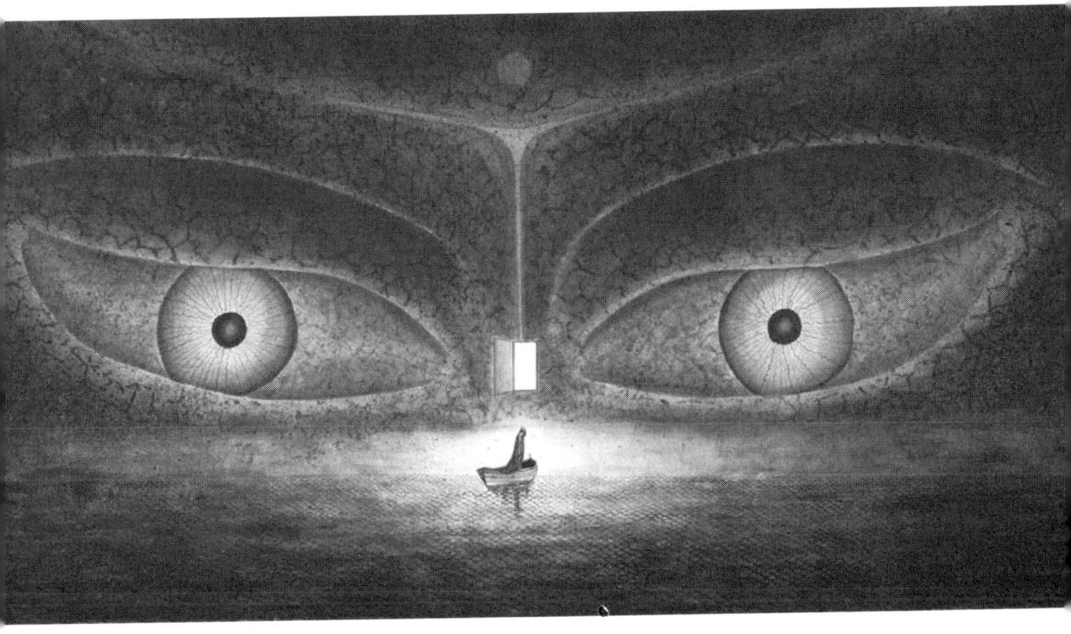

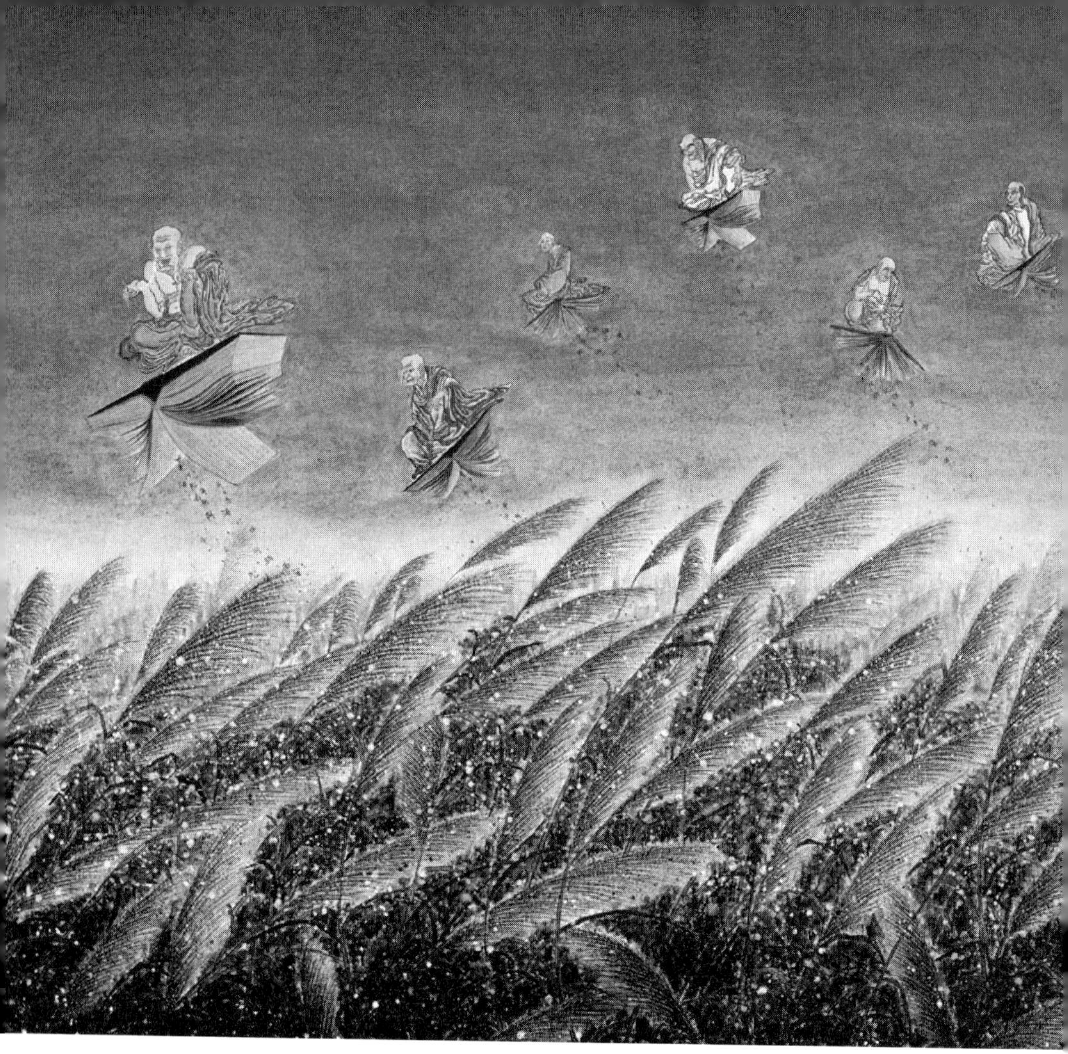

42. 读书

　　书籍是最好的老师，也是老师的老师。当人们对一件事物产生浓厚兴趣时，一定会想到在书本中寻找答案与启示，因为人们知道，只有最出色的老师才能拥有著书立说的能力与资格，我们难以遇到太多太好的导师，但我们一定可以在书籍中找到理想中的大师。

《推荐七本精选的花道好书》题记

　　专家因专注一门而成业内名家，学者因学有所长而成论著作者，泰斗则是他们中的集大成者，其成就属于一个时代众多学者的共同思想成果。学习与纪念一代泰斗的最好方式是认真读一读他们的书籍，不让他们的论著在图书馆里蒙尘冷落。

《方立天走了，读他的书是对他最好的缅怀！》题记

　　喜欢听故事，是人的一种本能；喜欢讲故事，是人的一种本事，有本事的人给人讲故事，让另一个有本领的人把故事画出来，那么，相当于听故事的人得到了本，又赢得了息，本息全收，欢喜翻番。

《莫言：学习蒲松龄》题记

《阿列克谢耶维奇荣获2015年诺贝尔文学奖》题记	纪实文学其实离我们很近，中国曾经兴盛过报告文学，它就是纪实文学的一种。在一些重大灾难性事件发生后，需要有人去纪录它，例如重庆东方之星客船翻沉、天津滨海爆炸事件后，我们应该把沉重的教训告诉后人，灾难不能在中国一再重复地发生。
《美女作家蒋方舟随总理出访拉美》题记	不是独自坐在家里写书的人就叫作家，只有拥有读者的写作者才能成为作家。如果作家不能反映时代呼声，无视读者心灵需求，没法引领文明方向，即使出版了书籍也只能聊以自慰，却不能成为他（她）所处时代的代言人和风向标。
《世博天鹅畅想录》题记	读一篇旧文，犹如品一杯陈年老酒，那些已经淡忘的印象随着文字的展开，慢慢重新在大脑中活跃起来，似乎重新穿越到了那段时空之中。陈年老酒的珍贵，就是案几深处的旧文，想找到这般感觉，就先要记下当下感受，有一天，你会为重新认识自己而高兴。
《徐志摩：再别康桥》题记	"轻轻的我走了，正如我轻轻的来。"徐志摩走了，更多国人去了剑桥。一个世纪前，能够去剑桥念书的中国人屈指可数，却为我们贡献了一个浪漫诗人。如今，在接踵而至的中国学子中，还能为这个时代贡献一个骄傲吗？徐志摩等着，别让他等得太久！

"没有比脚更长的路，没有比人更高的山。"可惜，许多人没有走出更长的路，已经倒下；无奈，太多人没有登上更高的山，就此止步。路不在长，在于痕迹可寻；山不在高，在于人迹可至。在读者心中一直留有位置的诗人，便是好诗人。

《汪国真现象》题记

当人们对诗歌不再触碰时，时代就用一种最窘的方式教育人。看到一个脑瘫者写的动人诗篇，不少人为此感叹："那我算什么？难道连脑瘫都不如吗？"这是一个人对一大群人的挑战，也是一种来自内心的自我挑战。或许，这便是诗歌的力量和精神的能量。

《田野诗人余秀华与她的诗》题记

业余选手"红过"专业选手，总会引起轰动效应。所谓专业其实是人为的，业余则是原生态的，在没有专业选手之前，大家本是平等的，公平竞争，优胜劣汰，适者生存。然而，如今的"专业"两字更像一顶保护伞，太多人靠它来掩盖江郎才尽的脸面。

《余秀华走红，是乌鸦变凤凰，还是行星变流星？》题记

一篇短文，不需要繁文缛节地铺陈开场白，也无必要挖空心思地营造故事性，它只需把自己发自本真的内心感受记录下来，就已经足够。如果文字可以让自己感动，那么也会让读者感动，否则，走过千山万水，写下千言万语，不过是千篇一律的流水账而已。

《宝格德乌拉》题记

《没文化，读不懂好文章！》题记

　　一个社会如果只能走在"一俊遮百丑"与"一丑遮百俊"两个极端边缘，那么，没有文化的就不只是一个人的事情，而是整个社会的问题。亢奋过后，花点时间读读好文章，比看热闹要有意义得多！

《投稿禅艺会，决非虚构！》题记

　　中国较低的书价水平，一半原因是稿酬成本的低标准，结果却抑制了作者的原创动力，尽管书海热闹得很，但真正的精品与传世之作却寥若晨星。如果先富起来的是文化人，而不是政治人和经济人，那么中华文明的前景就会一片光明。

《向诚品书店致敬！》题记

　　诚品书店并不算是一个成功的商业案例，但它却是一个真实的励志故事，一个阳光的文化传奇，它或许无法进入商学院的教材，但它完全有资格进入基础教育阶段的教科书，它的文化价值远远高于它的经济价值。

《蒋勋："品味"是更高层次的需求》题记

　　"美"是人们对于事物的内心感受，离物质越近，品味越低；离精神越近，品味越高。处于不同感受与欣赏水准上的人，通常很难理解决处于比自己低、或者高的人，他们所呈现出来的审美情趣与格调。当一个人想追求品味生活时，才可能离优雅越来越近。

43. 节会

世界上的历法都有宗教的痕迹，包括日常已经惯用的公历，但中国农历却是依据节气而来，可惜现代人生疏了它，而对佛历则更是陌生，可见基督文化的影响力已经渗透进了我们的每一天。

《公历元旦、农历春节与佛历新年》题记

在东西方人心目中，新年标志差别很大，如果说西方人以圣诞节为"过年"象征，绝大部分的东方人则以春节为"过年"标志，而元旦似乎只是别人的新年。过春节、过年关，永远是中国人心目中最重要的节庆时刻，每一个中国人都有自己丰富的过年故事。

《过年的中国人》题记

佛诞节，是全球佛教徒的共同节日，人们借此回顾和学习佛祖慈悲的教导。联合国卫塞节包含了纪念佛诞的内涵，与佛诞日接近，已经成为众多佛教国家的国定节日。中国台湾和港澳地区都已经把佛诞节列为纪念假日，大陆的佛教徒也应该纪念这一重大吉日。

《净旻法师：圣诞快乐，与尔等无关！》题记

《俞平伯：西湖的六月十八夜》题记	农历六月十九，是观音菩萨的成道日，过去曾是江南一带的传统民俗节日，在其前夜尤其热闹；如同正月初一是农历新年，但最为热闹的却是其前夜的除夕夜。之所以如此，是人们为了守夜，在最重要的日子来临时，不至于在昏睡中度过，而要用心迎接新的日子。
《米丈堂花钱，纫秋兰以为佩》题记	冬之将去，春复归来。每到新春，中国人好讨口彩，尽说吉利话，争做吉祥事，即使送礼与佩戴，也多有讲究。幸好"四旧"未能赶尽杀绝，才有如今国粹的复兴之时。
《十首裹着粽香的唐诗》题记	关于端午的传说说了一代又一代，关于粽子的味道道了一遍又一遍，关于唐诗的背诵诵了一首又一首，其实，它们都是对童年纯真的回味，也是对妈妈温馨的留恋。所以，人们才会年复一年地请回粽子，想起唐诗，好让自己做儿女的感觉重来一次。
《粽子的风采》题记	民俗节日，是一个民族和地区的人民在长期共同生活中形成的一致性行为活动，不论其起源于何时何地何因，只要这个节日得以长期存在，就说明了人们的共同愿望和习俗已经深深烙印在文化基因之中，不会因个别人群的信仰改变而改变。

把"九九"留给重阳节,是中国人对父母和长辈的最高礼遇。九月初九,正是初秋好时光,累累硕果刚好最先供奉给父母长辈;九,又是数字中的最高数,喻意长久驻世,活到九十九。母慈子孝,久久不衰,代代不忘。

《星云大师孝母故事记》题记

国际性会议正越来越倾向于在风景秀丽的封闭环境中举办,一方面是反恐与安保的需要,另一方面则彰显出亲近自然才是最奢华的生活标准,一改自工业革命以来追求城市繁华的风气,把崇尚自然的风尚再次推向全新的高度。

《揭秘北京APEC雁栖湖会场》题记

过年,是四季轮回中的一个小结,也是人生单行道上的一个驿站。春节最大的亮点在于团聚,奔波一年,停下歇歇;春节最大的焦点在于谋划,新的起点,远程迢迢。团圆的结尾,便是等待的起始;休息的结束,便是劳作的开始。一年又一年,一代复一代。

《作家写过年,口味有点重!》题记

春天如约而至,在春光来到之前,春节已经如期庆祝。春节是团圆的日子,更是欢乐的节日,用一盆盆火红的花卉装点寒气依旧的空间,或许可以给人送去更多温暖的感觉。春是用花演绎的季节,花是用春苏醒的精灵,好好拥抱又一个插花之季吧!

《一周一花:飞雪迎春 春已归来》题记

《一周一花：紫气东来 香冷影瘦》题记

  紫气东来，吉祥之征；瑞雪纷飞，丰年之兆。腊月是一年中最寒冷的时节，万物萧萧，草木寂寂；而此时，却又是一年中最充满希望的季节，万物欲复，草木待发。人生如同四季的花草，轮回涨消，周而复始。香冷影瘦时，便听春风来。

《一周一花：四季更替 百花待放》题记

  三月，是女人之月，正处在农历的早春二月时节，万象更新，万物复苏。在沉寂了一个冬季之后，女人如花，期盼着展现自我的最好时光。女人若爱上花，优雅便会自然而生。如果说化妆品只是装点表面的话，那么爱上插花则是女人充实内心世界的表现。

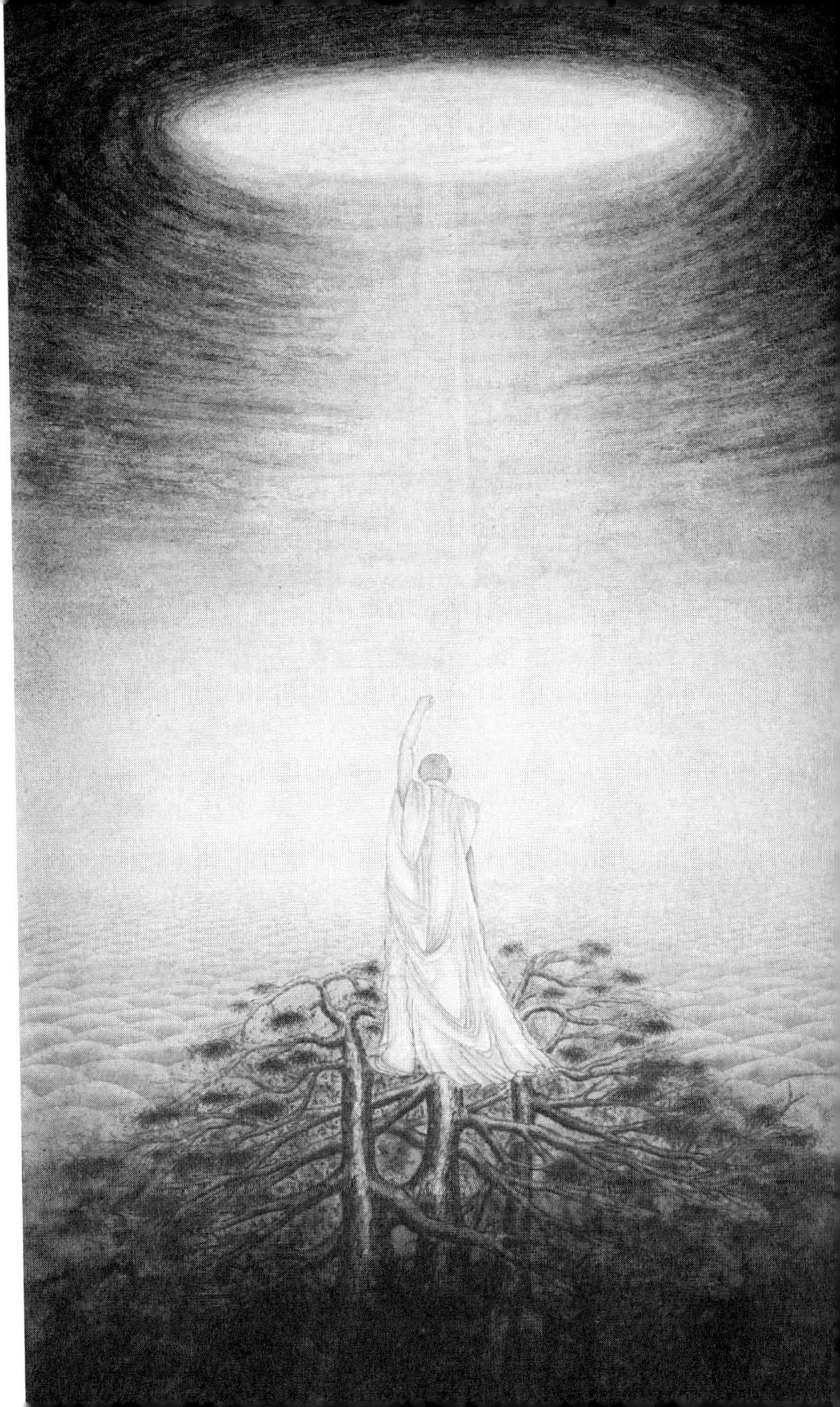

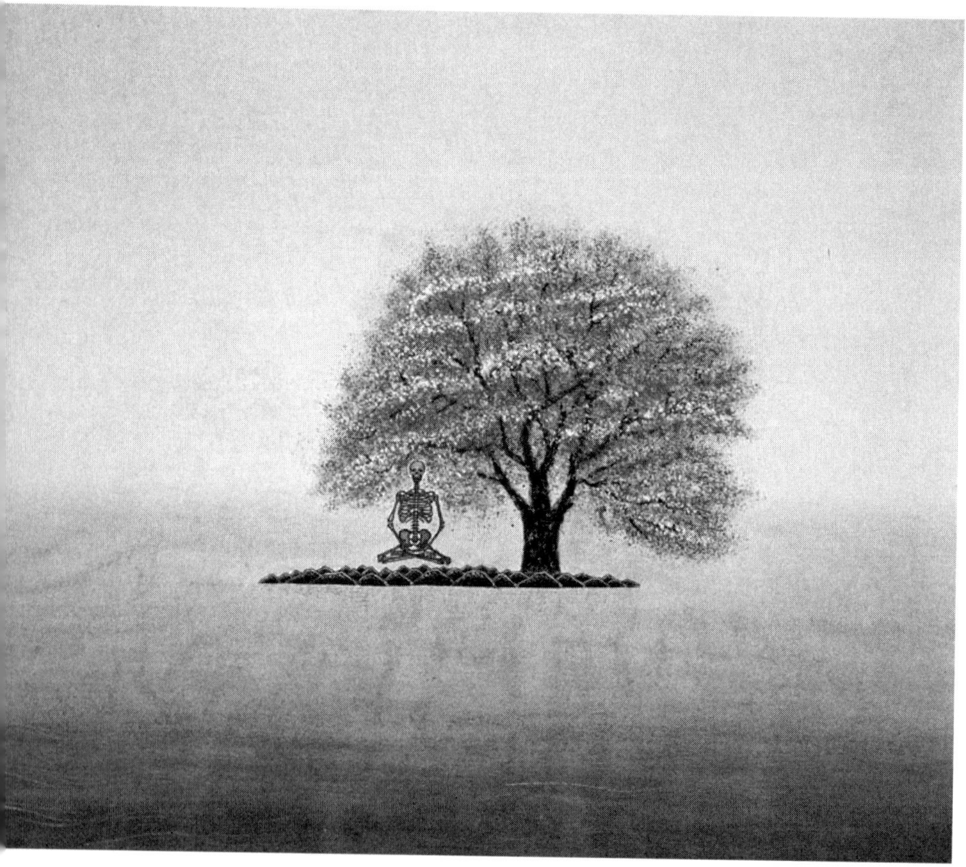

44. 植物

在古树前，我们是渺小的过客。我们未出生，它们已伫立在那，与我们祖先相伴相生，互为守护；我们离去后，它们仍竖立在此，将我们子孙庇荫庇护，直至终老。为此，我们必须尊重每一棵古树，仰望它给予的福泽，感恩它施予的绿荫，珍惜它留下的年轮。

《西山七古樟》题记

初放时，收获早春最纯情的目光；盛开时，赢得和风最温情的回眸；凋落时，得到沃土最柔情的拥抱。这就是梅，百花中的至尊，它以"老枝怪奇"显贵，它凭"横斜疏影"出韵，唐之后的禅宗美学思想通过它而释放出最核心的特征。

《太湖追梅》题记

微风吹过，水光潋滟；和风徐来，柳枝起舞。江南水岸边的这一幕，让多少游人竞折腰。暖暖的空气中再飘过几句软软的吴语，这是要让人不肯再离去的节奏。柳树的可贵，就怕你不懂，不怕你不见。

《春风又绿江南岸》题记

《梦舞台温室，展示绿色生活方式》题记	不论你属于何等肤色人种，对绿色植物和七彩花卉都不会讨厌，只是城市中的人大多无缘睁眼见绿、推窗见花、开门见树，留下几多遗憾。为了不留遗憾，就留出时间、留出空间、留出预算，让你的生活绿色起来吧！
《姚建萍苏绣（花卉）欣赏》题记	中国人喜爱花鸟，以"图书拥千卷，花月满一庭"为精神所求，故花鸟画自古成为中国画中的一个大类。这种源自自然又升华自然的人文作品，寄托着多少见贤思齐的文人墨客的终极情怀，看似有不思进取的没落，其实却是一切努力的美好归宿。
《张爱玲：花开的声音》题记	唐代诗人刘长卿诗云："细雨湿衣看不见，闲花落地听无声。"但到了张爱玲的笔下，却有了"花开的声音"。一样的花，因不一样的心境，而产生了不一样的感觉，正所谓"一花一世界，一木一浮生"，从一朵花中便能悟出整个世界，几人能有这般境界？
《日本皇居珍藏盆景》题记	每一种植物都有其存在理由和价值，只是到了人类的眼睛里变得有贵贱之分和高低之别了，有些植物更因为人的审美要求而改变了形态与生长方式，当我们在审视它们时，应该想到，我们从大自然得到了太多，却又破坏了太多。

盆景于尺寸之上，穷搜名石贵木，尽显清奇古怪，置天地于其中，融风情于其间。虽盆小景微，却为中国文人墨客所钟爱，因其寄托天人合一情怀和道法自然志趣，而不惜重金拥有，相伴终生，直至相传几代。

《苏富比盆景拍卖，四十四万买一盆》题记

或置于阳台上，推窗看景恰似回归自然；或放在案几上，抬头见绿如同开门见山。小小盆景，俨然就是主人独享的大自然，生机盎然，生活恬静。哪怕是一根枯枝、一块残根，也要化苍老为青春，化独木为丛林，让想象安定于其中，怡然自得而得大自在。

《散文诗：盆景》题记

中国首创、东方独有的盆景艺术，往往以苍古虬曲的树干、嶙峋枯瘦的树皮、或密或疏的树叶，配以起伏的"山冈"和"生动"的小景，平添出悠远旷古的意象，这或许便是中国禅者最想营造出来的禅意气象。

《郑永泰盆景艺术欣赏》题记

在家人爱荷，出家人喜莲，荷莲一物，实相一致。千人千荷，心境由然；万寺一莲，敬佛油然。

《江野画荷（水墨）》题记

在夏季即将过去时，被烈日刚刚熏烤过的人们望着一池的荷花，往往会露出喜出望外的轻松与惬意，如果还有月光的摇曳，如朱自清描绘的荷塘月色，那一定是一个如意的夜晚。定格住这

《雷宝玺绘荷塘月色（朱自清散文）》题记

《祖父的藕》题记	般的美色，便是画家们的功课。 李清照的一句"红藕香残玉簟秋，轻解罗裳，独上兰舟"，不仅刻画景色，而且烘托情怀。花开花落是自然界现象，也是悲欢离合的象征；枕席生凉是肌肤间触觉，也是凄凉独处的感受。莲藕不语，却寄托着太多人间情感，人们常会因此而触景生情。
《米丈堂木作之"常花·荷在"》题记	荷因"出淤泥而不染，濯清涟而不妖"而得高洁之美名，多少豪杰贤达向往获得这般恬然圣洁之美誉，却不如"含苞似娇羞少女"那样，轻轻易易就获得了"出水芙蓉"的桂冠。"心似莲花开，坐看菩提落"，不如一心念佛，尽早克其取证。
《古代名家画荷》题记	"出淤泥而不染，濯清涟而不妖"，北宋诗人周敦颐《爱莲说》名句指出，莲花不仅高洁芬芳受人喜爱，而且其于污浊环境中的洁身自好品行更受人敬爱，于商界、于学界、于政界亦然。
《江雅芬画荷（油画）》题记	荷塘里的片片荷叶总能勾起儿时的记忆，那是火红季节里留下的炽热梦想。即使嫩叶老去，留下枯叶残枝，一样饱含着难解的情愫。
《上海开启樱花季，数百武警护你行》题记	秦汉时期，樱花在中国宫苑内栽培，唐朝时樱花已在私家庭院出现。万国来朝，日本使者将

樱花带回东瀛，从此在那里疯狂生长，成片地、举国地种植，似乎让樱花有了属于自己的国民性。

樱花短暂盛开后，于一夜之间花瓣簌簌飘落，恍若魂飞魄散，生命随即衰微。在日本佛教中，樱花喻意盛极必衰的现象。"诸行无常"，樱花突然绽放，倏然消逝的姿态，折射出人生短暂行程的过程。

《东瀛追佛樱》题记

一种最低等的高等植物，因为被忽视而显得渺小，当它们有机会成为土地与岩石上的主角时，一样有着震撼人心的力量。被认为低等的，却有着高等的品性，这样的事物和人物，其生命力往往最为旺盛。

《西芳寺，百种苔藓百年生》题记

苔藓，一种看似卑微的植物，长在路边，附在石上，踩在脚下，似无似有。当它们成片出现时，有一种突然而来的震撼感，如此的低调，却可以转身变为一种独有的壮观。一个人若能如此，则必是人物，你以为他小，他却比你大。

《苔藓之美》题记

竹，盛产而广用，价廉而物美，品高而宜人。于田野，它四季青翠，凌霜傲雨；出大地，它百年不腐，虚心有节。竹，既有才子坦荡荡的胸怀，又有佳人貌楚楚的身姿，千古以来受到广泛青睐自有因缘，不论它造化成何器何物，你一样对它情有独钟。

《竹之艺》题记

《同赏花道，共创雅趣》题记

　　有的花在夏天怒放，有的花在秋天盛开，但更多的花选择在春天绽放，这是一个争奇斗艳的时节，也是一个竞相插花的季节，爱美之人怎能错过这样的时光，优雅之士怎会旁观别人的美好。花展只是一个信号，告诉你，大自然已经向你张开了欢迎的臂膀。

《感悟侘寂，简单清静》题记

　　寂冷的冬天慢慢远去，温暖的春日悄悄走来，但花开花落总有时，何不在花儿最灿烂的时候给它更多一点关注呢？去野外，寻觅最时令的花枝野草，来表现鲜花在凋谢时的心境，过程中或许更能感悟到侘寂之美，给生命注入一点珍惜的善念。

《一等就是2700年》题记

　　在 2700 年前，人类社会的布局还浑沌无序，人类文明的曙光还刚刚初现，但是，在自然界茂密的森林里却隐藏着无限生机。那时，那棵传闻中的茶树还是一个小苗，如同一棵不起眼的小草一样，被高大的树木掩盖，或许被什么动物踩上一脚，就可能会结束自己的历史。

45. 动物

人物、动物、植物，本性都是有生命的"物种"。在远古时代，万物初生，物物一如，不分高下，难论轻重。人类在进化过程中，得到动物的一再帮助和植物的不断庇护，理应心存感恩，与它们和平共处。尊重每一个生命，是让自己的生命变得高贵的主因。

《动物拜佛 众生平等》题记

佛教倡导众生平等，不仅指人与人是平等的，即使是人与动物也应该是平等的，大家都是地球的主人，甚至大多数的动物在人类出现之前就已经生活在这个星球之上。动物的感情同样是丰富的，母子情深，母爱无私。

《动物的母子情深，催人泪下！》题记

用生肖记年，体现出祖先大智慧般的人生观。一年365天，度过12年，4380天就没了，这样的数字显然难以记忆。采用生肖年，一生不过只有七八个本命年，记起来却方便许多。蹉跎12年，就少了一次本命年，你还有几个本命年经得起消遣？

《米丈堂木作：生肖·羊》题记

《米丈堂生肖，难以割舍的爱》题记	生肖中的动物是幸运的，每个华人皆为其丝粉，从降生到往生，始终不变的喜爱，欲割舍亦无可能。演绎好生肖形象，需要非凡的想象力和行动力。
《骑马攀上虎穴寺》题记	爱护动物，就是爱护人类自己的朋友，失去了朋友的人类将只能成为地球上最孤独的物种，也将失去更多来自朋友的爱护。就像动物需要人类的爱护与帮助一样，人类也需要来自动物的爱护与帮助。
《蝉即知了：知是智慧，了是觉悟！》题记	蝉性高洁，知了觉悟。"蝉蜕于浊秽，以浮游尘埃之外。"司马迁在《屈原列传》中用蝉性借喻屈原，在禅家看来，表明古人天性中自具禅意，以蝉说禅，当属高论。浮游尘埃，隐身止语；出世发声，一鸣惊人；恰如君子，震耳发聩。
《灵气的流浪猫》题记	宠物之所以受宠，总有一两项可爱之处是高于人类本身的，例如狗的忠诚、猫的灵动、鸟的天籁、鱼的清醒，可惜有些人偏偏要用自己的可恨之处来回报动物的可爱之处，于是，便有了这么多的流浪狗流浪猫之类。
《高尔可画猫》题记	在山西省艺术博物馆，一只可爱的小猫几次踩在我的脚上，挡住我的去路，这似乎在告诉我，一组精美的猫与手的油画已经在我的电脑里存了

太久，应该尽快与大家见面了。

　　每一个生命都是活泼泼的希望，每一个希望却只是期待中的奇迹。奇迹不常有，因此更要珍惜当下的每一刻时光、每一丝生机。当往事如烟时，至少不枉曾经的努力，永葆对希望的初心，能够依旧憧憬奇迹的到来。

《小狗之死》题记

　　鸽子善于飞翔，扮演过众多角色，从神的象征到祭祀牺牲品，从信使到宠物，再到战争英雄。是毕加索画出的"鸽子"雏形，被智利著名诗人聂鲁达命名为"和平鸽"，鸽子才被正式公认为和平的象征。人们渴望和平就会珍爱"和平鸽"。

《姚建萍苏绣上市作品：〈世纪和平·百鸽图〉》题记

　　自然赋予万物不同的生命形态，每种生物都有着其生存合理性与生长必要性，我们必须感恩自然，在四季交替之中呈现出来的绚丽多彩的生命形态。如果你能够尽情地感受到这世界的多元，那么，你的生命形态也会变得更加丰富多彩，反之，生命则如同嚼蜡。

《感恩自然　感恩四季》题记

　　佛法倡导悲天悯人的情怀，希望人们拥有一种无分别心的慈悲，怀有一种无针对性的善念，把爱兼及所有生命，包括植物与动物。如果能够对众生的苦生出同情心，这种大情怀就是悲，就一定能够获得最大的福报，至少生不欺世，死不盗名。

《迪士尼的福报》题记

《天下灵鹫》题记

佛教擅用动物来表达喻意,象是高贵象征,常以象王来譬喻佛的举止。《无量寿经》中记载,菩萨犹如象王,因其善调伏之故。此外,飞天大禽鹫也是灵气之物,因佛陀讲《法华经》之巅,山中多鹫,故名灵鹫山,从此诸多佛教之山以灵鹫或灵山命名。

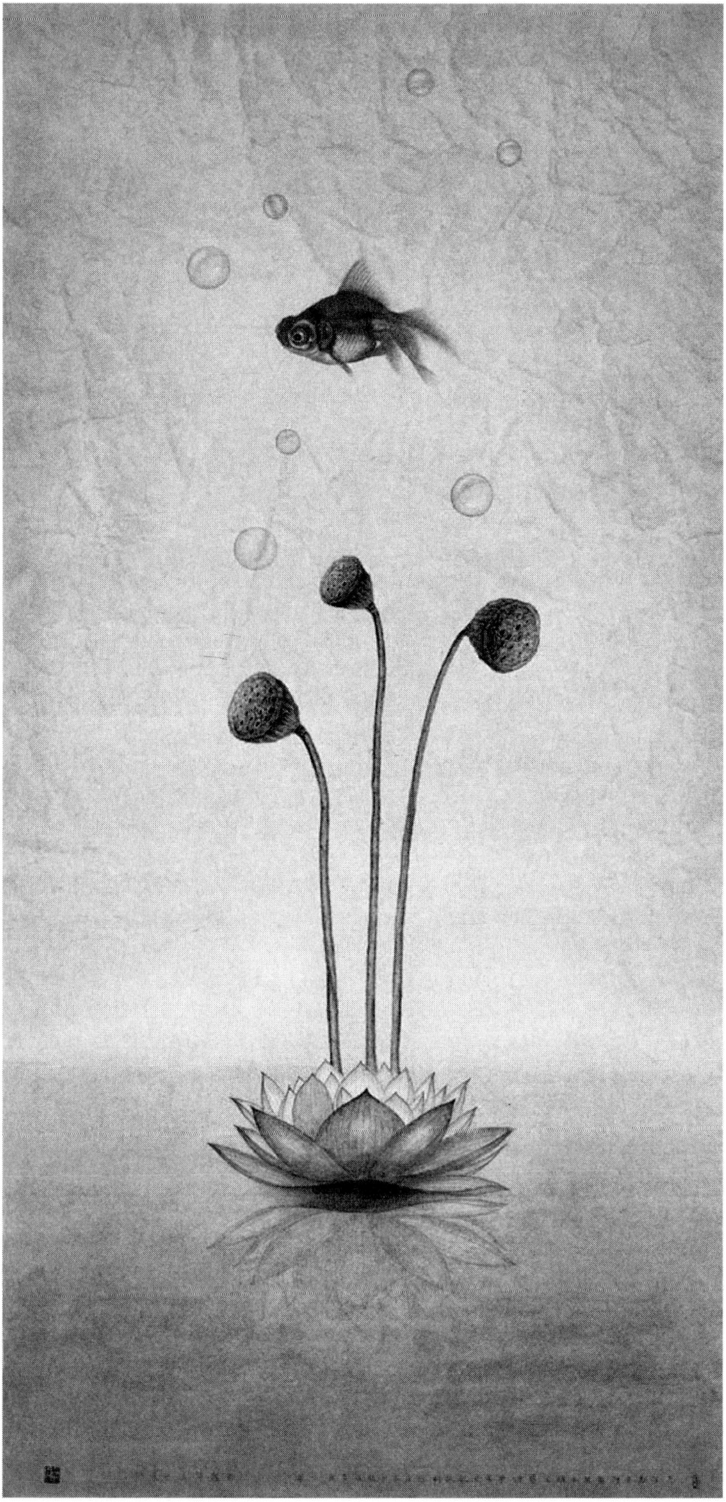

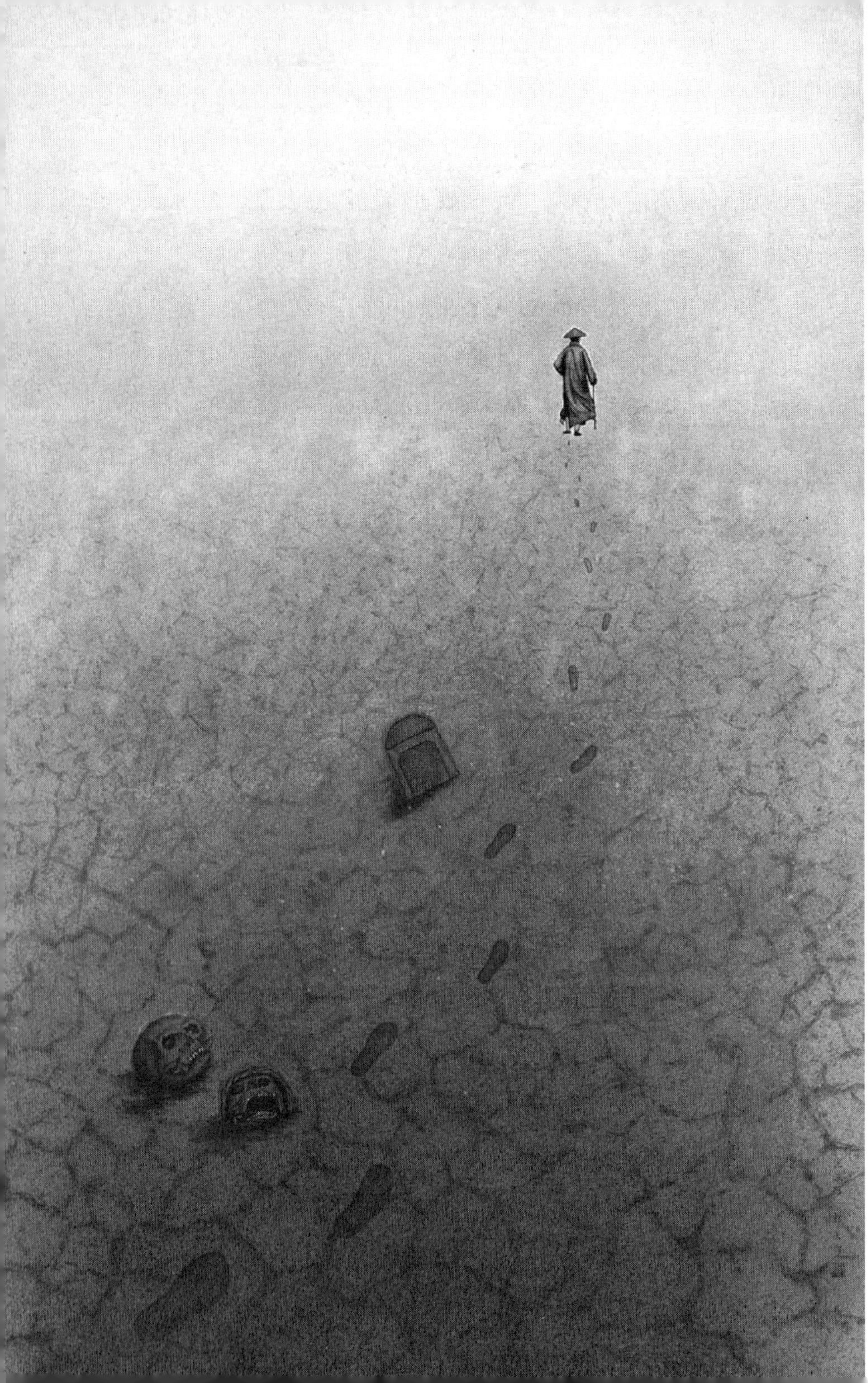

46. 旅行

人生的阅历与价值包括了三个层面：第一层面是"读万卷书"或"行万里路"；第二层面是"读万卷书"并"行万里路"；第三层面是在第二层面基础之上更能"写万言文"。这是一个从积累到体验，再到创作的过程，使自己从文化的消费者变为创新者。

《日本禅艺三团的雅道之行》题记

每个人生命中的第一次经历都是难忘的，经历给予你的体验之所以是这样，而不是那样，或许生命中的密码早已为你设定好导航方向，在偶然中只是验证了一种必然的结果。

《喜欢的县》题记

熬过冬天刺骨的冷，尝过春天绚丽的暖，挺过夏天酷暑的烤，终于迎来了金色宜人的秋。错过秋季，只能等待下一个轮回。放下疲惫的身心，拾起余存的童心，去天堂一般的世界，尽情享受一下稍纵即逝的美好吧！

《中秋过后 必去苏州》题记

《多曲拉山口飞舞的蒲公英》题记	我们已经太容易忽视身边的精彩，而去追寻莫名的辉煌，来到不丹的人如果可以领悟一些道理，才不愧对曾经的向往和深入秘境的不易。如果能够活得自在，又何必追求权贵；如果能够活出精彩，又何必矫情自己？
《西藏，离天最近的地方》题记	带着信仰去西藏，你就会有不一样的感悟。西藏有着绝顶的自然之美，但没有信仰的人在那里只能看到表象，唯有虔诚信念的人才会在它面前热泪盈眶。随着流动的血液一起流动，随着诵经的人群一起诵经，你一定会说："西藏，没有让我失望！"
《红土侣袈裟酥油伴青稞》题记	高原，天生就是一块圣地。站在高原的红土地上，俨然把大地都踩在了脚下，让每一个生灵都变得崇高起来。伸手一扬，云彩就像听了使唤一样飘向更远的天际。此时，你会更加珍惜当下的一切，因为空灵的法界在不时地提醒你：放下！放下！
《纳木错，转湖转到蓝天边》题记	天是蓝的，水是蓝的，这样的海不是随处可见。海拔四千七百米的湖，从淡蓝到蓝黑，蓝得宁静，蓝得深邃，那就是纳木错。如果你不去，此生就真的错过了最震撼人心的蓝。

到失落的天堂，找散落的明珠，选择与决定就在一念之间。放下一切，明天你便可以出现在千岛之国，感受阳光与沙滩的热情，分辨浪击与海鸟的声频。

《郑忠权摄影作品专集》题记

国在山河破，处处收门票。在巨大利益的驱动下，中国大陆不同部门之间与不同群体之间，存在着普遍"绑架"佛教，争吃信众"唐僧肉"的现象，这种亵渎佛教、掠夺财物、损害公信的行为最终在因果之下必有报应。

《峨眉山事件暴露出太多人想吃"唐僧肉"》题记

西湖是自然存在的景色，经过文人的描绘显得更加秀丽，为官的人只是顺从了天意，迎合了文人，又把她打扮一番，便出落得更为素雅，更为标致。在中国人的心目中，西湖早已是"无冕之王"，到西湖一次，会有进入人间天堂的感觉。

《西望绰约的杭州之西湖》题记

有人把西湖比作雍容华贵的皇家公主，把西溪看作未经雕饰的浣纱村姑，两女子显然同样让人魂不守舍，牵肠挂肚。难怪南宋高宗赵构最终还是被西溪的美貌所折服，怜惜着不想祸殃于自己的手中，并且留下了传颂近千年的"西溪且留下"的名句。

《西望绰约的杭州之西溪》题记

山湖、西溪、西泠并称杭州的"三西"，就像一连串数字组成的杭州美景中的重要一环，加上

《西望绰约的杭州之西泠》题记

西湖十景，天堂的名堂就完全包罗其中了。杭州有条件吸引名人的光顾，名人也愿意在杭州休憩，当有更多地方让人神往之后，就更能展现杭州的个性与魅力。

《日本温泉，只给日本人享用太可惜了！》题记

一边是冷冰冰的积雪，一边是热腾腾的温泉，此刻，大自然赐予人类的不仅有浪漫的情怀，还有益于养生保健的天机。从自然中进化而来的人类，却越来越少亲近自然的机会，去温泉一下，还原作为万物之灵的人之本性吧！

《回看斑驳的慈城》题记

当一座古城遭到冷落时，有时会让人愤愤不平，现在看来，这完全是一桩值得庆幸的遗忘。因为不在政治争夺的视线之内，也不在商业竞争的地盘之上，让它们躲过了一次次的洗劫。否则，或许早已在旧城改造的现代化进程中被一幢幢没有生气的高楼所替代。

《还有多少古镇经得起火烧？》题记

冲着文化遗产而去，望见的却是满街商铺；期待在千年古镇里与原住民聊聊天，却被来自五湖四海的商人拦路推销低质纪念品，这便是中国古镇的常见一幕。当古镇变成旺铺时，祝融一定会随时光顾，中国的古镇还经得起几次火烧？

《美国夫妇自制木屋环游全美》题记

遇到一个对的人，要比遇到一个好的时代更难。尽管不同的人对"对"这个字有不同的理解，

身份对称、财力对等、乐于对话、外貌对头,都可能是对"对"的诠释,但是共同生活之后才会发现对于生活方式的"对路",才是一切"对"的根本。

天下第一泉,不是唯一,而是众多,这种现象正说明"第一"往往不是独一无二,"第二"才可能名副其实。济南的趵突泉与镇江的中泠泉等近十处都称作"天下第一泉",唯独无锡的惠山泉自甘"天下第二泉",这屈居之后的智慧,却由此可见一斑。

《金山江潮》题记

翻开四川地图,有一个字特别显眼,就是太阳的"阳"。德阳、绵阳、资阳、简阳,每一个都表明自己是缺少太阳的地方。去临近德阳的三星堆遗迹,发现这片土地缺少阳光还是有悠久历史的,古蜀国的人们就知道太阳的珍贵,早早便有了祭拜太阳神的习俗。

《枕着宽窄品成都》题记

从"不忍离去"到"不忍前去",除了青岛,还有哪里?在中国大陆的寺院里,时常看到烧香拜佛的人声鼎沸现象,"善有善报、恶有恶报",为何一到社会上许多人都不愿意相信因果报应了呢?

《逃离"君子之国"》题记

故居旧址,要有一个必要形态,才可能得以存在和保留。它们应该是沿马路,独立门户,层

《屠呦呦旧居,禅味很浓!》题记

次在三层以下，房屋有些陈年历史，甚至感觉有些破旧也无妨。屠呦呦旧居，全部满足了这些条件，是开辟为名人故居最好的基础，也符合成为旅游观光目的地的条件。

《一壶一画一宜兴·画》题记

城不在于地大，而重在大气；人不在于机灵，而重在灵气。一座城市的大气与一方民众的灵气，可以成为这座城市的"自然资源"，取之不尽，用之不竭，生生不息。

《美国人的禅生活2：比尔波特》题记

旅行的最高境界不是你到过哪些地方，而是你为每趟旅行留下了哪些东西。写作的最高境界不是你留下哪些文字，而是你为每次写作留下了哪些发现。若能把旅行与写作结合起来，在"动"的过程后，再度过一段"静"的独处，想必更能接近修行的本性。

《英国的灵魂在乡村》题记

中国作家贾平凹说起家乡，总是两眼放光，欲哭无泪。他曾一再呼吁保护古村古镇和乡村的自然风貌，在全国政协会议上他多次提案，希望在城镇化进程中兼顾保护传统村落文化。面对英伦美丽如画的乡村，难道中国准备在城市化进程中埋葬更多乡村美景吗？

《像英国人一样保护乡村！》题记

英国人把"乡村情结"带到了美国，让更多美国人敬仰大自然、向往乡村生活。可喜的是，程虹教授是中国研究美国自然文学的第一人，希冀我们的总理可以在其思想的影响下，让中国真正走出建设"美丽乡村"的第一步。

　　高晓松说："生活不只是眼前的苟且，还有诗和远方。"诗是浪漫，远方是理想，如果生活中没有了这两者，就没有了文化诉求，则如同诚品创始人吴清友所言："如果没有文化，我也不想活了。"所以，在文化人心目中，诗、远方与文化，要比活着更重要。

《生命的低语》题记

图书在版编目（CIP）数据

禅艺题记 / 纯道著. -- 上海：文汇出版社，2016.8
（禅艺文化丛书 / 纯道主编）
ISBN 978-7-5496-1792-0

Ⅰ. ①禅… Ⅱ. ①纯… Ⅲ. ①佛教－文集 Ⅳ. ①B948-53

中国版本图书馆CIP数据核字（2016）第149895号

禅艺题记

著　　者：纯　道
插　　画：郭　关
责任编辑：何　璟
装帧设计：蔡沪建

出版发行：文汇出版社
　　　　　上海市威海路755号
　　　　　（邮政编码200041）
经　　销：全国新华书店
印刷装订：上海新文印刷厂
版　　次：2016年8月第1版
印　　次：2016年8月第1次印刷
开　　本：720×960　1/16
字　　数：200千
印　　张：19.25

ISBN 978-7-5496-1792-0
定　　价：48.00元